AF570203

EXTRÊME-ORIENT ET OCCIDENT

MUSIQUE ET CULTURE

L'univers esthétique

Collection dirigée par Véronique Alexandre Journeau

Indépendamment des critères esthétiques propres à une époque et à une culture, il semble bien qu'une esthétique générale puisse être approchée par l'étude des réactions psychiques au contact des œuvres. Distinctement des jugements théoriques et du goût, la perception sensible, pour subjective qu'elle soit, conditionnerait une appréciation sur la qualité d'une œuvre qui dépasse le temps et l'espace de sa création : elle révèle des effets plus ou moins consciemment insufflés par le créateur et ressentis par le récepteur, de l'ordre d'une intuition artistique, tantôt agissante tantôt éprouvante. La collection vise à développer ces recherches sur « la pensée créative » et « l'émotion esthétique » simultanément en comparatisme entre cultures (en particulier occidentales et asiatiques), et en correspondance entre les arts (perception par les sens) et avec les lettres (en particulier poésie).

Déjà parus

Musique et effet de vie, sous la direction de Véronique Alexandre Journeau, 2009.

Arts, langue et cohérence, sous la direction de Véronique Alexandre Journeau, 2010.

Musique et effet de vie, sous la direction de Véronique Alexandre Journeau. Avec la participation de Jean Ehret, 2010.

Polytonalités, sous la direction de Philippe Malhaire, Préface de Danièle Pistone, 2011.

Musique et arts plastiques : la traduction d'un art par l'autre. Principes théoriques et démarches créatrices, sous la direction de Michèle Barbe, 2011.

Le Surgissement créateur : jeu, hasard inconscient, sous la direction de Véronique Alexandre Journeau, 2011.

Entrelacs des arts et effet de vie, sous la direction de François Guiyoba, 2012.

Les Nibelungen de *Fritz Lang, musique de Gottfried Huppertz*, sous la direction de Violaine Anger et Antoine Roullé, 2012.

Métaphores et cultures. En mots et en images, Véronique Alexandre Journeau, Violaire Anger, Florence Lautel-Ribstein, Laurent Mattiussi (dir.), 2012.

Polytonalité, des origines au début du XXIe siècle, exégèse d'une démarche compositionnelle, sous la direction de Philippe Malhaire, 2013.

Opéra à l'écran : opéra pour tous ? Nouvelles offres et nouvelles pratiques culturelles, sous la direction de Jean-Pierre Saez et Gilles Demonet, 2013.

Notions esthétiques. Résonances entre les arts et les cultures, Véronique Alexandre Journeau, Muriel Détrie, Akinobu Kuroda, Laurent Mattiussi (dir.), 2013.

L'art et l'esthétique du vide, Kim Hyeon-Suk, 2014.

Rythmes brésiliens. Musique, philosophie, histoire, société, sous la direction de Zélia Chueke, 2014.

Poétique de la musique chinoise, Véronique Alexandre Journeau, 2015.

Notions esthétiques. La perception sensible organisée, Véronique Alexandre Journeau et Christine Vial Kayser (dir.), 2015.

Mallarmé et la Chine, Laurent Mattiussi, 2015.

L'empreinte de Zeami dans l'art japonais. La fleur et le néant, Aya Sekoguchi, 2016.

L'improvisation musicale collective, Sous la direction de Pierre Albert Castanet et Patrick Otto, 2016.

Sous la direction de
Jean-Jacques VELLY et LIAO Hui-Chen

EXTRÊME-ORIENT ET OCCIDENT

MUSIQUE ET CULTURE

Création de la couverture

Véronique Alexandre Journeau

Réalisation infographique

Frédéric Vialle

5-7, rue de l'École-Polytechnique, 75005 Paris

http://www.harmattan.fr
diffusion.harmattan@wanadoo.fr
harmattan1@wanadoo.fr

ISBN : 978-2-343-08928-7
EAN : 9782343089287

Sommaire

PRÉFACE

TAÏWAN ET LA FRANCE

呂慶龍 Michel Ching-Long LÜ
S.E.M. l'Ambassadeur de Taïwan en France

[M. Lü débute son intervention avec une marionnette chinoise à gaine dans chaque main évoquant deux jeunes mariés taïwanais.]

« - J'ai deux amours : Paris et mon pays…

- Mon chéri, tu as l'air bien joyeux aujourd'hui ?

- Oui, car je suis content de pouvoir retourner à Paris après mes études par le vol Eva Air sans avoir à demander de visa…

- Je serais moi aussi très heureuse de visiter la France : à nous la gastronomie, les châteaux, les musées, la haute couture, les sacs Louis Vuitton… ! »

Par cette petite introduction ludique j'aimerais expliquer que la France a de nombreux attraits touristiques qui séduisent mes compatriotes. Ceux-ci sont désormais exemptés de visa d'entrée en France, ce qui facilite les échanges touristiques, et cela d'autant plus que les Taïwanais ont un pouvoir d'achat élevé.

Taïwan est souvent mal connu. Pourtant, en ma qualité de représentant de Taïwan en France, je peux sans nul doute témoigner que depuis les années 1980 – date de ma première mission à Paris – les relations entre nos pays respectifs ont considérablement évolué. Taïwan et la France entretiennent de bonnes relations dans de nombreux domaines. Même si ces liens, qui par ailleurs évoluent constamment, sont encourageants, je reste convaincu qu'ils peuvent être encore et toujours améliorés au bénéfice réciproque de nos deux peuples.

En ce qui concerne l'éducation, il y a actuellement 3 000 étudiants Taïwanais qui font leurs études en France pour 1 300 jeunes Français qui étudient à Taïwan. Il existe 58 projets de coopération en cours dans le domaine scientifique et 340 projets dans le domaine de l'éducation entre la France et Taïwan. Ces chiffres illustrent bien la densité et la qualité des relations de part et d'autre.

Le Bureau de représentation de Taipei à Paris travaille constamment pour que nos amis français puissent avoir une meilleure compréhension de mon pays. Taïwan est une île d'une superficie de 36 000 km^2, soit 0,025 % du monde entier. Sa population est de 23 millions d'habitants, soit 0,3 % de la population mondiale. Le niveau et la qualité de vie à Taïwan sont relativement proches de ceux des grandes nations occidentales. Au-delà d'un certain art de vivre – que je vous invite à découvrir sur place par vous-mêmes – Taïwan a la forte volonté de démontrer ses capacités au sein de la communauté internationale dont elle peut être, sans nul doute, un partenaire qualifié.

Le Centre culturel de Taïwan à Paris organise chaque année une vingtaine d'expositions en France et une quinzaine de spectacles dans tous les genres. Malgré ces échanges dans le domaine de l'éducation et les différents autres projets de coopération entre Taïwan et la France, il convient d'œuvrer encore plus au développement des relations bilatérales. Le soutien du Gouvernement français, qui a autorisé les ressortissants de Taïwan à venir en France sans avoir à solliciter de visa d'entrée sur le territoire, est une initiative qui va dans le bon sens. Mais il reste encore du chemin à parcourir pour renforcer davantage les liens dans tous les domaines existant entre Taïwan et la France.

INTRODUCTION

EXTRÊME-ORIENT ET OCCIDENT

Musique et Culture

Jean-Jacques VELLY
廖慧貞 LIAO Hui-Chen

Les relations culturelles entre l'Occident et l'Extrême-Orient intéressent depuis très longtemps les intellectuels, qui ont parfois cherché à renouveler leurs langages et leurs pensées au contact de civilisations différentes. De ces rencontres opérées au cours des siècles ont émergé des courants de sympathie qui ont mené les artistes et les penseurs à tenter des fusions, des adaptations voire des travestissements des éléments propres à chaque culture dans le but d'enrichir le langage et les moyens d'expression. Avec le recul, il est possible aujourd'hui de mieux apprécier, avec la distance nécessaire, les tentatives d'intégration d'éléments exogènes dans le discours culturel propre à une époque, un style ou un compositeur. L'origine du colloque « Extrême-Orient et Occident – Musique et Culture » vient de cette volonté de confrontation entre les perceptions, les esthétiques et les manières de faire propres à l'Asie et celles en usage dans différents pays européens, comme la France ou l'Allemagne. Dans le prolongement des discussions nées de la soutenance en décembre 2012 de la thèse de Mme Liao Hui-Chen sur Louis Laloy et son influence sur les compositeurs français inspirés par la civilisation chinoise entre 1900 et 1940, il a paru intéressant de rassembler des universitaires et spécialistes appartenant à différents pays (France, Allemagne, Suisse, Taïwan) pour évoquer dans un esprit d'ouverture et de curiosité réciproque quelques aspects des relations complexes entre les musiques et cultures occidentales et extrême-orientales.

Les actes édités aujourd'hui de ce colloque rappellent et tentent de faire revivre l'importance des communications et des échanges qui ont eu lieu en septembre 2013 sous le patronage de la Sorbonne à Paris. Le présent ouvrage regroupe l'essentiel des interventions, qui ont cependant été restructurées de manière différente de celle du colloque lui-même afin de mieux faire ressortir les différentes thématiques abordées. Ces dernières, au nombre de trois, ont été complétées par une postface de Danièle Pistone qui présente une synthèse élargie du colloque.

La première partie, « Les relations franco-asiatiques dans le domaine culturel », se propose de faire le point sur les éléments historiques qui ont permis de découvrir plusieurs aspects majeurs de la culture chinoise en Europe, et notamment en France. Cette partie est constituée d'études[1] sur la réception de l'opéra chinois au travers des traductions et critiques qui circulaient depuis le XVIIIe siècle, et sur la poésie chinoise dont les traductions parfois approximatives ou erronées aux XIXe et début XXe siècles ont cependant influencé un grand nombre de compositeurs. À cela s'ajoute une présentation du 琴 *qin*[2], instrument emblématique de la culture chinoise dont le jeu repose à la fois sur des principes physiques et spirituels, ainsi qu'une présentation des œuvres interprétées au concert évoqué ci-dessous.

La deuxième partie, « L'inspiration extrême-orientale dans la musique occidentale », propose au travers de quatre articles des présentations historiques et analytiques de quelques aspects importants de l'influence asiatique sur différents compositeurs occidentaux, en France et en Allemagne. Un premier texte tente d'expliciter l'apparition des « chinoiseries » en France au XVIIIe siècle[3], avec l'incompréhension et le mauvais goût qui s'ensuivit, en particulier dans le domaine musical, créant de toutes pièces dans l'imaginaire français une Chine… sans la Chine. Il est suivit d'une étude historique, analytique et technique d'une œuvre importante pour piano de Debussy[4], *Et la lune descend sur le temple qui fut*, dont l'auteur montre qu'elle est le résultat des relations approfondies que le compositeur entretenait avec Louis Laloy, qui était lui-même musicien et sinologue. Les deux derniers textes[5] abordent deux aspects différents liés au

---

[1] Articles de Françoise Quillet et de Muriel Détrie.
[2] Article de Georges Goormaghtigh.
[3] Article de Pierre Guillot.
[4] Article de 廖慧貞 Liao Hui-Chen.
[5] Articles de 陳漢金 Chen Han-Jin et de Rainer Kleinertz.

Chant de la terre (1907), œuvre majeure de Gustav Mahler : le premier retrace le parcours et les raisons ayant mené le compositeur à choisir, de manière inattendue, des poèmes chinois pour construire sa grande « symphonie de *Lieder* », tandis que le second montre comment Mahler utilise par contraste une musique chinoise factice pour créer différents plans émotionnels.

La dernière partie, « Portraits croisés dans la musique des XXe et XXIe siècles », est constituée de quatre textes présentant, pour les deux premiers, des compositeurs peu connus ayant travaillé soit sur des textes inspirés par la Chine, comme Marguerite Canal à partir du recueil *La Flûte de jade* de Franz Toussaint, soit sur des poèmes chinois, comme c'est le cas de Pavel Haas, qui a écrit deux séries de *Lieder* « asiatiques » aux deux extrémités de sa vie[6]. Les deux derniers textes proposent des réflexions plus générales sur les différents degrés d'influence existant à notre époque sur les compositeurs occidentaux ou asiatiques[7]. Enfin, en annexe, figure le témoignage d'un ethnomusicologue et musicien[8] évoquant ses échanges avec la Chine, et en particulier avec Shanghai. Ce texte fournit également une liste détaillée de travaux universitaires français relatifs à la musique chinoise, ainsi que des travaux récents écrits par des Chinois eux-mêmes.

Dans le cadre de ce colloque, un concert a été organisé au cours duquel ont été interprétées des musiques variées, allant de pièces asiatiques et d'airs du folklore taïwanais à des œuvres pour piano de Debussy et Ravel, en passant par des airs lyriques de Puccini et Mahler, et des mélodies françaises peu connues de la première moitié du XXe siècle, toutes ces œuvres étant reliées par une même influence asiatique. Ce concert, qui réunissait des interprètes asiatiques et européens, tentait de faire coexister le long d'une soirée diverses expressions musicales connues ou à découvrir traduisant les influences croisées des techniques musicales extrême-orientales et occidentales[9].

---

[6] Articles de Jean-Jacques Velly et de Viviane Waschbüsch.
[7] Articles de Marc Battier et de 連憲升 Lien Hsien-Sheng.
[8] Article de François Picard.
[9] Texte de Jean-Jacques Velly et 廖慧貞 Liao Hui-Chen.

Ce colloque et ce concert n'auraient pu avoir lieu sans le soutien direct du Bureau de représentation de Taipei en France (notamment en la personne de son Ambassadeur, son Excellence M. 呂慶龍 Michel Lü et de son vice-Ambassadeur, M. 齊王德 Chi Wang-Der), du Ministère de l'Éducation nationale de Taïwan, du Conseil scientifique de l'université Paris-Sorbonne, de l'École doctorale V « Concepts et langages », de l'Équipe d'accueil « Patrimoines et Langages Musicaux » (désormais intégrée à l'IReMus), du Groupe de recherche du Grimoire (Paris-Sorbonne/IReMus), de l'UMS Maison de la Recherche, et de différents sponsors (泰山食品有限公司 Taisun Foods & Marketing Co., Ltd, Société Sanest et Monsieur 陳漢金 Chen Han-Jin). Qu'ils soient tous ici remerciés pour avoir soutenu et favorisé les échanges entre les cultures extrême-orientales et occidentales.

Nous tenons également à remercier les éditeurs des œuvres musicales ayant fait l'objet de citations à titre d'exemples :

- Éditions Durand, Paris (Claude Debussy, *Images* pour piano, 2e série : « Et la lune descend sur le temple qui fut »).
- Universal Edition, Vienne (Gustav Mahler, *Das Lied von der Erde*, réduction pour piano par Erwin Stein).
- Internationale Gustav Mahler Gesellschaft, Vienne (Gustav Mahler, *Das Lied von der Erde*, version pour orchestre).
- Maxime Jamin, Paris (Marguerite Canal, *La Flûte de jade*).
- 廣音堂出版社, Kwan-In-Tang Éditeur, 新竹 Hsinchu [Xin-zhu] (許常惠 Hsu Tsang-Houei, 昨自海上來, En revenant de la mer, hier).
- 樂韻出版社, Yue-Yun Music Publishing Co., Ltd, Taipei (許常惠 Hsu Tsang-Houei, 葬花吟, Chant de l'enterrement des fleurs).
- Gérard Billaudot Éditeur SA, Paris (陳其鋼 Chen Qigang, 易 Yi).

LES RELATIONS FRANCO-ASIATIQUES DANS LE DOMAINE CULTUREL

LA RÉCEPTION DE L'OPÉRA CHINOIS EN FRANCE
Traductions et études critiques du XVIIIe siècle aux années 1940

Françoise QUILLET

Pour rendre compte des transformations qui se sont opérées en France dans la connaissance de l'opéra chinois du XVIIIe siècle aux années 1940, nous nous attachons ici à l'étude des traductions et des ouvrages critiques. Nous tenterons de préciser comment la Chine s'est constituée dans notre esprit d'Européen, à travers quelles notions, quelles images, et comme résultats de quelles stratégies politiques et culturelles.

Le goût de l'Ailleurs – ce qui a une limite bien précise – habite depuis longtemps la pensée et la littérature française, et plus généralement européenne ou occidentale. La Renaissance a été fascinée par l'Antiquité, un monde disparu dont tout la séparait, la langue, la religion, les mœurs, qu'elle pensait découvrir dans les ruines et les manuscrits. Sont venues les interférences entre cultures que séparaient frontières, langues et histoires : l'Espagne, l'Italie, l'Angleterre, l'Allemagne, puis l'Orient dans lequel on englobait souvent la Chine, espace dont on faisait plus un mythe qu'une réalité, où l'on projetait ses rêves comme ses interrogations. L'Orient représentait l'ailleurs, l'exotique. Pour un individu, était exotique tout ce qui n'appartenait pas à sa propre culture. Dans l'Antiquité, était exotique en Occident ce qui était étranger à la Grèce, puis à Rome, puis aux nations héritières de la civilisation gréco-romaine ; par extension est exotique ce qui ne relève pas du continent où l'on vit, ce qui est lointain et devient par conséquent inhabituel, différent, insolite. Le regard porté sur l'Orient est, bien sûr, l'expression d'une époque, de ses inquiétudes, des circonstances politiques et culturelles dans lesquelles il se développe. Il s'est transformé au cours des trois siècles qui nous intéressent.

Jusqu'au XVIIIe siècle, l'Orient est peu connu, sinon par les récits de voyages qui alimentent l'imaginaire collectif en élargissant l'horizon géographique d'une Europe consciente d'être au centre du monde. Les récits des explorateurs et des missionnaires donnèrent prestige à l'Orient et inspirèrent le théâtre. En 1670, les turqueries du *Bourgeois gentilhomme* témoignaient d'un orientalisme burlesque et parodique tandis que le *Bajazet* de Racine, deux ans plus tard, exprimait un ailleurs où se déployaient despotisme, cruauté et sensualité. Dans la deuxième partie du XVIIe siècle, un changement s'opéra. Colbert fonda la Compagnie de la Chine en 1660, la Compagnie des Indes orientales en 1665 et la Compagnie du Levant en 1670. Des comptoirs furent créés sur les côtes d'Asie. L'Extrême-Orient n'était plus seulement une contrée mythique. Apparaissent alors des pays bien précis, enjeux de rivalités commerciales et de conflits. À la même époque les Jésuites établirent des missions en Chine. La première mission française s'installa à Pékin en 1688. Elle comprenait cinq pères jésuites chargés par Louis XIV d'une triple mission, religieuse, scientifique et politique. La France voulait établir une mission rivale de celle du Portugal pour diminuer l'influence de cette dernière et créer des relations diplomatiques et commerciales franco-chinoises. À la fin du XVIIe siècle, les voyageurs étaient des intellectuels qui fréquentaient les hommes de lettres et les gens de pouvoir. Ils observaient et racontaient leurs découvertes, s'intéressant aux mœurs et aux dogmes, dissertant sur l'économie et les lois. François Bernier, par exemple, exposa les structures politiques, sociales et économiques des états du moghol ; il analysa les causes de la décadence des états asiatiques. Mais, qu'en était-il au XVIIIe siècle ?

XVIIIe SIÈCLE : UNE « CHINE FANTASMÉE, UNE CHINE DE PARAVENT »

Les pays orientaux apparaissent sous la plume des philosophes non comme un tableau fidèle des peuples et des pays représentés mais comme un masque, une précaution leur permettant de faire des comparaisons défavorables à la France, de mystifier la censure, de faire porter leurs critiques par un étranger impartial. Le théâtre usa et abusa de la chatoyante couleur orientale. L'opéra-comique, divertissement inventé au début du siècle, trouva un terrain de choix dans les pays d'Orient. Les spectateurs étaient séduits par la richesse des costumes et l'éclat du décor. Se lassant des sujets latins et grecs, les auteurs de tragédie choisissaient parfois, pour leurs intrigues, des cadres exotiques. L'éloignement dans l'espace avait le même prestige que l'éloignement dans le temps. Voltaire créa la tragédie orientale *Zaïre* en 1732 – tragédie dans laquelle il s'agissait, dira-t-il dans la *Lettre à M. de la Roque* en août 1732, de « faire contraster dans un même tableau les mœurs des Mahométans et celles des Chrétiens » – puis *Mahomet ou le fanatisme* en 1741, *L'Orphelin de la Chine* en 1755. La tragédie *Zaïre* fut inspirée de la seule pièce chinoise traduite en français au XVIIIe siècle grâce à un père jésuite. Les Jésuites avaient beaucoup parlé de la Chine (histoire, religion, gouvernement, politique, mœurs) mais sans pénétrer le domaine de la littérature, ce qui rend cette traduction exceptionnelle bien qu'incomplète et souvent dénaturée. La traduction a été publiée à Paris en 1735 dans l'ouvrage de l'historien jésuite Jean-Baptiste du Halde (1674-1743) *Description géographique, historique, chronologique, politique et physique de l'Empire de la Chine et de la Tartarie chinoise.* Cet ouvrage de quatre volumes aux dimensions encyclopédiques eut une influence considérable sur la société européenne du XVIIIe siècle. On y trouve des considérations sur toutes les facettes de la civilisation chinoise. Les philosophes y puisèrent de quoi nourrir leurs réflexions et leurs controverses sur les religions, les civilisations et les mœurs. Les manufacturiers européens y découvrirent les secrets de fabrication de la porcelaine, les géographes la première carte de la Corée par Jean-Baptiste Régis ainsi que 42 cartes des provinces chinoises par Jean-Baptiste Bourguignon d'Anville. Le troisième volume contient la traduction qui inspira Voltaire. Il s'agit de la célèbre pièce de 紀君祥 Ji Junxiang, 趙氏孤兒 *Zhao shi gu er* (L'Orphelin de la famille Zhao), intitulée *Le Petit Orphelin de la maison de Tchao, tragédie chinoise.* Cette traduction était l'œuvre du père Joseph-Henri Marie de Prémare (1666-1736), prêtre jésuite français, missionnaire en Chine et sinologue. Il rédigea notamment la première description systématique de la langue chinoise à destination des Européens. Sa traduction a été très importante en Europe au XVIIIe siècle. Dans son *Anthologie de la littérature chinoise classique*, Jacques Pimpaneau la présente ainsi :

> Une traduction de l'abbé Prémare, publiée dans la *Description de la Chine*, de Du Halde en 1735, fit connaître cette pièce (*L'Orphelin de la famille Zhao*) en Europe. Elle fut adaptée sous le titre d'*Eroe Cinese* par Galuppi à

Naples et par Hasse à Hubertusburg en 1753, puis par Voltaire avec sa tragédie *L'Orphelin de la Chine* en 1755, par Tommaso Giordani à Dublin en 1766 et Cimarosa à Naples en 1782[1].

La traduction de *L'Orphelin de Tchao* n'est pourtant qu'une traduction partielle. Seule la partie narrative a été traduite pour la compréhension de l'histoire. De la partie lyrique, la partie chantée, en vers, le traducteur n'a gardé que quelques passages nécessaires à la compréhension du texte. Il s'agit d'un résumé qui ne respecte ni les rimes ni les autres règles de la poésie chinoise. Les charmes, les beautés artistiques sont presque toutes enlevées. Pourquoi ? Le père Du Halde en a donné une explication dans la préface de la pièce :

> Il y a des pièces dont les chansons sont difficiles à entendre [...] parce qu'elles sont remplies d'allusions à des choses qui nous sont inconnues et à de figures dans le langage dont nous avons peine à nous apercevoir car les Chinois ont leur poésie, comme nous avons la nôtre[2].

Il a traduit cette pièce non pour en présenter les qualités artistiques, mais pour montrer l'importance qu'attachaient les Chinois au rôle instructif du théâtre.

Bien qu'incomplète, cette traduction inspira Voltaire, soucieux de la « chose chinoise », pour l'écriture de sa tragédie en cinq actes et en vers *L'Orphelin de la Chine*. Si l'on compare les deux pièces, les différences sont grandes. Voltaire a changé l'époque, les personnages, l'histoire ; seuls les noms sont orientaux. Plusieurs raisons ont motivé ces changements. Son classicisme qui ne lui permettait pas de composer une tragédie sans respecter les trois unités et lui faisait juger « barbare » la pièce chinoise. Obéissant au goût de l'époque, il créa le personnage d'Idamé car, comme le fait remarquer Jacques Truchet, « la France littéraire du XVIIe siècle aurait trouvé ridicule et malséant un héros sans amour (...). L'amour est donc présent dans presque toutes les tragédies françaises, du moins à partir du XVIIe siècle »[3].

---

[1] Jacques Pimpaneau, *Anthologie de la littérature classique chinoise*, Arles, Éditions Philippe Picquier, 2004, p. 567.

[2] Jean-Baptiste du Halde, *Description géographique, historique, chronologique, politique et physique de l'Empire de la Chine et de la Tartarie chinoise,* La Haye, chez H. Scheurleer, 1736, t. III, p. 3.

[3] Jacques Truchet, *La tragédie classique en France*, Paris, PUF, 1975, p. 78.

Voltaire avait surtout un dessein polémique. Il place la pièce à l'époque de Gengis Khan pour mettre en évidence ce qu'il estimait être « la sagesse chinoise », une sagesse qui « avait poli les conquérants tartares et les avait incorporés à la nation »[4].

La première représentation de cette pièce a été donnée à la Comédie française le 20 août 1755. Elle reçut un excellent accueil et connut une carrière brillante puisqu'elle fut jouée régulièrement jusqu'en 1833 (190 représentations) et reprise en 1918 et 1965, sous le patronage d'André Malraux alors ministre de la culture dans le cadre des célébrations du premier anniversaire de la fondation des relations diplomatiques entre la France et la Chine. Elle a été également jouée en Chine à plusieurs reprises.

XIXe SIÈCLE : UNE CHINE LUE, VUE ET ENTENDUE

L'École des langues orientales vivantes est créée en 1795 par la Convention nationale. L'étude de la langue et de la civilisation chinoises se développe tout au long du XIXe siècle. Le *Dictionnaire chinois–français et latin,* publié sur ordre de Napoléon, paraît en 1813. L'année suivante, le jeune sinologue Jean-Pierre Abel-Rémusat (1788-1832), qui avait publié en 1811 un *Essai sur la langue et la littérature chinoises*, est nommé professeur au Collège de France. Il inaugure la première chaire de langue et littérature chinoises en France dont il est titulaire. Il devient le fondateur des études chinoises en Occident. En 1822, il est l'un des fondateurs de la Société asiatique et il participe aux cours de l'École des langues orientales, qui est rattachée à la Bibliothèque nationale.

De nombreuses pièces chinoises sont alors traduites, mais il faut attendre les années 1880 pour les voir représentées. En 1832, le sinologue Stanislas Aignan Julien (1797-1873), après avoir suivi les cours de chinois de Jean-Pierre Abel-Rémusat, lui succède à la chaire de langues et littératures chinoises et tartares-mandchoues au Collège de France. La même année, il donne la traduction de 灰闌記 *Hui lan ji* (L'Histoire du cercle de craie) de 李潛夫 Li Qianfu, *drame en prose et en vers sans suppression de*

[4] Voltaire, *Essai sur les mœurs et l'esprit des nations*, (éd. René Pomeau), Garnier, 1963, t. II, p. 398.

paroles ni de chants. Cette pièce inspirera, au siècle suivant, Bertolt Brecht, qui écrira *Le Cercle de craie caucasien.* En 1834, il donne la traduction complète de 趙氏孤兒, *Tchao-chi kou-eul* [*Zhao shi gu er*] : *L'Orphelin de la famille Zhao, ou L'Orphelin de la Chine, drame en prose et en vers, accompagné des pièces historiques qui en ont fourni le sujet de nouvelles et de poésies chinoises.* La traduction fidèle de Stanislas Julien sera admirée mais ne sera jamais jouée au XIXe siècle. Cette traduction, comme le fait remarquer avec pertinence 羅仕龍 Lo Shih-Lung dans sa remarquable thèse, *La Chine dans le théâtre français du XIXe siècle*, va avoir une autre finalité que celle de la simple connaissance du théâtre chinois. Elle jouera un rôle important pour l'apprentissage du chinois. Dans l'ouvrage de Stanislas Julien paru en 1870, *Syntaxe nouvelle de la langue chinoise*, on retrouve la traduction mot à mot d'une grande partie de *L'Orphelin de la famille Zhao.* Elle va permettre aussi à certains lecteurs d'examiner les mœurs chinoises.

En 1880, Stanislas Aignan Julien donnera la traduction d'une autre pièce, 西廂記 *Si-siang-ki* [*Xixiang Ji*] *ou L'histoire du pavillon d'Occident* de 王實甫 Wang Shifu (comédie en seize actes, traduite du chinois par Stanislas Julien, avec des notes explicatives et le texte en regard des vers). Cette traduction versifiée ne sera pas au goût de tous. En 1928, George Soulié de Morant, qui en avait tiré une adaptation romancée dans *L'Amoureuse Oriole, jeune fille, roman d'amour chinois du XIIIe siècle*, écrivait :

> En 1834, Stanislas Julien avait fait paraître dans *L'Europe littéraire*, revue à petit tirage, la traduction des 7 premiers tableaux. En 1872, une revue genevoise d'orientalisme, tirant à 200 exemplaires, l'*Atsumé gusa* (en japonais « Herbes assemblées ») publia 7 tableaux en y adjoignant une détestable traduction, fourmillant d'erreurs, des neuf derniers tableaux[5].

André Lévy réédita le texte en 1997 aux Éditions Slatkine tout en nuançant le propos :

> Si la version de *L'Histoire du pavillon d'Occident* n'est pas d'un grand écrivain de langue française, elle demeure le produit d'une philologie rigoureuse que le temps n'a pas rendu caduque. On ne saurait en juger

[5] George Soulié de Morant, *L'Amoureuse Oriole, jeune fille, roman d'amour chinois du XIIIe siècle*, Paris, Flammarion, 1928, p. 10.

pleinement sans connaissance de l'édition précise utilisé par le maître. Posthume, la publication n'a pu bénéficier d'une introduction explicative du traducteur[6].

Après avoir analysé quelques-unes de ces imperfections, André Lévy conclut :

> Ces imperfections ne portent pas sérieusement atteinte à l'intégrité et à l'intégralité de la traduction qui, seules, permettent de prendre la mesure de ce chef-d'œuvre de la littérature chinoise. Si remarquable qu'il soit, pour l'époque, et compte tenu de l'état de la recherche d'alors, le travail de Stanislas Julien ne saurait prétendre offrir la traduction définitive qui, de toute façon, n'existe pas dans le domaine de la traduction. Mais elle est la seule de langue française et aura rempli son rôle si elle en suscite de nouvelles, à jour et plus précises[7].

Les traductions de Stanislas Aignan Julien ont pour mérite, et non des moindres, d'avoir encouragé d'autres travaux consacrés au théâtre chinois. Antoine-Pierre-Louis Bazin, dit Bazin Aîné (1799-1862), élève d'Abel-Rémusat et de Stanislas Julien et traducteur de pièces de théâtre chinois, dira que les traductions de son maître « ont ouvert aux sinologues une branche inconnue de la littérature moderne » et permis de « réhabiliter » le drame chinois en Europe[8]. Ce dernier, titulaire de la première chaire de chinois et secrétaire adjoint de la Société asiatique, fit paraître, en 1838, *Théâtre chinois ou choix de pièces de théâtre composées sous les empereurs mongols* à l'Imprimerie royale. Dans cet ouvrage, les quatre pièces sont intégralement traduites par ses soins. Elles datent toutes de la dynastie Yuan (1271-1368) : 㑳梅香 *Tchao-meï-hiang* (Les Intrigues d'une soubrette), comédie composée par 鄭德輝 Tcheng-Té-hoei [Zhenh Dehui] ; 合汗衫 *Ho-han-chan* (La Tunique confrontée), drame composé par 張國賓 Tchang-Koue-pin [Zhang Guobin], courtisane chinoise ; 貨郎旦 *Ho-lang-tan* (La Chanteuse), drame (sans nom d'auteur) ; 竇娥冤 *Teou-ngo-youen* (Le Ressentiment de Teou-ngo), drame composé par 關漢卿 Kouan-Han-King [Guan Hanqing]. Pour

---

[6] Wang Shifu 王實甫, *L'Histoire du pavillon d'Occident* [西廂記] texte intégral, traduit du chinois par Stanislas Julien, préface d'André Lévy, Fleuron, Slatkine, 1997, p. 22.

[7] *Ibid.* p. 22.

[8] Bazin Aîné, « Note du traducteur de *Tchao-meï-hiang* », *Journal asiatique*, février 1835, p. 176.

justifier son choix, Bazin Aîné reprit les arguments largement développés à son époque, à savoir le but moral de la pièce et sa présentation des mœurs chinoises :

> Cependant s'il est un argument dont on ne saurait contester l'exactitude, c'est que les drames composés pendant la dynastie des Youen, et surtout les drames domestiques, doivent nous offrir un tableau vivant des mœurs chinoises sous cette dynastie[9].
>
> La poétique chinoise veut que toute œuvre de théâtre ait un but ou un sens moral. Par exemple, la moralité de la pièce intitulée *Tchao-meï-hiang ou les Intrigues d'une soubrette* se trouve dans ces paroles que madame Han adresse à sa fille : « Ignorez-vous qu'aujourd'hui comme dans les temps anciens, le mariage de l'homme et de la femme doit être consacré par les rites et les cérémonies ? »[10]

Cent autres pièces datant des XIIIe et XIVe siècles sont présentées dans cet ouvrage. En 1841, Bazin Aîné traduisit et publia une pièce intitulée *Pi-Pa ki* [*Pipa ji* / 琵琶記] (L'Histoire du luth) de 高明 Gao Ming, considérée comme le chef-d'œuvre du théâtre du sud de la Chine. *L'Histoire du luth* fait partie de ce qu'on appelle des « œuvres de transition » entre le théâtre du sud des époques Song et Yuan et les 傳奇 *chuanqi* de l'époque Ming. Le 傳奇 *chuanqi* désigne, à partir du XIVe siècle, une forme d'opéra écrite par des lettrés dans un style savant. Gao Ming reprend une pièce de l'époque Yuan qui faisait partie du théâtre du sud pour la transformer en un théâtre littéraire raffiné. Dans l'avertissement à cette édition, Bazin Aîné signale qu'il s'est référé à trois éditions et qu'il a traduit « à sa convenance, tantôt sur un texte et tantôt sur l'autre ». Il s'agit de l'édition de la Bibliothèque du roi, l'édition du docteur Ching-Chan et l'édition appartenant à Stanislas Julien, quasiment identique à la première. En 1850, il publia *Le Siècle des Youên, ou Tableau historique de la littérature chinoise, depuis l'avènement des empereurs mongols jusqu'à la restauration des Ming*. Une grande partie de cet ouvrage est consacrée au théâtre et à l'analyse des cent pièces des Yuan. Le travail de Bazin Aîné marque l'apogée de la traduction du théâtre chinois au XIXe siècle, mais ces pièces ne sont pas représentées car on préférait jouer sur les scènes françaises des adaptations très libres de pièces. La Chine que l'on

---

9 Bazin Aîné, *Théâtre chinois*, Paris, Imprimerie royale, 1838, p. XXIII.

10 *Ibid.*, p. XXVII.

présentait était une Chine de convention, revue selon le goût français de l'époque. On adaptait, on réécrivait, on transformait beaucoup, on remaniait souvent le fonds pour le remettre au goût du jour, manière toute occidentale de concéder l'existence à une culture que l'on souhaitait différente. Entre 1840 et 1867 Paris est la capitale du monde orientaliste, et on y étudie les livres et les manuscrits de l'Orient et de la Chine. Le contact s'est d'abord établi au niveau des mots, puis sont venus ensuite l'image et le contact avec la scène.

La seconde moitié du siècle a été marquée par deux éléments qui ont joué un rôle fondamental dans la réception de l'opéra chinois en France : la révolte contre le système figuratif, hérité de la Renaissance, et la venue de troupes chinoises, l'un aidant à la compréhension de l'autre. La révolte contre le système figuratif s'est opéré à la suite de grandes découvertes : la mise au point de la théorie des « quanta » et de la relativité en physique, la conception nouvelle de l'espace introduite par les géométries non euclidiennes, l'apparition des premières gravures japonaises. Lorsque Manet aplatit les formes et l'espace pictural, lorsque les Impressionnistes rejetèrent la ligne au profit de la couleur pour modeler les formes, on expérimenta les possibilités expressives qu'offraient la peinture et la toile. La révolution dans le domaine de la perception visuelle coïncida avec la crise de la fonction traditionnelle de l'art comme *mimesis*, à laquelle on opposa une vision de l'art conçu comme une connaissance et un langage. Cette révolution esthétique allait bouleverser le théâtre à la fin du XIXe siècle et au début du XXe siècle. Elle aida à comprendre l'esthétique du théâtre chinois et plus généralement asiatique. Au même moment, on put voir les premiers spectacles venus de Chine grâce aux multiples Expositions universelles (1867, 1878, 1889...) et coloniales. Ces spectacles offraient des images, une pensée vivante en chair et en os, en sons, en gestes qui s'exprimait non plus dans les mots mais dans les corps humains. Une représentation différente de la réalité apparut non seulement sur les toiles mais également sur la scène, ce qui entraîna un bouleversement dans la manière de concevoir l'art théâtral et l'apparition de nouvelles écritures scéniques.

XXe SIÈCLE (1940) : UNE CHINE COMME MODÈLE

De la première moitié du XXe siècle, nous retiendrons trois sinologues ayant publié des traductions et des ouvrages sur le théâtre chinois. Le premier, George Soulié de Morant (1878-1955), qui apprit très jeune le chinois, a vécu treize années en Chine où il a occupé plusieurs postes de consul de France. Il publia en 1912 un *Essai sur la Littérature chinoise* qui comprenait la traduction de deux pièces déjà évoquées : 琵琶記 *Pipa ki* [*Pipa ji*] (L'Histoire du luth) et 西廂記 *Xixiang ji* (L'Histoire du pavillon d'Occident) de 王實甫 Wang Shifu. Ces pièces étaient déjà traduites en français. En 1926, dans son ouvrage *Théâtre et Musique modernes en Chine avec une Étude technique de la Musique chinoise et transcription pour piano par André Gailhard,* il présenta de multiples aspects du théâtre chinois : l'édifice théâtral, les acteurs et chanteurs, la musique, les pièces les plus connues de la Chine ancienne. Cet ouvrage est intéressant car il est l'un des premiers écrits par un Français, qui traite du théâtre chinois dans sa globalité. Quelques années plus tard, en 1929, la thèse de 陳綿 Tcheng Mien [Cheng Mian], *Le Théâtre chinois moderne*[11], soutenue à l'Université de Paris, apporte de nombreux éléments sur la littérature dramatique du milieu du XIXe siècle au début du XXe siècle, ses sources, ses œuvres. Il s'agit du théâtre moderne de 1850 à 1929. Cet ouvrage complète, en quelque sorte, l'ouvrage précédent. Dans l'avant-propos de son *Répertoire analytique du théâtre chinois*, il présente ainsi sa démarche :

> Le présent travail est un complément de notre thèse *Le théâtre chinois moderne*. Il contient l'analyse de quatre cent vingt pièces qui constituent à peu près le répertoire entier du théâtre chinois de 1850 jusqu'à nos jours [1929]. Elles sont classées en 4 groupes, à savoir : 1° Les pièces historiques. 2° Les pièces romanesques. 3° Les pièces mythologiques. 4° Les pièces sociales[12].

En 1935, Louis Laloy, autre important traducteur d'opéras chinois, publia 黃粱夢 *Huangliang Meng* (Le Rêve du millet jaune) de 馬致遠 Ma Zhiyuan, drame taoïste du XIIIe siècle et, en 1943, une autre pièce du même

---

[11] Tcheng Mien [陳綿], *Le Théâtre chinois moderne*, Presses Modernes, 1929.

[12] *Id.*, *Répertoire analytique du théâtre chinois,* Paris, Jouve, 1929, avant-propos.

auteur, 漢宮秋 *Han gong qiu* (Le Chagrin du palais de Han)[13] dans un ouvrage intitulé *Trois drames de l'Asie.* 馬致遠 Ma Zhiyuan est aussi célèbre comme poète que comme auteur de pièces. Le choix n'est sans doute pas innocent car Louis Laloy traduisit également de nombreux poèmes chinois. Ces deux pièces qui n'avaient pas encore été traduites en français firent connaître 馬致遠 Ma Zhiyuan, grand dramaturge de l'époque Yuan, renommé pour son élégance d'écriture et son habileté stylistique.

Pour élargir et donner toute sa dimension à notre propos, nous aborderons le domaine de la scène. Nous évoquerons rapidement les hommes de théâtre dont la pratique théâtrale a été profondément bouleversée par la réception de l'opéra chinois. Artaud, Craig, Meyerhold, Brecht, pour ne citer qu'eux, ont trouvé dans le modèle asiatique le bien-fondé de la guerre qu'ils menaient contre le théâtre de divertissement, contre le théâtre dit réaliste et psychologique, contre le texte, contre l'acteur et son identification au personnage. Un spectacle a été essentiel dans cette première moitié du siècle : celui que donna 梅蘭芳 Mei Lanfang en 1935 à Moscou. Il faisait alors une tournée en Union soviétique avec son théâtre, *Le nouveau théâtre des formes anciennes.* Son spectacle attira les plus grands noms du théâtre européen d'Eisenstein à Meyerhold, de Tairov à Piscator ou Tretiakov, de Brecht à Craig. Il les inspira tous. Pour Meyerhold, c'est en Orient qu'on entend « les grelots de la pure théâtralité », c'est seulement là qu'on peut retrouver des « méthodes authentiquement théâtrales »[14]. Lorsque Brecht analyse les sources de la distanciation, il dit même qu'elle « est un procédé artistique ancien, connu par la comédie, certaines branches de l'art populaire et la pratique du théâtre d'Asie »[15]. Meyerhold, Artaud, Craig et Brecht vont écrire des textes élogieux sur un art dont ils découvraient les rudiments et qui les fascinait par ses résultats : extrême présence de l'acteur, chorégraphie parfaite de ses mouvements, minutieux travail de ses gestes. La vision d'autres spectacles ne fit que confirmer ce qu'ils avaient alors ressenti. Le théâtre chinois opérait comme un modèle ; il proposait une

---

[13] Cette version du titre est celle donnée par Louis Laloy, mais la traduction littérale est : « Automne dans le palais des Han ».

[14] Vsevolod Meyerhold, « La mise en scène de *Dom Juan* de Molière », dans *Écrits sur le théâtre*, vol. II, Lausanne, La Cité - L'Âge d'homme, 1975, p. 115.

[15] Bertold Brecht, *Journal de travail*, le 30-07-1940, Paris, L'Arche, 1976, p. 108.

écriture et les metteurs en scène occidentaux, dépourvus de tradition, hantés par la fragilité de leurs moyens, y virent leur chance. Bien d'autres gens de théâtre leur succédèrent au cours du siècle, Grotowski, le Living Théâtre, Eugenio Barba, Peter Brook, Robert Wilson, Ariane Mnouchkine pour ne citer qu'eux, chacun en quête d'un nouveau langage, dont ils trouvèrent les fondements en Asie.

En 1973, lorsque Michel Soymié établit un bilan des études chinoises, il dressa ce constat amer :

> Malgré les efforts d'ardents défenseurs des arts de la scène et une poignée d'amateurs convaincus, lesquels n'ont pas toujours eu les honneurs de l'édition, de toutes les littératures de divertissement que produit le continent chinois, le théâtre est sans conteste le genre le moins connu du public français, loin derrière le roman dont les œuvres majeures, aussi bien anciennes que modernes, lui sont accessibles par des traductions de référence[16].

Ce constat était d'autant plus amer que la sinologie anglo-saxonne avait produit une bonne douzaine d'études dont les plus marquantes étaient celles de Lewis Charles Arlington[17], William Dolby[18], 許道經 Hsu Tao-Ching [Xu Daojing][19], Wilt L. Idema[20], Colin Mackerras[21], Adolphe Clarence Scott[22]. (Nous ne citons qu'un ouvrage pour chacun de ces auteurs, qui en ont écrit de nombreux autres).

En France, il faut attendre la fin du siècle pour voir apparaître de nouveaux ouvrages. En 1983, le livre de Jacques Pimpaneau, *Promenade au jardin des poiriers, l'opéra chinois classique*, dresse une histoire de l'opéra chinois en envisageant aussi bien ses textes que sa tradition scénique. Des

---

16 *Études chinoises*, vol. XVI, n° 1, printemps 1997, p. 180-183.

17 Lewis Charles Arlington, *The Chinese Drama from the Earliest Times until Today*, Shanghai L. C., 1930, rééd. New York, Benjamin Blom, 1966.

18 William Dolby, *A History of Chinese Drama*, London, Paul Elek, 1976.

19 Hsu Tao-Ching, *The Chinese Conception of the Theatre*, Seattle, London, University of Washington Press, 1985.

20 Wilt L. Idema et Stephen H. West, *Chinese Theatre*, 1100-1450: *A Source Book*, Wiesbaden, Steiner, 1982.

21 Colin Mackerras, *Chinese Theatre from its Origins to the Present Days*, Honolulu, University of Hawai Press, 1983.

22 Adolphe Clarence Scott, *The Classical Theatre of China*, New York, Barnes et Noble, 1957.

renseignements précieux sur différents aspects du théâtre chinois, notamment sur ses dramaturges, sont apportés dans les intéressantes notices du *Dictionnaire universel des littératures*[23] édité en 1994. L'année suivante, *Le Théâtre chinois* de Roger Darrobers[24] retrace l'évolution du genre sur pas moins de dix siècles et évoque les diverses pratiques théâtrales De courts résumés permettent de faire connaître les œuvres représentatives du répertoire en les replaçant dans leur contexte historique et culturel. Ces ouvrages sont des ouvrages de référence pour la richesse des informations apportées. En 1998, un autre ouvrage de Roger Darrobers, *L'Opéra de Pékin*[25], s'attache à nous faire découvrir la plus connue des formes de l'opéra chinois. Il nous offre une présentation très documentée des acteurs qui ont constitué la clé de voûte de cette expression artistique. Aucune étude n'est venue à ce jour compléter notre connaissance du théâtre littéraire des trois dernières dynasties. Les traductions françaises les plus facilement consultables sont aujourd'hui *Le signe de patience, et autres pièces du théâtre des Yuan*[26], paru en 1963, et *Les Opéras des bords de l'eau*[27] datant de 1983. Ces deux ouvrages comportent chacun trois pièces[28]. Des fragments et des résumés d'autres opéras ont été donnés dans différents ouvrages. Rendons hommage au travail de pionnier accompli notamment par Jacques Pimpaneau dans son *Anthologie de la littérature classique chinoise* parue en 2004[29], qui présente des extraits de six opéras de l'époque Yuan et de trois autres des époques Ming et Qing.

[23] Béatrice Didier, *Dictionnaire universel des littératures*, Paris, PUF, 1994.
[24] Roger Darrobers, *Le Théâtre chinois*, Paris, PUF, 1995.
[25] Roger Darrobers, *Opéra de Pékin*, Paris, Éditions Bleu de Chine, 1998.
[26] Tcheng T'ing-Yu [鄭廷玉] et Ts'in Kien-Fou [秦簡夫], *Le signe de patience et autres pièces du théâtre des Yuan.* Traduit du chinois, présenté et annoté par Li Tche-Houa [李治華], Gallimard/Unesco, 1963.
[27] Maurice R. Coyaud, Angela K. Leung, Alain Peyraube, *Les Opéras des bords de l'eau (Théâtre Yuan) XIIIe–XIVe siècles*, PAF. Association pour l'analyse de folklore, 1983.
[28] Le premier comporte deux pièces de 鄭庭玉 Tcheng T'ing-Yu, 忍字記 *Le Signe de patience* et 看錢奴 *L'Avare*, et une pièce de 秦簡夫 Ts'in Kien-Fou, 破家子弟 *Le Fils prodigue* ; le second ouvrage comprend deux pièces d'auteur anonyme : 爭報恩三虎下山 *Trois tigres descendent de la montagne pour témoigner à l'envie leur gratitude*, 魯智深喜賞黃花峪 *Lu Zhishen goûte le charme de la vallée des chrysanthèmes* et une pièce de 李文蔚 Li Wenwei, 燕青博魚 *Yan Qing marchand de poissons à l'Hôtel de la joie unanime*.
[29] Jacques Pimpaneau, *Anthologie de la littérature chinoise classique*, Philippe Picquier, 2004.

Pour expliquer cette désaffection pour un genre majeur de l'expression artistique chinoise, on peut invoquer, outre la complexité de l'expression dramatique chinoise, les difficultés que présente sa lecture. Celle-ci nécessite non seulement une solide connaissance de la langue classique, portée dans l'écriture des passages chantés à un degré de raffinement extrême, mais aussi un goût prononcé pour la langue vulgaire ancienne dans laquelle sont couchés des dialogues indispensables à la bonne compréhension de l'action. À ces exigences initiales déjà redoutables, il faut ajouter encore les obstacles que posent ses liens avec la musique et, dans certains cas, les multiples problèmes d'ordre philologique qu'impose l'étude de sa transmission. Ceci peut expliquer que l'on ait peu progressé dans ce domaine.

Je terminerai cependant par deux remarques optimistes. La première concerne la traduction intégrale d'une des pièces les plus connues de l'opéra chinois, 牡丹亭 *Mu dan ting* (Le Pavillon aux pivoines) de 湯顯祖 Tang Xianzu. Cette traduction date de 1998. Voici ce qu'en dit son auteur André Lévy qui, après avoir évoqué les difficultés rencontrées lors de sa traduction :

> La langue des librettistes, tout au moins chinois, est ordinairement redoutable : accumulation de métaphores, syntaxe violentée pour les beaux yeux… de l'oreille. Elle l'est davantage quand le temps y ajoute un écart sensible par rapport à la langue pratiquée aujourd'hui. Elle l'est plus particulièrement chez Tang Xianzu, lettré raffiné qui multiplie les allusions, les clins d'œil et ne dédaigne pas la parodie… Il en résulte des situations qui défient la traduction[30].

conclut :

> Pour cette première traduction française, nous nous sommes bornés à consulter une traduction japonaise et celle de Cyril Birch, d'un niveau digne des hautes qualités littéraires de l'auteur chinois, mais d'une lecture presque aussi difficile, homologiquement parlant.
>
> Le but étant au premier chef d'offrir au spectateur la possibilité d'entendre le texte, au-delà de sa musique, c'est-à-dire d'en appréhender le sens, nous avons été conduit à suivre une stratégie assez différente. […] Les notes sont minimales. Une traduction savante visant à expliciter le plus complètement

[30] Tang Xianzu [湯顯祖], *Le Pavillon aux pivoines*, traduit du chinois par André Lévy, Musica Falsa, Festival d'automne, 1998, p. 22.

possible les allusions et leurs sources aurait doublé ou triplé le volume du texte lui-même, qui, certes le mériterait. Cela aurait été une tache de longue haleine qui ne répondait pas aux nécessités du moment. Espérons néanmoins que ce modeste travail, en dépit de ses limites, y pourvoira[31].

La traduction a été publiée dans le cadre du Festival d'automne lors de la représentation intégrale de la pièce et pour saluer cet événement. Souhaitons qu'il y ait beaucoup d'autres spectacles à venir qui permettront ce genre d'entreprise.

La seconde remarque porte sur la publication en 2007 du double numéro de *Théâtre/Public* (n° 186/187). Ce numéro a proposé *Cinq Pièces de Guan Hanqing*[32] [關漢卿], un dramaturge célèbre de l'époque Yuan. Certaines des traductions ont été réalisées à partir de traductions anglaises, celles que donnèrent voici un demi-siècle 楊憲益 Yang Xianyi (1915-2009) et son épouse 戴乃迭 Gladys Yang (1919-1999), alias Gladys Taylor. Seules les trois dernières pièces ont été « relues » avec l'original chinois par Rebecca Peyrelon-Wang, 寧春艷 Ning Chunyan et Ariane Christen. Elles ont donc toutes été réalisées à partir de traductions déjà existantes. Mais ce que nous devons souligner et qui marque une réelle transformation par rapport au siècle passé, c'est que les pièces données dans ce numéro ont toutes été représentées par de grands metteurs en scène français, Patrice Chéreau, Jacques Lassalle, Catherine Dasté, Bernard Sobel. On réalise que ces pièces font donc partie de l'art vivant et interrogent le théâtre occidental. Elles s'adressent à des metteurs en scène prestigieux, qui les utilisent dans leurs propres démarches artistiques.

---

[31] *Ibid.*, p. 23-24.

[32] 竇娥冤 *Dou-E yuan* (La Neige au milieu de l'été), 望江亭 *Wang jiang ting* (Le Pavillon au bord de la rivière), 單刀會 *Dan dao hui* (Le Seigneur Guan va au banquet), 救風塵 *Jiu feng chen* (Sauvée par une coquette), 蝴蝶夢 *Hu die meng* (Le Rêve du papillon).

LA RÉCEPTION DE LA POÉSIE CHINOISE EN FRANCE
durant la première moitié du XXe siècle

Muriel DÉTRIE

Révélée en France au XIXe siècle par les traductions du marquis d'Hervey de Saint-Denys et de Judith Gautier, qui connurent un grand retentissement dans le milieu des écrivains, la poésie chinoise classique ne suscita plus le même engouement durant la première moitié du XXe siècle, éclipsée alors par la découverte de la poésie japonaise de type *haiku* (俳句). Pourtant, durant cette période, plusieurs traductions et études, dues principalement à des sinologues amateurs comme George Soulié de Morant et Louis Laloy, ou à des étudiants chinois venus faire leurs études en France comme 徐仲年 Xu Zhongnian (Hsu Sung-nien), 曾仲鳴 Zen Zhongming (Tsen Tsongming) et 羅大剛 Luo Dagang (Lo Ta-Kang), continuent d'en dévoiler toute la richesse et la diversité. Mais, plus que ces travaux qui ont connu une audience limitée et sont tombés dans l'oubli lorsque des anthologies et des monographies dues à des sinologues professionnels ont commencé à paraître à partir des années 1950, ce sont des rééditions et adaptations des traductions antérieures – *Le Livre de jade* de Judith Gautier et *La Flûte de jade* de Franz Toussaint – qui ont contribué à la populariser auprès du grand public, et dont s'inspireront, sinon les écrivains, du moins les musiciens.

Quasiment ignorée par les missionnaires jésuites qui ont entrepris les premières traductions de la littérature chinoise en langues européennes aux XVIIe et XVIIIe siècles, la poésie chinoise commence à être révélée au public français durant la seconde moitié du XIXe siècle quand se met en place une sinologie laïque. Le marquis d'Hervey de Saint-Denys, qui a été professeur de chinois à l'École nationale des langues orientales puis a occupé la chaire de chinois au Collège de France, a été le premier à la traduire dans un recueil intitulé *Poésies de l'époque des Thang* [Tang] (l'âge d'or de la poésie chinoise classique) publié en 1862 avec une longue introduction présentant

« l'art poétique et la prosodie chez les Chinois ». Ce sinologue a encore publié en 1870 une traduction assortie d'une étude du long poème de 屈原 Qu Yuan 離騷 *Li Sao*, qui constitue le premier des poèmes du recueil 楚辭 *Chuci* (Chants de Chu) compilé au Ier siècle av. J.-C. En 1872, l'orientaliste Guillaume Pauthier fit paraître, sous le titre *Chi-king* [*Shijing*] *ou Livre des vers*, dans le tome 2 de la *Bibliothèque orientale – Chefs-d'œuvre littéraires de l'Inde, de la Perse, de l'Égypte et de la Chine,* une traduction française de la traduction latine faite un siècle plus tôt par le Père La Charme (mais restée inédite) du 詩經 *Shijing*, le livre fondateur de la poésie chinoise. Après lui, en 1886, Camille Imbault-Huart, qui a été consul en Chine, a consacré une modeste anthologie à *La Poésie chinoise du XIVe au XIXe siècle*. Enfin, en 1896, le jésuite Séraphin Couvreur, qui s'est donné pour tâche de traduire tous les classiques confucéens, a publié une nouvelle traduction en français et en latin du classique de la poésie sous le titre *Cheu King* [*Shijing*]. Toutes ces traductions sont des travaux savants assortis de notes et explications fondées sur les commentaires chinois, dont l'audience est relativement limitée. En fait, ce ne sont pas eux mais une publication de la fille de Théophile Gautier qui a révélé la poésie chinoise au grand public. Ayant appris des rudiments de chinois auprès d'un Chinois nommé 丁墩齡 Tin Tun-Ling [Ding Dunling], qui avait été recueilli à Paris par son père, Judith Gautier s'est essayée avec son aide à traduire quelques-uns des poèmes de la dynastie Tang. Son recueil *Le Livre de jade*, qu'elle a publié en 1867 sous le nom de Judith Walter, fit sensation : même si beaucoup de lecteurs soupçonnèrent que ces petits poèmes en prose devaient plus à l'imagination de la jeune femme qu'aux poètes chinois, ils furent charmés par les images, les motifs et les thèmes nouveaux qu'ils révélaient[1].

Durant la première moitié du XXe siècle, la sinologie française connut un prodigieux développement car, contrairement à leurs devanciers qui n'avaient souvent de la Chine qu'une connaissance livresque et limitée, les sinologues eurent la possibilité d'apprendre le chinois sur place et de mener des études de terrain. Mais cette situation nouvelle bénéficia surtout à

[1] Voir Muriel Détrie, « *Le Livre de jade* de Judith Gautier : un livre pionnier », *Revue de Littérature comparée*, 1989/3, p. 301-324, ainsi que la présentation d'Yvan Daniel à sa réédition du *Livre de jade*, Paris, Imprimerie nationale, 2004, p. 7-33.

l'histoire, l'archéologie et la géographie, ou à l'étude de la pensée et des religions, mais non à la poésie qui est restée délaissée par les grands sinologues de cette époque tels Edouard Chavannes, Paul Pelliot et Henri Maspero. Un seul sinologue, Marcel Granet, lui prêta attention en consacrant une étude au 詩經 *Shijing* dont il retraduisit la première partie – 國風 *Guofeng* (Les Chants des Royaumes) – dans un ouvrage intitulé *Fêtes et chansons anciennes de la Chine* publié pour la première fois en 1919. Formé à l'école du sociologue Émile Durkheim et de l'historien de la Chine ancienne Édouard Chavannes, Granet, comme son devancier le père Couvreur, s'intéresse aux chants du *Shijing* pour leur valeur documentaire. Mais, contrairement à Couvreur qui, à la suite des confucéens chinois, avait fait du *Shijing* un livre d'enseignement moral, il entend débarrasser les chants des gloses et commentaires qui sont venus les recouvrir au fil des siècles et qui en ont fait une lecture allégorique, pour en retrouver ce qu'il appelle « le sens original ». Il veut montrer ce qu'ils sont en réalité, à savoir des « chansons populaires » exprimant de « vieilles coutumes, antérieures à la morale classique », et même de « véritables chansons d'amour, où la passion parle toute pure »[2]. Pour ce faire, le traducteur s'en est tenu le plus possible au sens littéral des mots et au rythme des poèmes, considérant que l'art de ces chansons populaires n'avait rien de personnel ni de travaillé, mais qu'il n'était fait que de spontanéité[3]. Après Marcel Granet, aucun sinologue français ne s'est plus intéressé à la poésie chinoise avant le milieu du XXe siècle où paraîtront, d'abord l'essai de Georges Margouliès, *Histoire de la poésie chinoise* (Payot, 1951), puis l'*Anthologie de la poésie chinoise classique* dirigée par Paul Demiéville (Gallimard, 1962), qui est encore à ce jour la traduction de référence la plus courante. Mais, en revanche, si l'on se tourne du côté des sinologues amateurs ou écrivains sinophiles, on voit qu'ils publient des traductions qui élargissent le champ de la poésie chinoise classique en langue française et qui, par ailleurs, traitent celle-ci en tant que poésie et non plus comme source d'information sur la Chine du passé.

[2] Marcel Granet, *Fêtes et chansons anciennes de la Chine*, Paris, Albin Michel, 1982, respectivement p. 6, p. 7 et p. 11.

[3] Voir *ibid.* p. 91 : « On ne trouve pas dans les chansons de ces procédés littéraires qui révèlent l'art d'un auteur. […] les choses sont rendues directement ».

Le premier et sans doute le plus important recueil de poèmes chinois traduits par un écrivain qui paraît au XXe siècle est une réédition corrigée et augmentée du *Livre de jade*. Le recueil initial de Judith Gautier présentait nombre d'erreurs d'attribution, d'inexactitudes voire d'inventions dues à sa connaissance limitée du chinois et à la manière dont elle avait travaillé avec 丁墩齡 Tin Tun-Ling. Mais, depuis ses années de jeunesse, Judith Gautier avait pris ses distances avec le protégé de son père (mort en 1886), et s'il est peu probable qu'elle n'ait jamais approfondi sa connaissance du chinois, elle a noué des relations avec des Chinois résidant en France auprès de qui elle a pu trouver de l'aide. Forte de ces soutiens, dans sa nouvelle édition datant de 1902, elle a supprimé sa dédicace « à Tin Tun-Ling, poète chinois », a corrigé un certain nombre d'erreurs grossières, supprimé certains poèmes de son invention, et elle a complété son choix de poèmes initial par 39 nouveaux poèmes qui élargissent la perspective puisque, outre de nouveaux poèmes de l'époque Tang, on trouve parmi eux quelques antiques chansons du 詩經 *Shijing*, quelques pièces de forme irrégulière (des 詞 *ci* ou « poèmes à chanter ») de l'époque Song attribuées à la poétesse 李清照 Li Qingzhao (Ly-y-Hane) et quelques poèmes de contemporains de Judith Gautier rencontrés à Paris, comme le fameux homme politique 李鴻章 Li Hongzhang. Mais il n'en reste pas moins que, comme l'a fort bien montré Ferdinand Stocès[4], le recueil, à côté de pièces authentiquement traduites (plus ou moins bien) du chinois, comporte encore des pièces impossibles à identifier et vraisemblablement sans sources (toutes issues cependant du recueil de 1867) ; d'autres qui n'ont que de lointains rapports avec les poèmes originaux qu'elles sont censées traduire ; et enfin des pièces librement adaptées de traductions antérieures, notamment celles du marquis d'Hervey de Saint-Denys et du père Couvreur. Les poèmes, comme dans l'édition originale, sont rangés en rubriques thématiques dont la première et la plus importante s'intitule « Les Amoureux ». *Le Livre de jade*, désormais sous-titré explicitement mais sans doute abusivement « poèmes traduits du chinois par Judith Gautier », est encore réédité en 1908 chez Félix Juven ; il sera ensuite repris par d'autres éditeurs en 1928 et en 1933, mais sans son

[4] Voir Ferdinand Stocès, « Sur les sources du *Livre de jade* de Judith Gautier (1845-1917) (Remarques sur l'authenticité des poèmes) », *Revue de littérature comparée*, 2006 n°3, p. 335-350.

sous-titre ; il sera en outre plusieurs fois traduit ou adapté en diverses langues européennes durant toute la première moitié du XXe siècle.

George Soulié de Morant (1878-1955) est un autre sinologue amateur qui contribua à révéler de nouveaux pans de la poésie chinoise. Sa mère étant liée à Judith Gautier, c'est auprès de celle-ci que le jeune George s'est initié au chinois dès son enfance. À l'âge de 21 ans, il entra au service d'une banque qui l'envoya en Chine où il resta au total treize années, y exerçant différentes fonctions, dont celles d'interprète et de consul. Après la guerre, il se consacra entièrement à la littérature et à l'acupuncture qu'il fit connaître en France. Parmi ses nombreuses publications en lien avec la Chine, œuvres de fiction ou essais consacrés notamment à la musique et au théâtre, figure un *Florilège des poèmes Song 960-1277 après J.-C.* publié en 1923, une anthologie dont l'originalité est d'offrir la traduction d'une centaine de 詞 *ci* ou « poésies » en vers irréguliers chantées sur des airs de musique qui, comme Soulié de Morant le souligne dans son introduction, sont encore « à peu près inconnues » en Occident[5]. Ses traductions se présentent en vers libres et, selon ses propres mots, elles « serrent d'aussi près que possible les textes originaux »[6]. La plupart traitent de thèmes amoureux, comme il se doit pour des poèmes composés par des lettrés à l'imitation de pièces chantées par des courtisanes dans les quartiers de plaisirs.

Louis Laloy (1874-1944) est un troisième sinologue amateur ayant laissé des traductions de poèmes chinois. Musicien et musicologue de formation et de profession, Laloy suivit en auditeur libre des cours de chinois à l'École nationale des langues orientales au début du XXe siècle. Fort de cet apprentissage, et peut-être avec l'aide de certains étudiants chinois résidant en France qu'il fréquentait, il a traduit, outre deux pièces de théâtre, divers poèmes chinois[7]. En 1909, il publia dans *La Nouvelle revue française* une traduction de vingt-deux « Chansons des Royaumes » du 詩經

[5] George Soulié de Morant, *Florilège des poèmes Song 960-1277 après J.-C.*, Paris, Plon, 1923, p. I.
[6] *Ibid.*, p. II.
[7] Sur la vie et l'œuvre de Louis Laloy voir Liao Hui-Chen, *Louis Laloy (1874-1944), ses activités et son influence sur les compositeurs français inspirés par la civilisation chinoise entre 1900 et 1940*, thèse de doctorat de musicologie, université Paris-Sorbonne, 2012.

Shijing accompagnée d'une préface[8] : il s'agit cette fois d'une traduction en vers, le plus souvent réguliers, présentant des qualités littéraires certaines, ce qui fit dire à Marcel Granet que si ces vers étaient « parfois plaisants », « on y saisit mieux quelques-uns de nos préjugés littéraires que le sentiment direct du texte chinois »[9]. Durant les décennies suivantes, il continua à traduire des poèmes chinois, notamment pour les cours sur la littérature chinoise qu'il donnait à l'Institut des hautes études chinoises de Paris. En 1944, année de sa mort, il rassembla ses traductions dans un petit recueil intitulé *Choix de poésies chinoises* publié chez Sorlot. Il s'agit essentiellement de poèmes classiques de la dynastie Tang précédés de quelques pièces antérieures (dont neuf des « chansons » du 詩經 *Shijing* déjà publiées en 1909, précédées de quelques sentences de 老子 Laozi) et suivis d'un unique poème Song (de 蘇東坡 Su Dongpo). Par rapport aux recueils antérieurs, la particularité de ce choix est que les poèmes y sont rendus pour la plupart en vers réguliers (des mètres généralement courts de six, sept ou huit pieds) et parfois rimés, qu'ils sont précédés d'une introduction présentant l'histoire de la poésie chinoise des origines à l'époque moderne, et qu'ils sont assortis pour certains de notes explicatives, alliant ainsi de manière originale pour l'époque souci poétique et exigence scientifique. Bien que ce recueil ait été publié dans une collection de petits classiques représentatifs de la littérature universelle intitulée « Les chefs-d'œuvre » et destinée au public des écoles – ce qui est le signe d'une popularisation de la poésie chinoise – il ne semble pas avoir été remarqué par la critique ou les écrivains, et n'a jamais été réédité.

Contrairement aux écrivains précédemment évoqués, Franz Toussaint, un ami de Giraudoux que le biographe de ce dernier présente comme « un joyeux farceur, issu d'une lignée d'officiers mais qui a quitté l'armée pour la littérature »[10], ne saurait être rangé parmi les sinologues amateurs, même s'il a publié en 1920 un recueil de poèmes chinois appelé à connaître une audience exceptionnelle, *La Flûte de jade*. En effet, Toussaint n'a jamais

[8] *La Nouvelle revue française*, 1er août 1909, p. 5-14 ; 1er sept. 1909, p. 130-136 ; 1er sept. 1909, p. 195-204.
[9] Marcel Granet, *Fêtes et chansons anciennes de la Chine,* Paris, Bibliothèque de l'École des hautes études, sciences religieuses, t. XXXIV, Ernest Leroux, 1919, p. 17.
[10] Jacques Body, *Jean Giraudoux*, Paris, Gallimard, 2004, p. 194.

appris un seul mot de chinois. Lui-même l'a reconnu en plaçant en tête de son recueil la dédicace suivante : « À la mémoire de Tsao Chang-Ling qui est allé dormir dans le jardin des neuf sources après m'avoir confié le soin de présenter aux lecteurs français ces illustres poésies, choisies et traduites par lui. » Mais tout nous porte à penser que ce personnage de Tsao Chang-Ling a été inventé par Toussaint pour donner un caractère d'authenticité à ce qui n'est en fait qu'une adaptation de traductions antérieures faites par le marquis d'Hervey de Saint-Denys ou par Judith Gautier, et très souvent aussi des poèmes créés de toutes pièces à partir de motifs chinois ou de sources littéraires diverses. Le recueil rassemble des poèmes de toutes époques, depuis le 詩經 *Shijing* jusqu'à un certain Chang Wou-Kien, qui serait né en 1879, ainsi que des proverbes, sentences ou pensées, dont certaines extraites de textes historiques ou philosophiques (Laozi et Confucius notamment). Les textes se succèdent dans un ordre difficile à saisir, sans nom d'auteur. À la fin de l'ouvrage, une table répertorie par ordre chronologique les noms et les dates des auteurs (réels ou fictifs) avec les titres de leurs poèmes. 丁墩齡 Tin Tun-Ling s'y retrouve avec un poème emprunté au *Livre de jade* de Judith Gautier et des dates (772-845) qui font de lui un poète de l'époque Tang, ce qui montre le côté hautement fantaisiste du travail de Toussaint ! Lorsqu'il est possible de comparer les textes de Toussaint à ses sources avérées, comme dans le cas du poème de 丁墩齡 Tin Tun-Ling[11], on s'aperçoit que l'auteur n'a nullement cherché à renforcer le caractère poétique des traductions utilisées puisque tous ses textes sont en prose compacte. Il n'a pas cherché non plus à en respecter le contenu (les ajouts et surtout les omissions sont fréquents), et il s'est efforcé de donner à ses textes un côté gracieux ou spirituel, parfois sentencieux, mais le plus souvent sentimental et même libertin, car le thème de l'amour est largement représenté et traité de façon assez libre voire osée. Ajoutons que le livre est présenté d'une manière à la fois esthétique et exotique, avec des idéogrammes 玉笛 [jade + flûte] traduisant le titre français sur la page de

[11] Signalons que le titre du recueil *La Flûte de jade* vient de ce poème de 丁墩齡 Tin Tun-Ling, intitulé « L'Ombre des feuilles d'oranger » chez Judith Gautier, qui évoque « le son d'une flûte de jade » (*Le Livre de jade*, p. 101), mais la version de Franz Toussaint a effacé toute trace de cet emprunt en évoquant seulement une « flûte lointaine » (Franz Toussaint, *La Flûte de jade*, Paris, Édition d'art H. Piazza, 1922, p. 93).

titre et dans la marge de chaque page, une miniature chinoise en couleur en frontispice, des vignettes rouges inspirées de motifs chinois en tête de chaque poème, enfin un liseré noir (redoublé encore d'un bandeau vert) encadrant le texte de chaque page à la manière des livres traditionnels de la Chine. Plus encore que *Le Livre de jade*, il connut de nombreuses rééditions et traductions en langues européennes dans lesquelles le nom de Tsao Chang-Ling vint même parfois remplacer celui de Franz Toussaint, ce qui montre que la supercherie de l'auteur n'a nullement été soupçonnée.

D'une manière générale, les traductions des poèmes chinois que nous avons passées en revue donnent de la poésie chinoise classique une image singulière : elle apparaît comme une poésie en vers libre ou en prose poétique, peu codifiée, proche de la chanson ou de la sentence, généralement de forme brève, au langage simple et direct, évoquant la nature mais aussi un monde précieux et raffiné (y abondent fleurs, oiseaux et papillons, clairs de lune, vapeurs et nuages, matières précieuses comme l'or, le jade, le cristal, la soie, la porcelaine ou les perles, etc.), à caractère lyrique et même romantique (le « je » y est très présent) et chantant surtout l'amour. Elles dessinent en outre une figure du poète chinois, représentée idéalement par 李白 Li Bo – qui est de tous les poètes le plus traduit – comme détaché de la société et même anticonformiste, rêveur et fantasque, s'adonnant à l'ivresse et cultivant l'oisiveté au sein de la nature, ne recherchant que la beauté et l'amour. Qui connaît la poésie chinoise classique saisira tout ce que cette image a d'inexact ou d'approximatif : elle est en effet fortement codifiée, obéit à des formes fixes, est chargée de références historiques et d'allusions littéraires, utilise un langage symbolique qui est susceptible d'interprétations multiples et variées ; à l'exception des chansons d'amour du 詩經 *Shijing* et des « poèmes à chanter » de l'époque Song, elle ne privilégie pas le thème de l'amour ; et les poètes, bien loin d'être tous de doux rêveurs, sont souvent impliqués dans les affaires de leur temps. C'est essentiellement pour corriger cette image qu'une dernière catégorie d'auteurs – des étudiants chinois venus en France pour leurs études – va s'attacher à la présenter au public français dans toute son étendue et sa diversité.

Sur la cinquantaine de thèses ou d'ouvrages en français portant sur la littérature chinoise que ces jeunes Chinois ont publiés durant la période allant de 1920 à 1950, une quinzaine concerne la poésie[12]. Certains de ces ouvrages sont des études historiques, d'autres des anthologies, mais la plupart mêlent étude et traduction. Dès 1922, 曾仲鳴 Tsen Tsongming [Zen Zhongming][13], qui est arrivé en France en 1916, publie un *Essai historique sur la poésie chinoise* (thèse de l'université de Lyon) afin, dit-il dans sa préface, de « donner [aux Français] une idée générale de la poésie chinoise », encore « peu connue en Europe »[14], en suivant son développement depuis ses origines jusqu'à l'époque contemporaine. Cette présentation d'ensemble est complétée par les nombreux travaux qui paraissent dans les deux décennies suivantes et qui ne se limitent pas tous à l'époque classique des Tang, même si celle-ci continue d'avoir la part belle. En effet, sous le titre *Rêve d'une nuit d'hiver. Cent quatrains des Thang* [Tang], 曾仲鳴 Tsen Tsongming publie encore en 1927 une anthologie de la poésie des Tang que vient compléter quinze ans plus tard un autre choix de *Cent quatrains des Tang* (1942) proposé par 羅大剛 Lo Ta-Kang [Luo Dagang]. Ce dernier publie aussi en 1949, sous le titre *Homme d'abord, poète ensuite*, une « présentation de sept poètes chinois » assortie d'un large choix de poèmes où se retrouvent des poètes Tang (李白 Li Bo, 杜甫 Du Fu, 白居易 Bai Juyi et 李賀 Li He), mais aussi 屈原 Qu Yuan et 陶潛 Tao Qian pour les époques antérieures aux Tang, et la poétesse 李清照 Li Qingzhao pour l'époque ultérieure des Song. Les poètes de la dynastie Tang font par ailleurs l'objet de plusieurs monographies. En 1930, 徐仲年 Hsu Sung-nien [Xu Zhongnian], qui publiera quelques années plus tard une *Anthologie de la littérature chinoise, des origines à nos jours* (1933) dans laquelle la poésie occupe la

[12] Pour une présentation d'ensemble de ces travaux, voir Muriel Détrie, « La contribution des premiers étudiants chinois en France au comparatisme littéraire franco-chinois (1920-1949) », dans Muriel Détrie, Éric Lefebvre et Xiaohong Li (dir.), *Connaissance de l'Ouest. Artistes et écrivains chinois en France 1920-1950*, Paris, éd. You-Feng, 2015.

[13] Nous retenons cette orthographe même si son nom est transcrit différemment selon les éditions. D'une manière générale, nous transcrivons dans cet article tous les noms chinois selon le système *pinyin*, mais nous transcrivons les noms des auteurs chinois tels qu'ils sont notés dans leurs publications quand nous les citons et ajoutons, quand c'est possible, la transcription *pinyin* entre crochets.

[14] Tsen Tsongming 曾仲鳴, *Histoire de la poésie chinoise*, Shanghai, China United Press, 1936, p. 1. (Il s'agit d'une réédition de la thèse publiée en 1922 à Lyon).

première place, soutient une thèse sur 李白 Li Bo, qui connaît deux publications successives (*Essai sur Li Po*, 1934, et *Li Thai-po, son temps, sa vie et son œuvre*, 1935). Une décennie plus tard, 羅大剛 Luo Dagang consacre la sienne à 白居易 Bai Juyi car, remarque-t-il, si 李白 Li Bo et 杜甫 Du Fu sont bien connus en France, ce poète « est généralement négligé » alors que, selon lui, il « les dépasse l'un et l'autre »[15]. Après eux, 劉金陵 Liou Kin-Ling [Liu Jinling] s'attache encore, dans une thèse publiée en 1941, à présenter un autre poète célèbre des Tang : 王維 *Wang Wei, le poète*. Mais deux ouvrages, à la fois études et anthologies, font aussi connaître un grand poète de l'époque antérieure des Six Dynasties, 陶潛 Tao Qian alias 陶淵明 Tao Yuanming : 梁宗岱 *Liang Tsong Tai* (Les Poèmes de T'ao Ts'ien) en 1930 et Wong Wen-Po, *T'ao Yuan-ming (365-427)* en 1934. Quant à la production anonyme antérieure aux Tang, elle est révélée par deux anthologies. L'une est due encore à 曾仲鳴 Tsen Tsongming qui, dans sa préface, déplore que les « nombreuses poésies depuis Han jusqu'à Souei ne soient pas encore traduites » et donc « estime qu'il est utile de combler cette lacune »[16] ; l'autre est due à 徐頌年 Hsu Sung-nien, qui rassemble des poèmes anonymes de l'époque des Six Dynasties (*Les Chants de Tseu-ye et autres poèmes d'amour*, 1932), ainsi que par la traduction d'un long poème du IIIe siècle (*Le Paon*, 1924) due à un certain 張鳳 Tchang Fong. En outre, à seulement une année de distance, et manifestement à l'insu l'une de l'autre, deux étudiantes chinoises – Agnès Ho à l'Université de Clermont en 1934 et 冯淑兰 Feng Shulan (plus connue sous le nom 冯沅君 Feng Yuanjun) à l'Université de Paris en 1935 – consacrent une thèse à un genre poétique, le 詞 « ts'eu » ou « tse » [*ci*] (poème à chanter). Mais, tandis que la première a seulement proposé, après une courte présentation, une anthologie auteur par auteur parce que « le tse [...] est une variété de poésie chinoise qui jusqu'ici n'a jamais fait l'objet d'une traduction, du moins en langue française »[17], la

---

15 Lo Ta-Kang [羅大剛], *La Double inspiration du poète Po Kiu-yi (772-846)*, Paris, éd. Pierre Bossuet, 1939, p. 7.

16 Tsen Tsongming [曾仲鳴], *Anciens poèmes chinois d'auteurs inconnus* (1923), éd. revue et augmentée, Paris, Ernest Leroux, 1927, p. 9.

17 Agnès Ho, *Le « Tse »*, Toulouse, Imp. Toulousaine Lion et Fils, 1934, p. 5-6.

seconde, estimant elle aussi qu'« il n'en existe ni traductions ni études critiques »[18], a tenté d'en faire une présentation technique et historique[19].

Au total, bien plus que les traductions et études des sinologues ou écrivains français, qu'elles dépassent d'ailleurs en nombre, ces publications d'auteurs chinois révèlent toute l'étendue, la diversité et la spécificité de la poésie chinoise classique depuis ses origines. Non seulement elles ne laissent aucune époque ignorée, mais encore elles présentent la poésie chinoise sous toutes ses formes et font connaître plusieurs personnalités poétiques de tout premier plan différentes de 李白 Li Bo. Enfin, si elles ne sont pas toujours d'une grande qualité littéraire, à l'exception de celles de 梁宗岱 Liang Zongdai et de 羅大剛 Luo Dagang, qui sont tous deux eux-mêmes poètes et capables d'écrire de la poésie aussi bien en français qu'en chinois, elles sont néanmoins très fidèles, parfois presque littérales, et préfigurent le style dense, concis, elliptique qu'un François Cheng et bien d'autres sinologues à sa suite donneront à leurs traductions de la poésie chinoise durant la seconde moitié du XXe siècle. Aujourd'hui, tous ces travaux des étudiants chinois en France sont tombés dans l'oubli mais, en leur temps aussi, ils n'ont guère été remarqués[20]. Ils n'ont donc pas réussi, comme leurs auteurs le souhaitaient, à corriger l'image que les traductions ou adaptations antérieures avaient forgée de la poésie et du poète chinois.

Si l'on tient compte de l'ensemble des études et traductions qui lui sont consacrées, on peut dire que durant la première moitié du XXe siècle, la poésie chinoise est bien mieux divulguée en France que la poésie japonaise. Celle-ci, en effet, a bien été présentée et traduite sous toutes ses formes et à travers ses principales anthologies classiques par le japonologue Georges Bonneau dans sa série *Yoshino. Collection japonaise pour la présentation des textes poétiques*, mais des 11 volumes bilingues de cette collection parus de 1933 à 1935 au Japon, seuls quelques-uns ont été republiés en France, et leur diffusion est restée limitée au milieu des spécialistes. En dehors de ce

[18] Feng Shulan [冯淑兰], *La Technique et l'histoire du Ts'eu*, Paris, L. Rodstein, 1935, p. 3.

[19] Toutes deux ignorent donc le *Florilège des poèmes Song* que George Soulié de Morant a publié en 1923.

[20] Relevons cependant que Paul Valéry a écrit, à la demande l'auteur, une préface pour *Les Poèmes de T'ao Ts'ien* de 梁宗岱 Liang Tsong Tai.

savant, seuls de jeunes Japonais résidant en France (parfois en collaboration avec un écrivain français) se sont attachés à la traduire dans des petits recueils consacrés soit à toutes ses formes (Kikou Yamata, *Sur des lèvres japonaises*, 1924), soit à l'une d'entre elles comme le *tanka* (Nico D. Horigoutchi, *Tankas, petits poèmes japonais*, 1921), le *haikai* ou *haiku* (Kuni Matsuo et Steinilber-Oberlin, *Les Haikai de Kikakou*, 1927 et *Haikai de Bashô et de ses disciples*, 1936) ou encore la chanson (Steinilber-Oberlin et Hidetake-Iwamura, *Chansons des geishas*, 1926). Mais malgré ce nombre réduit de publications, la poésie japonaise, principalement sous la forme du *haiku*, a connu en France un succès bien plus grand que la poésie chinoise. Présenté et traduit pour la première fois en français dans un simple article de vulgarisation (inspiré de travaux en anglais) dû à Paul-Louis Couchoud[21], le *haiku* suscite dans les décennies suivantes un véritable engouement tant de la part du grand public que des écrivains qui tentent de l'imiter, de l'adapter ou de s'en inspirer pour renouveler la poésie française[22]. Avec sa brièveté extrême (17 syllabes réparties en 5-7-5 en japonais et un simple tercet en vers libres en traduction), sa simplicité et son absence de rhétorique, le *haiku*, tel du moins qu'il est présenté et traduit en français, répond aux besoins des poètes français du début du XXe siècle d'un nouveau langage poétique plus libre, moins codifié et au plus près des choses, délivré de l'éloquence et des effusions romantiques. Il est significatif que le 短歌 *tanka*, plus long (31 syllabes rythmées en 5-7-5/7-7, traduites sous la forme d'une strophe au nombre de vers variant de 4 à 6), plus codifié et caractérisé par le lyrisme, n'a pas suscité le même intérêt[23]. Et l'on comprend dès lors que les poèmes chinois, dont les plus courts sont des quatrains généralement traduits sous forme de petits poèmes en prose, n'aient pas suscité l'émulation des poètes français. Toutefois, à la faveur des amalgames qui se sont faits dans l'esprit

---

[21] Paul-Louis Couchoud, « Les épigrammes lyriques du Japon », *Lettres*, avril 1906 ; article repris sous une forme augmentée dans Paul-Louis Couchoud, *Sages et poètes d'Asie*, Paris, Calmann-Lévy, 1917, p. 51-137.

[22] Voir notamment René Maublanc, « Le Haïkaï français. Bibliographie et anthologie », *Le Pampre*, n° 10/11, 1923, p. 1-62, et Jérôme Thélot et Lionel Verdier (dir.), *Le Haiku en France. Poésie et musique*, Paris, éd. Kimé, 2011.

[23] Sur la réception du *tanka* en France, restée assez confidentielle jusqu'à aujourd'hui, voir Dominique Chipot, *Le Livre du tanka francophone*, Mascouche, Canada, Éditions du tanka francophone, 2011.

du public français entre poésie chinoise et poésie japonaise, la poésie chinoise a bénéficié aussi dans une certaine mesure de la vogue du *haiku*.

Contrairement aux poètes français du XIXe siècle (Louis Bouilhet, Émile Blémont) qui avaient tenté d'introduire dans la poésie française des formes versifiées de la poésie chinoise révélées par le marquis d'Hervey de Saint-Denys[24], les poètes français du XXe siècle ne s'intéressent pas à la métrique chinoise, qui est généralement négligée par les traducteurs. Seul Segalen s'en inspire dans son œuvre, mais précisément parce que la versification n'est plus à l'ordre du jour et peut paraître « exotique » au double sens qu'il donne à ce terme, c'est-à-dire étrange et étrangère. Dans son recueil de poèmes *Odes*, conçu en Chine en 1913 et qui n'a été publié à titre posthume qu'en 1926, il s'inspire à la fois du 詩經 *Shijing* (la première « ode », intitulée « Vent des royaumes », y renvoie explicitement) et de la poésie classique des Tang pour concevoir des « chants » à la manière chinoise, rythmés en vers alternés de 5 et 7 pieds, qui sont relativement courts mais accompagnés d'un commentaire. Toutefois, cette forme nouvelle d'« ode » que Segalen a inventée à partir des modèles prosodiques chinois ne connut aucune postérité.

Un autre poète qui a longtemps séjourné en Chine, Paul Claudel, s'est inspiré quant à lui, non de la métrique mais de la brièveté et de la concision des poèmes chinois tels qu'il a pu les appréhender en traduction française. Dans ses « Petits Poèmes d'après le chinois » (parus en 1939 dans la *Revue de Paris*) et « Autres poèmes d'après le chinois » (composés en 1937 et non publiés de son vivant), il a retravaillé des traductions de Judith Gautier ou de 曾仲鳴 Tsen Tsongming pour en faire des poèmes plus courts et plus denses. C'est ainsi que le célèbre poème de 丁墩齡 Tin Tun-Ling « L'ombre des feuilles d'oranger », que Judith Gautier avait rendu dans son *Livre de jade* par un texte assez prolixe :

> La jeune fille, qui travaille tout le jour, dans sa chambre solitaire, est doucement émue si elle entend, tout à coup, le son d'une flûte de jade ;
> Et elle s'imagine qu'elle entend la voix d'un jeune garçon.

[24] Voir Muriel Détrie, « Translation and Reception of Chinese Poetry in the West », *Tamkang Review*, vol. XXII, n° 1,2,3,4, Autumn 1991-Summer 1992, p. 43-57.

> À travers le papier des fenêtres, l'ombre des feuilles d'oranger vient s'asseoir sur ses genoux ;
> Et elle s'imagine que quelqu'un a déchiré sa robe de soie.[25]

devient, sous la plume de Claudel :

> L'ombre des feuilles d'oranger
> Se peint sur le genou léger
> On dirait que quelqu'un a
> Déchiré ma robe de soie ![26]

Il est savoureux de voir que l'adaptation de Claudel restitue à un poème en prose pseudo-chinois (car rien ne prouve que 丁墩齡 Tin Tun-Ling ait vraiment composé des poèmes en chinois qui auraient ensuite été traduits en français !) un aspect formel très proche des quatrains classiques des Tang. Mais lorsqu'il s'est inspiré des poèmes Tang traduits par 曾仲鳴 Tsen Tsongming sous forme de quatrains en vers libres plus respectueux des originaux chinois que les traductions de Judith Gautier, il a encore resserré la forme jusqu'à atteindre la fulgurance du *haiku*. Par exemple, le célèbre poème de 李白 Li Bo rendu ainsi par 曾仲鳴 Tsen Tsongming sous le titre « Pensée d'une nuit tranquille » :

> De mon lit, je vois des rayons de lune,
> Je crois que c'est de la gelée blanche sur le sol.
> Mais je lève la tête et regarde la lune brillante,
> Alors baissant la tête, je songe à mon pays natal ![27]

se réduit dans l'adaptation de Claudel à un simple distique qui ne restitue plus que l'impression première du poète, à la manière des *Cent phrases pour éventails* (1927) que lui avait inspirées auparavant durant son séjour au Japon le *haiku* japonais :

> J'ai dormi toute la nuit dans les rayons de lune
> Et mes cils au matin sont tout gelés de gelée blanche.[28]

---

[25] Judith Gautier, *op. cit.*, p. 101.
[26] Paul Claudel, *Œuvre poétique*, Paris, Gallimard, « La Pléiade », 1967, p. 947.
[27] Tsen Tsongming [曾仲鳴], *Rêve d'une nuit d'hiver (Cent quatrains des Thang)*, Paris, Ernest Leroux, 1927, p. 50.
[28] Paul Claudel, *op. cit.*, p. 929.

En dehors de Segalen et Claudel, on ne peut guère ajouter que le nom de Saint-John Perse au nombre des poètes français qui se sont nourris de la poésie chinoise durant la première moitié du XXe siècle. Mais bien que l'auteur d'*Anabase* ait lu et annoté plusieurs des recueils de poésie chinoise disponibles en son temps, son œuvre n'est nullement inspirée par la forme métrique ou la brièveté des poèmes chinois. Néanmoins, selon Catherine Mayaux, on retrouve dans ses longs poèmes bien des parallélismes, des sentences, des rythmes ou des images issus de sa lecture des poèmes chinois en traduction (notamment les chansons du 詩經 *Shijing* traduites par Granet)[29].

Si la poésie chinoise n'a pas tenté les écrivains français durant la première moitié du XXe siècle à l'égal de la poésie japonaise, elle a en revanche séduit nombre de musiciens. 廖慧貞 Liao Hui-Chen a recensé une quinzaine de compositeurs qui ont mis en musique des poèmes chinois traduits en français (parmi lesquels Louis Laloy, Marguerite Canal, Albert Roussel, Alexandre Tansman et Pierre Vellones)[30]. Dans la majorité des cas, il s'agit de courtes pièces pour voix et piano inspirées du *Livre de jade* de Judith Gautier et, surtout, de *La Flûte de jade* de Franz Toussaint. Il ne nous appartient pas ici de les étudier d'un point de vue musical. Remarquons seulement que, *a priori*, il peut paraître surprenant que ce soient les poèmes les moins authentiques ou les plus éloignés de leurs sources qui ont retenu l'attention. Mais, outre que le titre du recueil de Franz Toussaint, de même que la miniature placée en frontispice qui représente une jeune Chinoise jouant de la flûte, avaient de quoi éveiller l'intérêt de musiciens, ses petits poèmes, par leur brièveté, leur simplicité, leur légèreté et leur insignifiance mêmes, ont pu, tel l'« aboli bibelot d'inanité sonore » mallarméen, sembler ne renvoyer qu'à eux-mêmes et ainsi se prêter au travail de compositeurs qui, dans le sillage de Debussy, cherchaient à remonter aux sources de la musique en retrouvant la liberté, la simplicité et la sensation pure.

---

[29] Voir Catherine Mayaux, *Le Référent chinois dans l'œuvre de Saint-John Perse*, thèse de l'Université de Pau, 1991, et *Saint-John Perse lecteur poète. Le lettré du monde occidental*, Bern, Peter Lang, 2006.

[30] Voir Liao Hui-Chen [廖慧貞], thèse citée, p. 259 sv. et annexe 57, p. 416.

Sans doute, malgré cette moisson musicale, faut-il reconnaître en définitive que la réception de la poésie chinoise en France durant la première moitié du XXe siècle a généré plus de malentendus que de véritables rencontres comme en connaîtra la seconde moitié du siècle. Les traductions les plus lues n'étaient assurément pas les plus sûres, et l'image qu'elles ont donnée de la poésie chinoise était souvent trompeuse mais, paradoxalement, malgré toutes leurs imperfections, elles ont permis à certains artistes français d'entrevoir quelque chose de l'esthétique nouvelle, marquée par la simplicité, la brièveté, le naturel et l'absence de règles, qu'ils recherchaient depuis le début du siècle.

SPÉCIFICITÉ DU 琴 QIN

Georges GOORMAGHTIGH

Pour commencer... deux points d'organologie.

Il n'y a pas si longtemps, au lendemain d'une soirée où l'une de mes filles et ses amis avaient fait la fête à la maison, je vis dans le salon une guitare abandonnée sur un siège. M'en emparant et, comme tout joueur de 琴 *qin* l'aurait fait, au lieu de prendre l'instrument dans mes bras, je le posai sur mes genoux et me mis à pincer les cordes de la main droite en les pressant sur le manche de la gauche, à la manière des joueurs de *slide guitar*. Ayant réussi, malgré la présence des frettes, à produire une mélodie qui évoquait un peu la musique de 琴 *qin,* je fis une découverte surprenante : les sons produits en pressant les cordes sur le manche de la guitare ne sonnaient pas à l'endroit où elles étaient pressées mais bien plus loin, dans la caisse de résonance. Cette découverte inattendue me fit soudain prendre conscience, par contraste, d'une des caractéristiques les plus fascinantes du 琴 *qin* : sur cette cithare oblongue dont les cordes courent sur toute la longueur de la caisse de résonance, toute note appuyée prend son essor là même où la corde est pressée, si bien qu'avec le 琴 *qin*, le musicien est toujours au plus près de la source sonore. Pour qui s'essaie à faire sonner un 琴 *qin*, l'effet est saisissant. Les doigts évoluent sans l'intermédiaire d'un plectre ou d'un archet sur une table d'harmonie vaste et lisse, propice à la production des notes harmoniques et se prêtant admirablement à toute espèce de glissandos, car elle est dénuée de frettes, de chevalet ou de tout autre élément pouvant s'interposer entre les cordes et les doigts du musicien qui vont et viennent aussi librement que le pinceau du peintre ou du calligraphe sur la feuille de papier.

Un autre aspect rarement évoqué dans la description du 琴 *qin* est l'épaisseur très considérable de sa table d'harmonie, qui ne ressemble en rien à celles, beaucoup plus fines, d'un clavecin par exemple ou d'un violon. Par endroits, cette planche peut atteindre un à deux centimètres d'épaisseur. La table d'harmonie vibre en profondeur autant qu'en surface. Ce phénomène conditionne à la fois la lutherie du 琴 *qin* (recherche de bois bien vieillis et particulièrement sonores) et le jeu du musicien dont la main gauche doit pouvoir faire pénétrer en profondeur la vibration des cordes dans le bois de l'instrument. Il faut des décennies voire des siècles de séchage pour qu'un 琴 *qin* finisse par vibrer parfaitement (ceci d'autant plus que l'instrument est entièrement laqué et préalablement enduit d'un ciment assez épais fait de corne de cerf broyée mélangée à la laque crue servant de base aux couches successives de laque). Il faut également du temps avant que le musicien comprenne vraiment comment faire pénétrer la vibration des cordes dans cette masse ligneuse considérable qu'est la table d'harmonie d'un 琴 *qin*. On est là dans un rapport au temps qui n'a plus cours aujourd'hui où la production de 琴 *qin* connaît une croissance exponentielle pour répondre aux besoins d'amateurs toujours plus nombreux. Ceci dit, un grand lettré de Hong Kong, le professeur 饒宗頤 Jao Tsong-yi [Rao Zongyi], pouvait encore s'exclamer il y a quelques années qu'« un *qin* qui ne daterait pas d'avant les Ming (1368-1644), on ne saurait en jouer ! ». Les instruments prisés des connaisseurs datant des Song (960-1279) voire des Tang (618-907), on a donc parfois affaire à des instruments vieux de plus d'un millénaire.

UN IDÉAL SONORE

Le vocabulaire servant à décrire la sonorité de certains 琴 *qin* anciens est d'une richesse étonnante, en voici quelques exemples[1] :

> 洪 *hóng* immense, 鬆 *sōng* détendu, 清 *qīng* limpide, 亮 *liàng* clair, 振 *zhèn* vibrant, 遠 *yuǎn* suggérant la distance, 和 *hé* harmonieux, 潤 *rùn* onctueux, 蒼 *cāng* vigoureux, 高 *gāo* noble, 古 *gǔ* antique, 透 *tòu*

[1] Voir *Les vingt-quatre saveurs du qin* de Xu Shangying (徐上瀛) dans Georges Goormaghtigh, *L'Art du* qin*, deux textes d'esthétique musicale chinoise*, Bruxelles, Institut belge des hautes études chinoises, Mélanges chinois et bouddhiques, vol. XXIII, 1990.

pénétrant, 大 *dà* ample, 靜 *jìng* silencieux, 純 *chún* cohérent, 茂 *mào* foisonnant, 英 *yīng* supérieur, 雄 *xióng* mâle, 宏 *hóng* sonore, 剛 *gāng* robuste, 沉 *chén* profond, 脆 *cuì* distinct, 鬱 *yù* nourri, 厚 *hòu* généreux, 圓 *yuán* rond, 靈 *líng* efficace, 細 *xì* délié, 膩 *nì* détaillé, 幽 *yōu* secret, 實 *shí* substantiel, 粹 *cuì* sans mélange, 綻 *zhàn* épanoui, 渾 *hún* vaste, 淵 *yuān* surgissant des profondeurs, 穆 *mù* majestueux, 韻 *yún* riche en consonance, 雅 *yǎ* élégant, 輕 *qīng* léger, 滑 *huá* répondant aux glissandos, 奇 *qí* rare, 堅 *jiàn* ferme, 涼 *liáng* frais, 冽 *liè* pur, 濶 *kuò* large, 溫 *wēn* agréable, 勻 *yún* égal[2].

Ces adjectifs figurent dans une revue publiée par la société d'amateurs de 琴 *qin* de Shanghai à la fin des années 30[3]. Plusieurs membres de cette société avaient la chance de posséder un ou plusieurs 琴 *qin* anciens. Un chapitre entier est consacré à la description de la forme et du son de ces instruments vénérables. Pour mieux cerner la complexité du timbre d'un 琴 *qin*, les auteurs ont parfois recours à des combinaisons de deux et même de quatre caractères : certains beaux instruments ont une sonorité « mâle et profonde », d'autres sont « vigoureux » mais leur timbre reste « détendu ». (Les instruments « parfaitement détendus » et dotés d'une « belle puissance » sont particulièrement appréciés). Il existe des 琴 *qin* dont la sonorité est plus confidentielle ; leur relative faiblesse sonore est parfois compensée par un timbre qualifié de « limpide » et d'« onctueux » qui les rend très agréables à jouer. On pourrait multiplier les exemples tant il y a de sonorités différentes, de personnalités contrastées d'un instrument à l'autre. Le seul équivalent en Occident pour ce qui est de la richesse du vocabulaire est à chercher non pas en musicologie mais plutôt en œnologie où les adjectifs utilisés lors de la dégustation du vin offrent une palette comparable.

Dans la liste des adjectifs décrivant les instruments anciens de Shanghai, on retrouve plusieurs termes déjà mentionnés dans un traité des Song, *Les neuf vertus du* qin[4]. Je cite le commentaire qu'en donnent 沈草農

---

[2] Voir note 1.

[3] *Jinyu qinkan* 今虞琴刊 (Revue de *qin* de l'actuelle école de Yu), *Jinyu qinshe* 今虞琴社, Shanghai, 1937, p. 267-287.

[4] *Qin you jiude* 琴有九德 (Les neuf vertus du *qin*) du luthier 田芝翁 Tian Zhiweng des Song (960-1279). Voir 太古遺音 *Taigu yiyin* (Sons hérités de la haute Antiquité), dans *Qínqǔ*

Shen Caonong (1891-1973), 查阜西 Zha Fuxi (1898-1976) et 張子謙 Zhang Ziqian (1899-1991), trois des meilleurs connaisseurs du 琴 *qin* au XXe siècle[5] :

- La première vertu est la rareté, 奇 *qí* : les harmoniques s'élèvent avec légèreté et rapidité, les sons à vide sont pénétrants, les notes appuyées, limpides, les glissandos, parfaitement fluides.

- La deuxième vertu est l'antiquité, 古 *gǔ* : sans être perçante la sonorité n'est cependant pas émoussée.

- La troisième vertu est la pénétration, 透 *tòu* : avec le temps, la lymphe du bois a totalement disparu, la colle et la laque utilisées dans la construction sont parfaitement sèches et ne font plus obstacle à la vibration.

- La quatrième vertu est le silence, 靜 *jìng* : la table d'harmonie est bien lisse. À son contact, les cordes ne produisent aucun frisage.

- La cinquième vertu est l'onctuosité, 潤 *rùn* : les sons n'ont aucune sécheresse et se prolongent, purs et savoureux.

- La sixième vertu est la rondeur, 圓 *yuán* : la résonance est pleine et sans mélange. En s'amenuisant, les sons ne se dispersent pas.

- La septième vertu est la limpidité, 清 *qīng* : les sons, bien perceptibles, sont d'une clarté remarquable.

- La huitième vertu est l'égalité, 匀 *yún* : le timbre de l'instrument est parfaitement cohérent sur chacune des sept cordes et en tout point de la table d'harmonie.

- La neuvième vertu est la fragrance, 芳 *fāng* : l'instrument ne cesse de s'améliorer quand on le joue. Jamais sa sonorité ne lasse.

---

jíchéng 琴曲集成 (Ouvrage de référence sur la musique de *qin*), abrégé usuellement en QQJC, *Zhongyang yinyue xueyuan zhongguo yinyue yanjiusuo* 中央音乐学院中国音乐研究所 (Institut de recherche musicale chinoise du conservatoire central), compilé par Zha Fuxi 查阜西, Beijing 北京, *Zhonghua shuju chubanshe* 中华书局出版社 (Éditions du livre chinois), 1963 (17 volumes).

[5] 古琴初階 Guqin chujie (Initiation au *qin*), Pékin, *Yiyue chubanshe*, 1961, p. 2-3.

L'AMI DU SAGE

Au dos de certains 琴 *qin* figurent parfois des inscriptions. Il s'agit le plus souvent du nom de l'instrument, gravé en gros caractères dans la laque : 玉玲瓏 *Yu linglong* « Tintement de jade », 春雷 *Chunlei* « Tonnerre printanier », 雁應 *Yànyìng* « Écho du cri de l'oie sauvage » ou encore 友聖 *Yousheng* « L'ami du Sage » (entendez, Confucius) etc. Des commentaires plus ou moins longs, poétiques ou philosophiques sont souvent rajoutés après le nom de l'instrument. En voici deux exemples provenant du 琴書大全 *Qinshu daquan* (La grande encyclopédie du *qin*), ouvrage publié en 1590.

Poème de 李尤 Li You (55-135) inscrit sur un 琴 *qin* ancien[6] :

琴之在音 Le son du *qin*
蕩滌邪心 Purifie le cœur de ses penchants mauvais
雖有正性 Même ceux dont la nature est droite
其感亦深 Sont émus par cette musique
去邪去鄭 Car elle écarte les sonorités lascives
浮侈是禁 Et empêche les excès
條暢和正 Ces sons pénétrants, harmonieux et corrects
樂而不淫 Nous emplissent d'une joie qui jamais ne déborde

La dimension morale si frappante de ce poème n'a rien d'exceptionnel. Déjà formulée par 班固 Ban Gu un demi-siècle plus tôt, on la retrouve dans de nombreux textes jusqu'à l'époque moderne. Les deux derniers vers se détachent cependant de ce contexte un peu austère. Ils évoquent les qualités esthétiques du timbre de cet instrument ancien. La « vertu purificatrice » de ce 琴 *qin* prend soudain consistance quand on apprend que sa sonorité est « pénétrante, harmonieuse et correcte ». Dans la pensée musicale chinoise les domaines de l'éthique et de l'esthétique sont dès l'origine intimement liés. De même que l'homme se révèle à travers sa musique, c'est la pratique de son art qui va lui permettre de réaliser pleinement son humanité.

L'inscription suivante évoque les dimensions cosmologiques du 琴 *qin* et exprime l'admiration de son auteur pour un instrument ancien nommé

---

[6] *Qinqu jicheng, op. cit.*, vol. V, p. 400.

大雅 *Da Ya* « Grande élégance », en référence à la musique cérémonielle de l'Antiquité. Un tel instrument, construit par un grand luthier avec un bois exceptionnel, permet au musicien de faire l'expérience cosmique de sa musique comme si, soudain, il était mis en présence des forces élémentaires symbolisées ici par les rugissements du tigre et du dragon qui prennent le pas sur la musique humaine (timbre du carillon et des lithophones).

Inscription de 衛宗武 Wei Zongwu (XIIIe siècle) au dos de son 琴 *qin* nommé 大雅 *Da Ya* « Grande élégance »[7] :

日之精，月之英	L'essence du Soleil, l'éclat de la lune
天之籟，聚為聲	Et l'harmonie du Ciel, s'unissent pour produire cette sonorité
堅而貞，圓而清	Consistante, ferme, ronde et limpide
發達宏暢	Qui s'épanouit, ample et pénétrante.
悠久幽深	Son timbre profond longtemps résonne.
小叩則金鑒玉振	Quand je frappe légèrement le bois de cet instrument, il tinte comme du bronze ou du jade
大叩則虎嘯龍吟	Mais si je frappe plus fort, il se met à rugir comme le tigre ou le dragon
豈惟傳拊而宜奏	C'est là bien autre chose qu'un instrument seulement agréable à jouer

UNE PRATIQUE DE LONGUE VIE

Dans son « Éloge du *qin* », le grand poète 嵇康 Ji Kang (223-262), affirme que l'on peut, grâce à la musique, « diriger son esprit et entretenir son énergie vitale ». Il s'agit là d'une pratique taoïste qui, appliquée au 琴 *qin*, commence par un travail de concentration intense sur le sens de la mélodie et se concrétise dans le développement d'une conscience aiguë des forces qui circulent dans les doigts de celui qui joue. Cette force qui irrigue le corps du musicien est aussi celle qui circule dans ce macrocosme qu'est l'univers. Dans les textes anciens, on représente volontiers l'homme comme un « petit univers » avec sa tête, ronde comme le ciel, et ses pieds carrés comme la terre. L'énergie évolue en lui au gré des heures et des saisons, tout

---

[7] *Ibid.*, p. 403.

comme elle le fait dans le monde qui l'entoure. Quant au 琴 *qin*, il est décrit comme un microcosme avec sa table d'harmonie bombée comme la voûte céleste et une partie inférieure plate comme la terre. On a affaire ici à un exercice à la fois matériel – ou corporel si l'on préfère – et spirituel : « entretenir son énergie vitale » et « diriger son esprit », les deux actions sont solidaires. Comme le remarque Simon Leys, « les Chinois ont une conception matérialiste de l'esprit et une conception spiritualiste de la matière : loin d'être antinomiques, les deux éléments se compénètrent indissociablement »[8]. La pensée chinoise ne connaît en effet pas de coupure radicale entre matière et esprit, mais plutôt des degrés d'affinement plus ou moins subtils du « 氣 *qi* » (pour utiliser le mot chinois), du « souffle », de l'« énergie ».

C'est bien d'un tel affinement qu'il est question dans la pratique du 琴 *qin*. Les parcours internes du « 氣 *qi* » lorsqu'on joue de cet instrument sont tout d'abord perceptibles dans les mains. Avec le temps et l'exercice, on finit par sentir cette énergie se transférer dans les cordes. Le musicien visualise le flux qui irrigue son corps. Il l'active en jouant. Cette activité musicale et la conscience corporelle qu'elle implique permet au musicien de continuer à solliciter régulièrement son énergie jusqu'à un grand âge. Paradoxalement, plus son énergie décroit, plus il lui est aisé de la convoquer et de la diriger où bon lui semble. Alors même que ses forces faiblissent, il fait encore circuler en lui ce « souffle », cette énergie subtile. Il rejoint ainsi ce que les Taoïstes appellent la longue vie. Cet état désirable ne correspond pas nécessairement à la quête de l'immortalité dont parlent les livres ni même à la fabuleuse longévité des héros, mais à l'espoir largement partagé de jouir un jour d'une vieillesse sans décrépitude. Nombreux sont les joueurs de 琴 *qin* dans l'histoire à avoir connu ce sort enviable.

LA VERTU DE LA RÉPÉTITION

Encore une remarque : le répertoire d'un joueur de 琴 *qin* dépasse rarement la trentaine de pièces. Mis bout à bout, la durée totale de ces morceaux n'excède pas deux heures de musique, et pourtant ces mélodies

[8] Simon Leys, *Essais sur la Chine*, Paris, Robert Laffont, 1998, p. 586.

peuvent combler une vie entière. Le seul entretien de ce répertoire occupe intensément le musicien. Avec le 琴 *qin* on ne ressent pas nécessairement le besoin constant de découvrir de nouvelles œuvres. Contrairement au clavier occidental et à son système de notation qui permet au musicien de déchiffrer sans trop de problème des pans entiers du répertoire, la cithare des lettrés, instrument d'un grand dépouillement, n'autorise qu'un déchiffrage lent et laborieux. Les tablatures de 琴 *qin* sont, certes, d'une grande sophistication pour ce qui est du doigté et des ornementations, mais l'absence d'indications du rythme les rend impropres à un déchiffrage rapide et encore moins à la lecture à vue. Mais là n'est pas le but de cette musique et de sa notation. Cette musique conduit celui qui joue vers un autre univers, vers le monde du timbre et de la pulsation libre, vers un monde où circule le « 氣 *qi* », où cette énergie coule sans entrave et continue d'habiter le silence bien après le moment musical. Le déchiffrage d'une simple mélodie peut prendre des semaines, mais il faut compter des mois pour se mettre dans les doigts les grands morceaux du répertoire. Le véritable travail ne débute qu'après. Il peut durer des années. Quand l'apprentissage initial est achevé, commence la répétition assidue des pièces connues. Loin d'être lassante, cette répétition est source constante de découvertes pour le musicien, un exercice autosuffisant et inépuisable. Avec le 琴 *qin*, le but n'est pas l'accumulation des mélodies mais leur approfondissement. C'est un travail de longue haleine, et seul ce travail peut mener à la maîtrise. À force de répétition, les mélodies finissent par prendre vie, par devenir des êtres à part entière qui aident le musicien et jalonnent son parcours tout au long de son existence. À la fois autonomes et étrangement intimes, elles opèrent de subtiles catharsis : pour se dégager d'un sentiment de nostalgie trop envahissant, le musicien pourra jouer 山中思友人 *Shanzhong si youren* (Dans la montagne je pense à un ami) ; si le climat politique devient oppressant, il jouera 梅花三弄 *Meihua sannong* (Les trois variations sur les fleurs de prunier)[9] ; si le musicien sent que sa vigilance vacille, il choisira de jouer 風雷引 *Fenglei yin* (L'orage) car, disent les maîtres, « cette mélodie sert de mise en garde ».

[9] Ces fleurs s'épanouissent au cœur même de l'hiver et résistent aux frimas.

SYNESTHÉSIES

Le cheminement calligraphique

Dans la musique de 琴 *qin* les glissandos occupent une place considérable. Ils sont un peu l'équivalent des traits de pinceau du calligraphe. Comme eux, ils ont du corps, sont structurés et suggèrent un volume. Jamais totalement lisses, ces glissandos doivent tenir compte de la nature de la corde, de sa rugosité et de son énergie. L'accélération ou le ralentissement du doigt sur la corde évoquent ceux du pinceau sur le papier. Les poses qui ponctuent certains glissandos dans leur parcours pour laisser sonner plus longuement une série de notes, ressemblent aux arrêts soudains qu'effectue le calligraphe pour régler le débit de son pinceau ou articuler un trait. La musique de 琴 *qin* ne cherche pas à transposer une œuvre visuelle existante en une composition sonore, à faire de la musique avec des calligraphies, comme Moussorgski faisait des œuvres musicales avec des peintures, mais plutôt d'œuvrer comme le calligraphe lorsqu'il manie son pinceau pour tracer ses caractères. Une part importante du vocabulaire technique et esthétique du 琴 *qin* est directement issue de la calligraphie. L'énergie utilisée pour presser la corde contre la table d'harmonie du 琴 *qin*, par exemple, peut être très grande ; elle doit, disent les manuels, « pénétrer dans le bois de l'instrument à une profondeur de trois dixièmes de pouce ». Cette recommandation vient encore de la calligraphie où la « force de pinceau » joue un rôle considérable.

On demanda un jour à 王羲之 Wang Xizhi (321-379), le plus célèbre de tous les calligraphes, d'écrire des caractères sur une planche funéraire afin de les y graver ; l'artisan chargé de ce travail fut très surpris de découvrir que l'encre avait pénétré le bois jusqu'à une profondeur de trois dixièmes de pouce, tant l'énergie de l'artiste était grande. Dans la technique du 琴 *qin*, lorsque cette énergie est convoquée, tout l'art est évidement de faire en sorte que la force du doigt sur la corde soit imperceptible pour l'auditeur. De même que toute expression trahissant l'effort est à éviter, la recherche de l'effet est toujours condamnable[10]. À la longue, le jeu finit par être si dépouillé qu'il semble pâle et même insipide au non initié.

---

[10] Je parle ici de l'esthétique traditionnelle.

Mais il ne faut pas s'y tromper, ce dépouillement, si déroutant pour le novice et pour l'amateur de sonorités aguicheuses, cache en réalité des années d'expérience et de réflexion musicale. Cette pâleur, cette insipidité de la musique sont en réalité le critère esthétique suprême des musiciens qui savent goûter « la saveur du sans saveur ».

CONCERT DU COLLOQUE
Extrême-Orient et Occident – Musique et Culture

Jean-Jacques VELLY, 廖慧貞 LIAO Hui-Chen

À l'occasion du colloque « Extrême-Orient et Occident – Musique et Culture » un concert a été organisé afin de prolonger les conférences et débats. Ce concert, réalisé par des musiciens de talent[1], avait pour but de présenter des musiques variées inscrites dans la thématique du colloque, allant de pièces asiatiques et d'airs du folklore taïwanais à des œuvres pour piano de Debussy et Ravel, en passant par des airs lyriques de Puccini et des mélodies françaises peu connues de la première moitié du XXe siècle. Le mélange des musiques asiatiques, parfois influencées par l'Occident, et des musiques européennes inspirées par la poésie ou la musique de l'Asie, interprétées en outre par des musiciens appartenant à ces doubles cultures, devait attirer l'attention sur les différents problèmes suscités par la juxtaposition ou la fusion de techniques musicales opposées. La perception moderne et l'évolution des goûts musicaux à notre époque créent également un effet de distanciation avec les musiques du début du XXe siècle – notamment pour les œuvres les plus connues (Mahler, Debussy, Puccini) pour lesquelles se sont imposés des canons stylistiques et des habitudes d'interprétation – qui fausse en partie leur écoute. En revanche, les nombreuses pièces appartenant à des compositeurs et des répertoires moins connus ont été une véritable découverte pour les auditeurs et ont permis de se replonger, sans *a priori* esthétiques, dans l'esprit du temps afin de savourer dans ces œuvres les liens et les échanges culturels tels qu'on les imaginait à cette époque. Sans se livrer à une analyse exhaustive du programme interprété, la présentation suivante rappelle quelques points

[1] Concert interprété par Marie-Claire Leblanc, Akiko Hirai, sopranos ; Raffaele d'Eredità, ténor ; Kim Mi-Sung, violoncelle ; Viviane Waschbüsch, violon ; Anastasie Lefebvre de Rieu, flûte ; Marion Bourdier, Fumiko Sonegawa, Liao Hui-Chen, piano.

essentiels des œuvres interprétées et donne quelques informations complémentaires sur les pièces les moins connues.

Le concert proposait quatre types d'œuvres montrant la diversité des sources d'inspiration :

- des mélodies françaises inspirées par le monde asiatique (Albert Roussel, Armande de Polignac, Marguerite Canal, Louis Laloy) ;
- des airs populaires et des mélodies taïwanaises (Siao Tai-Ran) ;
- des pièces occidentales pour piano ou pour musique de chambre inspirées par l'Extrême-Orient (Debussy, Ravel, Jacques de La Presle, Fritz Kreisler) ;
- des airs d'opéra ou des fragments de musique symphonique avec voix basés sur des thématiques asiatiques (Puccini, Mahler).

MÉLODIES FRANÇAISES DU DÉBUT DU XXe SIÈCLE

Albert Roussel (1869-1937)

Deux Poèmes chinois, op. 12 (1907)
- N°1 « À un jeune gentilhomme », ode chinoise
- N°2 « Amoureux séparés »

Le goût marqué d'Albert Roussel pour les cultures extra-européennes remonte probablement à l'année 1893 où, lors de son dernier voyage comme enseigne de vaisseau sur le *Styx*, il découvrit notamment le royaume du Siam[2]. En 1907, Henri-Pierre Roché publia en français dans la revue *Vers et prose* des poèmes chinois qui avaient d'abord été traduits en anglais par Herbert Allen Giles. D'emblée ces poèmes plurent à Albert Roussel qui s'en servit pour composer trois œuvres comportant chacune deux poèmes chinois, les opus 12 en 1907, 35 en 1927 et 47 en 1932. D'après Guy Sacre, « ce sont dans ces traductions courtes et rapides que le compositeur a trouvé son bien, qui acclimatent à la langue française ces mœurs lointaines, ces sentiments

[2] Nicole Labelle (éd.), *Catalogue raisonné de l'œuvre d'Albert Roussel,* Louvain-la-Neuve, Université Catholique de Louvain, 1992, p. 208.

délicats, ces riens si finement pensés, si joliment dits »[3]. Les *Deux Poèmes chinois* op. 12 forment une œuvre vocale d'une extraordinaire puissance d'évocation.

À un jeune gentilhomme, la première des deux mélodies, a été interprétée pour la première fois le 28 juin 1907 au Cercle de l'Art moderne du Havre par Mary Pironnay et Albert Roussel, tandis que la seconde, *Amoureux séparés*, a été donnée en première audition le 14 février 1909 au même endroit par Suzanne Balguerie et le compositeur lui-même lors du premier festival des œuvres de Roussel[4]. Dans les deux mélodies de cet opus, le pentatonisme apparaît comme le principal élément inspiré par la musique chinoise. Dans *À un jeune gentilhomme*, la préoccupation principale du compositeur est de mettre en valeur le pentatonisme. La plus grande partie de la mélodie et de l'accompagnement pianistique s'appuie sur l'échelle pentatonique « *fa-sol-la-do-ré* », à laquelle s'ajoutent deux autres gammes pentatoniques, « *mi-fa*$^{\#}$*-sol*$^{\#}$*-si-do*$^{\#}$ » et « *sol*^{b}*-la*^{b}*-si*^{b}*-ré*^{b}*-mi*^{b} », qui sont en relation avec la gamme principale d'un demi-ton : *mi→FA→sol*^{b}. Ces deux dernières gammes donnent une couleur un peu différente au morceau, mais celui-ci reste, dans son ensemble, assez homogène. Cet effet est mis en évidence lorsque les gammes sont jouées en arpège, évoquant d'ailleurs de cette façon la sonorité de « la grande lyre »[5] ou du luth.

Quant au chant, à l'instar de la musique populaire chinoise, il est composé de noires, de croches, de noires pointées et de demi-soupirs qui contribuent à rendre l'allure « vive et légère »[6]. Ce chant est repris dans les trois sections du morceau. Le seul changement véritable intervient sur le vers « Et même si je vous aime », dont la mélodie s'élève à chaque fois d'un demi-ton, exprimant ainsi les nuances du sentiment de l'héroïne. D'après Guy Sacre, la musique est ici « à l'image du trouble croissant de la jeune

---

[3] Guy Sacre, « Le Musicien des adieux », livret du CD intitulé *Albert Roussel, les mélodies*, Label Timpani, 2C2064, 2001, p. 8.

[4] Nicole Labelle, *op.cit.* , p. 21.

[5] Magnus Synnestvedt, « Musique d'Extrême-Orient », *Le Mercure musical*, 15 février 1906, p. 172.

[6] Roussel indique « vif et léger » au début de la partition.

fille, bientôt mué sans doute en assentiment »[7]. Cette mélodie développe une atmosphère gaie non seulement grâce à ses valeurs courtes, mais aussi en raison d'un accompagnement pianistique qui varie suivant les trois strophes.

Ces mêmes formules mélodiques basées sur les valeurs brèves structurent la seconde mélodie, *Amoureux séparés*. Cependant, le thème est ici caractérisé par sa continuité. Il est fondé sur deux gammes pentatoniques se succédant (« *si*^{b}*-do-mi*^{b}*-fa-sol* » et « *si-do*$^{\#}$*-ré*$^{\#}$*-sol*^{b}*-la*^{b} ») qui représentent deux amoureux séparés, l'un résidant au royaume de Yen, l'autre habitant au royaume de Chao. Comme pour les trois échelles pentatoniques de *À un jeune gentilhomme*, ces deux gammes sont décalées entre elles d'un demi-ton. Quant à l'accompagnement, il possède une découpe nette en trois parties, ABA'. Les parties extrêmes (A et A') sont quasi identiques, mais avec une partie supplémentaire en *ré* majeur dans la seconde. Pour Guy Sacre, ces *Deux Poèmes* op. 12 marquent un tournant dans la carrière de compositeur d'Albert Roussel[8]. Il semble en effet qu'après une période de tâtonnements, qui s'acheva à la fin de ses études à la Schola Cantorum, Albert Roussel a retrouvé avec la mise en musique de ces poèmes chinois une simplicité et une économie du matériau qui lui permirent de se dégager de l'influence de Claude Debussy. Il s'engagea alors dans une nouvelle conception artistique à laquelle il resta fidèle jusqu'à la fin de sa vie, défendant un style épuré et néoclassique.

Armande de Polignac (1876-1962)

- « La Rose rouge », tirée de *La Flûte de jade* (1920)

Née le 8 janvier 1876 à Paris, Armande de Polignac est issue d'une grande aristocratie. Elle était la nièce du prince Edmond de Polignac (1834-1901), qui s'adonnait à la composition, et dont l'épouse (née Winnaretta Singer, 1865-1943) eut une importante activité de mécène, mettant sa fortune au service du monde musical. Après son mariage avec Alfred de Chabannes La Palice, elle poursuivit ses études de composition dans la classe de Vincent d'Indy à la Schola Cantorum en 1899. Comprenant huit

---

7 Guy Sacre, *op. cit.*, p. 8.
8 *Ibid.*, p.8.

mélodies pour chant et piano, le recueil *La Flûte de jade* a été composé par Armande de Polignac en 1920, la même année que la publication de l'ouvrage éponyme de Franz Toussaint. Ce recueil bref et poignant traduit une atmosphère mélancolique autour des amours interrompues et des gloires passées. Parmi ces mélodies, *La Rose rouge* a été dédiée à la cantatrice Marguerite Babaïan, belle-sœur du musicologue et sinologue Louis Laloy (1874-1944), avec qui elle lia une amitié assez intime. Dans une lettre à Louis Laloy datée du 24 janvier 1907, Armande de Polignac écrivit : « P.S. : Faites mon nom en chinois avec toutes les significations (les meilleures que vous pourrez trouver), merci d'avance »[9]. Son attrait pour la Chine et son engouement pour la culture chinoise sont bien avérés.

Dans l'introduction pianistique de *La Rose rouge*, les accords du ton de *la* mineur joués *fortissimo* signalent une atmosphère lourde et inquiétante. Le poème évoque une jeune femme attendant le retour de la guerre de son époux. Avec un accompagnement en accords aux deux mains, intercalés de silences, les élans et les émotions éprouvés par l'héroïne se révèlent à travers les mots énoncés lentement par l'interprète. Ce qui est remarquable dans l'art d'Armande de Polignac, c'est la finesse psychologique qui fait qu'au-delà du naturel de ces accords posés sur les vers, on croit entendre les voix si présentes des dédicataires. Comme l'évoque Louis Laloy dans un article sur la musique d'Armande de Polignac : « La pensée se développe avec une gracieuse aisance, et l'intérêt ne languit pas un instant, car tout chante et tout vibre d'émotion »[10]. Cette œuvre conserve encore de nos jours sa fraîcheur et son pouvoir d'émotion.

Marguerite Canal (1890-1978)

- « Vœu », tiré de *La Flûte de jade* (1922)

Marguerite Canal, ancienne élève du Conservatoire de musique de Paris et lauréate du Premier Grand Prix de Rome de musique en 1920, fut nommée la même année professeur de solfège des chanteurs du

---

[9] Collection privée – Archives familiales Laloy.

[10] Louis Laloy, « La Sourdine », *Revue musicale*, n° 4, 15 février 1905, p. 124-125.

Conservatoire de musique de Paris[11], poste qu'elle quitta pour son séjour à Rome avant de le reprendre en 1932[12]. Composées en 1922, les sept mélodies de *La Flûte de jade* abordent pour la plupart des sujets féminins (*Les Trois Princesses, La Femme au miroir*…). La troisième pièce du recueil, *Vœu*, est composée de trois parties quasi identiques avec une introduction, deux intermèdes et une coda. La partie chantée est calme, douce (*p*, *pp*) et aigu (jusqu'à *sol*[4] aigu). Quant à l'accompagnement pianistique, il consiste principalement en des superpositions d'intervalles de quarte et de quinte joués en arpège dans l'aigu dans une nuance très adoucie : *pp*. De plus, l'emploi des deux pédales – la pédale forte contribuant à une sonorité prolongée et la sourdine diluant le volume – donne à l'ensemble musical un timbre assez proche de celui de l'instrument chinois nommé *qin*. Ce traitement de l'accompagnement avec des accords brisés dans le grave a pour effet à la fois d'apaiser l'épaisseur de la sonorité des accords plaqués et de donner à la composition une couleur aérienne, veloutée et céleste.

Louis Laloy (1874-1944)

- *La Princesse aux yeux de jade* (sans date)

Cette mélodie non datée de Louis Laloy évolue dans une atmosphère *andante tranquille*. Elle s'empare de nous et nous convie par son chant à imaginer une princesse fine, noble et délicate. Nous pouvons imaginer qu'en incluant le jade dans le titre de son œuvre, Louis Laloy ne désirait pas présenter simplement une babiole exotique, mais que c'est le pouvoir évocateur de cette pierre sublime et authentiquement chinoise qu'il voulait dévoiler. Son but était certainement de transporter l'imagination des spectateurs vers le Céleste Empire et d'évoquer également l'admirable simplicité de la pure religion car le texte évoque le chemin de l'héroïne vers la conversion au taoïsme.

---

[11] « Une jeune fille prix de Rome : l'Académie des Beaux-arts a décerné hier sa plus haute récompense à Mlle Marguerite Canal », dimanche 4 juillet 1920, *Article de presse et programme sur Marguerite Canal, compositeur,* conservé au département des Arts du spectacle à la BNF, sous la cote : 8-RO-2762.

[12] Denis Havard de la Montagne, « Prix de Rome 1920-1929 », dans *Musica et Memoria* : http://www.musimem.com/prix-rome-1920-1929.htm.

La Princesse aux yeux de jade est constituée de trois strophes. La partie de piano se distingue de celle de la voix par sa découpe formelle très nette, ce qui la rend indépendante de la ligne mélodique. L'ambitus vocal est très restreint, inscrit la plupart du temps dans une seule octave, du *ré*^{3} au *ré*^{4}. Quant à l'accompagnement instrumental, contrairement à la voix, sa structure est facile à percevoir grâce à ses trois formules rythmiques distinctes qui suivent la forme du poème de manière à ce que l'atmosphère pianistique s'adapte au mieux au sens du texte. Au début la princesse est « incertaine et distraite » dans le jardin des cerisiers fleuris ; puis « ses yeux innocemment enjôleurs dont le diffus éclat semble aviné de pleurs » nous la montrent dans la détresse ; enfin, selon les vers indiquant : « au dieu qui l'aima et pour qui seul s'ouvrit la fleur de ses lèvres à jamais fermée », il apparaît que l'héroïne trouve le sens de sa vie et parvient à son accomplissement en se convertissant au Tout-Puissant. Le rythme qui se renforce au fur et à mesure des strophes reflète fidèlement la transformation intérieure de l'héroïne : de la détente au sommet.

Quant à l'accompagnement pianistique, il est formé de successions d'accords. Dans la première et la troisième partie de la pièce, nous constatons que les intervalles de quarte et de quinte alternent dans le grave tandis que dans la deuxième partie elles sont superposées en permanence dans l'aigu. Il est singulier de constater qu'un certain nombre de procédés musicaux de *La Princesse aux yeux de jade* ressemblent à ceux utilisés dans par Debussy dans *La Cathédrale engloutie, Et la lune descend sur le temple qui fut* et *Pagodes*. Cette proximité entre Claude Debussy et Louis Laloy apparaît à la fois dans le choix des accords et dans les procédés musicaux. Ainsi, dans *La Princesse aux yeux de jade,* les deux premières mesures servant de courte introduction reprise deux fois de suite réapparaissent à la fin du morceau à la manière d'une *coda*. C'est le même processus qui est employé dans *La Cathédrale engloutie* de Claude Debussy. En outre, les enchaînements alternatifs entre les intervalles de quinte et de quarte dans le grave de *La Princesse aux yeux de jade* font penser à la main droite des *Pagodes* de Claude Debussy, où des quintes superposées de quartes s'entremêlent dans des successions d'accords. Par ailleurs, le mouvement en éventail de la première mesure de *La Princesse aux yeux de jade* rappelle la mesure 41 de *Et la lune descend sur le temple qui fut* de Debussy. La mélodie de Louis Laloy s'inspire incontestablement des techniques artistiques de Claude Debussy.

AIRS POPULAIRES ET MÉLODIES TAÏWANAISES

Airs taïwanais

- 補破網, *Bu po wang* (Remailler le filet), (1948)
- 雨夜花, *Yu ye hua* (Fleur dans une pluie nocturne), (1934)
- 望春風, *Wang chun feng* (Regard de brise de printemps), (1933)

Les trois airs taïwanais interprétés au cours du concert sont réputés depuis leur création à Taïwan. Chantés en langue taïwanaise, leur succès est dû non seulement à leurs mélodies envoûtantes et inoubliables mais aussi à une démonstration du quotidien et du sentiment des Taïwanais de l'époque. Le premier air 補破網 *Bu po wang* (Remailler le filet), composé par 王雲峰 Wang Yun-Feng (1896-1969) en 1948, est constitué de trois strophes. Par le biais de l'image évoquant le fait de recoudre, la mélodie traduit les difficultés de la vie après l'indépendance obtenue face au Japon en 1945. Le filet troué est en effet comparé à la société taïwanaise de cette époque qui était dans la misère. La tristesse du texte est mise en avant par un tempo lent. Quant à la musique, elle est basée sur une gamme pentatonique en *la*^{b} majeur, puis transposée en *si* majeur dans la deuxième partie lorsque le chant exprime la difficulté à recoudre le filet. À la fin de la mélodie, le retour du ton de *la*^{b} majeur apporte un certain optimisme pour l'avenir[13], qui correspond en même temps à l'esprit taïwanais : bien que la vie ne soit pas facile, il faut toujours aller de l'avant. Concernant la deuxième mélodie

[13] Traduction du texte : « En voyant le filet, les larmes mouillent mes yeux. Il y a un si grand trou dans le filet. J'aimerai bien le réparer, mais sans aucun outil. Qui sait mon amertume ? Si le filet est ainsi abandonné, je n'aurai plus d'espoir pour l'avenir et pour le rapiécer. Je vais chercher des aiguilles et de la ficelle. Une fois les poissons rattrapés par ce filet, nous aurons une bonne année de pêche. Le port est rempli de chants et de poésies. Malgré la tempête, notre bateau seul sortira et ne travaillera pas en vain. Après la pluie, arrivera le beau temps et les poissons abonderont sur le port. Nous, les deux amoureux, les plus joyeux, aujourd'hui transportés de joie, fêtons notre union. Dorénavant, nous ne remaillerons plus le filet troué ». *Cf* : Hsu Tsang-Houei et Cheng Shui-Cheng, *Musique de Taïwan*, Paris, Guy Trédaniel, 1992, p. 231.

雨夜花 *Yu ye hua* (Fleur dans une pluie nocturne), composée dans les années 1930, le compositeur 鄧雨賢 Deng Yu-Jian (1906-1944) évoque en réalité une jeune femme malheureuse qui est abandonnée par son bien-aimé et qui finit par devenir courtisane. Cette histoire triste montre l'inégalité des sexes à l'époque et touche directement le cœur du public. La mélodie, basée également sur une gamme pentatonique, est de nature mélancolique. Le titre 雨夜花 *Yu ye hua* se compose de trois mots chinois signifiant la pluie, la nuit et la fleur, qui sont devenus depuis les trois éléments essentiels dans la plupart des compositions de musique populaire taïwanaise. Quant à la troisième mélodie 望春風 *Wang chun feng* (Regarde la brise de printemps), composée par le même auteur et à la même époque que *Fleur dans une pluie nocturne*, elle décrit le sentiment amoureux d'une jeune femme de 18 ans envers un homme inconnu. La musique est également basée sur une gamme pentatonique, mais dotée ici d'un air léger et optimiste. C'est pour cette raison qu'elle a été transcrite en japonais en 1941 par l'autorité coloniale japonaise à Taïwan pour servir un chant de propagande politique.

蕭泰然 Siao Tai-Ran (1938-2015)

- 上美的花, *Shang mei de hua* (La plus belle fleur), (1992)
-. 永遠的故鄉, *Yong yua de gu xiang* (Patrie éternelle), (1998)

Deux mélodies de Siao Tai-Ran ont complété la partie taïwanaise de ce concert, *La plus belle fleur* et *Patrie éternelle*. Siao Tai-Ran est un compositeur né en 1938 à Kaohsiung, au sud de Taïwan, qui est surnommé le « Rachmaninov de Taïwan » car son style musical évoque le langage postromantique. Il a séjourné aux États-Unis de 1977 à 1995 où il a obtenu un diplôme de composition à l'Université municipale de Californie. Il s'est dès lors consacré à des recherches sur l'association de la langue taïwanaise avec la composition musicale occidentale en adaptant des éléments folkloriques taïwanais, et ces deux mélodies révèlent une nostalgie pour son pays. *Patrie éternelle* a été créée en 1998 tandis que *La plus belle fleur* a été créée en 1992 lorsque le compositeur était encore aux États-Unis. Cette dernière montre non seulement son amour pour la beauté de la fleur mais également son attachement pour son pays. Ce sentiment se révèle à la fin de la mélodie : « Où est la plus belle fleur ? Elle est dans votre cœur et dans le pays auquel vous songez jour et nuit ».

PIANO ET MUSIQUE DE CHAMBRE

Claude Debussy (1862-1918)

- « Et la lune descend sur le temple qui fut » (*Images* pour piano 2e série, n° 2, 1907-1908)
- « Pagodes » (*Estampes* pour piano n°1, 1903)

Claude Debussy a conçu *Et la lune descend sur le temple qui fut* entre octobre 1907 et janvier 1908[14]. La création de ce morceau, ainsi que des deux autres pièces du second recueil des *Images* eut lieu le 21 février 1908 à Paris par le pianiste Ricardo Viñes. En dédiant cette pièce à Louis Laloy, Debussy rendait un vibrant hommage à leur amitié. Le titre est non seulement dans le style chinois[15], mais sa composition est également de goût asiatique.

L'ambigüité de la tonalité est une particularité de cette pièce pianistique. Bien que le ton de *mi* mineur soit évoqué par l'armure, nous constatons que c'est la note *si*, sa dominante, qui est le véritable générateur de la pièce. Elle sert non seulement de point de jonction entre plusieurs sections mais aussi et surtout elle règne sur les deux pôles du clavier et conclut le morceau. Sa fonction de note pivot étaye le thème des mesures 13-15 qui se forme autour d'elle. Ce thème, basé sur une gamme pentatonique *mi-fa#-la-si-do#* « en triolets, est accompagné par un groupe-pédale de croches, en miroir autour de la note *si* »[16] : *SI-la-fa#-la-SI-do#-mi-do#*, dont les quatre notes *SI-fa#-SI-mi*, sont assorties « d'un bref doublement à l'octave, comme par une série d'étincelles »[17], soulignant sans doute l'importance de la note *si*. Par ailleurs, l'atmosphère donnée par ce thème correspond à celle de la musique japonaise telle que la présente Louis Laloy dans une conférence de 1906 : « Un chant s'élève, très doux, très lent, d'une modalité fuyante et d'un rythme caressant ». Nous observons un tempo de plus en plus lent (allant de 66 à 46 à la noire), une nuance délicate entre *p* et *ppp* et des termes expressifs et suggestifs tels que « doux et sans rigueur »,

---

[14] Pour plus d'informations sur cette œuvre, se reporter à l'article « Et la lune descend sur le temple qui fut. Étude de Debussy au prisme de Louis Laloy » de Liao Hui-Chen, p. 95.

[15] Louis Laloy, *La Musique retrouvée*, Paris, Librairie Plon, 1928, p. 177.

[16] Christian Goubault, *Claude Debussy*, Paris, Honoré Champion, 1986, p. 188.

[17] André Boucourechliev, *Debussy, la révolution subtile*, Paris, Fayard, 1998, p. 43.

« un peu en dehors », « expressif », « cédez », « retenu », « lointain »... Quant à la technique pianistique, elle fait penser aux lignes arabesques, à la résonnance du délicieux bourdonnement des gongs, aux vibrations de cloches[18], ou encore aux battements voilés du tambour... Selon les mots d'Émile Vuillermoz, cette pièce est « un paysage d'un exotisme très affirmé »[19]. Dans le domaine de l'exotisme asiatique, *Et la lune descend sur le temple qui fut* va sans conteste encore « plus loin que les *Pagodes* »[20].

Pagodes est la première des trois pièces pour piano formant, avec *La Soirée dans Grenade* et *Jardin sous la pluie*, le recueil des *Estampes* composé en 1903. Elle a été créée au tout début de l'année 1904 par Ricardo Viñes à la Société nationale de musique. C'est à la fois l'une des premières pièces exotiques de Debussy inspirées par l'Extrême-Orient, mais aussi l'une de celles où il met en œuvre pour la première fois une certaine approche de l'écriture pianistique fondée notamment sur les effets de résonance (imitant les gongs asiatiques), de frottements harmoniques d'intervalles de seconde obsédants et de suspension temporelle due à l'emploi de longues notes pédales. Cette pièce évoque plus précisément Bali dont Debussy avait pu entendre des gamelans lors de l'Exposition universelle de 1889 au pavillon javanais de la section hollandaise. Fondée sur l'emploi d'une mélodie issue de la gamme pentatonique, la musique connaît une accélération rythmique qui s'associe à la recherche de multiples effets sonores destinés à évoquer les cymbales et les cloches de la musique indonésienne. Il résulte de l'ensemble une approche nouvelle du piano qui, par ses sonorités, devient un instrument d'atmosphère apte aux évocations poétiques.

Maurice Ravel (1875-1937)

- « Laideronnette, impératrice des pagodes » (*Ma Mère l'Oye* pour piano à 4 mains, 1910)

Avant de devenir une suite pour orchestre réputée en 1911, Ravel avait initialement écrit *Ma mère l'Oye* pour piano à quatre mains entre 1908

[18] Patrick Revol, *Influences de la musique indonésienne sur la musique française du XXe siècle*, Paris, L'Harmattan, 2000, p. 206.
[19] Émile Vuillermoz, *Claude Debussy*, Paris, Flammarion, 1962, p. 121.
[20] Louis Laloy, *Claude Debussy*, Paris, Aux Armes de France, 1944, p. 95-96.

et 1910 à l'intention des enfants du couple Godebski que fréquentait le compositeur. *Laideronnette, impératrice des pagodes* est la troisième de ces « cinq pièces enfantines » qui ont été créées en avril 1910 à la Société nationale indépendante à Paris. Ravel s'est inspiré de différents contes de fées d'auteurs français du XVIIe siècle, et notamment du *Serpentin vert* de la comtesse d'Aulnoye pour *Laideronnette*. Pour chaque pièce, Ravel met en exergue quelques lignes destinées à orienter la perception de l'œuvre. Pour *Laideronnette*, il s'agit de l'extrait suivant :

> Elle se déshabilla et se mit dans le bain. Aussitôt pagodes et pagodines se mirent à chanter et à jouer des instruments : tels avaient des théorbes faits d'une coquilles de noix ; tels avaient des violes faites d'une coquille d'amande ; car il fallait bien proportionner les instruments à leur taille.

La musique, alerte et dynamique, est conçue à partir de deux motifs différents, l'un pentatonique en doubles croches semblant tourner sur lui-même, l'autre solennel en valeurs plus longues, qui se retrouvent tous les deux habilement superposés dans une partie récapitulative et conclusive. Le charme de cette musique, faite à la fois de simplicité et de poésie enfantine, est une des caractéristiques récurrente de la musique ravélienne.

Jacques de La Presle (1888-1969)

- *Orientale* pour flûte et piano (1930)

Connu surtout pour ses mélodies et ses œuvres pianistiques, Jacques de La Presle est un compositeur raffiné et élégant qui a obtenu le Grand Prix de Rome en 1921 avant de mener une carrière de professeur d'harmonie au Conservatoire de Paris Admirateur de la tradition musicale française, de Fauré à Ravel, il a cherché à prolonger à son époque une esthétique qui était violemment contestée dans la première moitié du XXe siècle. *Orientale* est une pièce pour flûte et piano, dont il existe aussi des versions pour violon ou saxophone. La musique ne se réfère directement à aucune musique asiatique, mais fait un usage libre de fragments de gamme par tons à l'intérieur d'un langage tonal élargi. La mélodie prend l'allure d'une rêverie qui s'accélère peu à peu dans une ambiance et une atmosphère lointainement exotique.

Fritz Kreisler (1875-1962)

- *Tambourin chinois* op. 3 pour violon et piano (1910)

Comme de nombreuses autres compositions de Kreisler, le *Tambourin chinois* est une pièce de courte durée destinée à mettre en valeur le jeu du violon dont le compositeur était virtuose. Elle date de 1910, période où le violoniste, au sommet de sa célébrité, venait de créer le *Concerto pour violon* d'Elgar. Bâtie sur une gamme pentatonique sur *sol*, le *Tambourin chinois* est construit en trois parties. Dans la première, le thème est très clairement exposé dans un tempo rapide avant de connaître des transformations au violon où le compositeur alterne les lignes chromatiques, les traits en doubles cordes et les articulations piquées et liées. La partie centrale, plus lente et plus tonale dans le ton de *sol* mineur, prend la forme d'une méditation plus récitative et *rubato* dans laquelle le violon dialogue avec le piano et se laisse aller à quelques traits brillants. La troisième partie reprend la partie initiale et s'achève brillamment. L'orientalisme de cette pièce de virtuosité repose essentiellement sur l'utilisation facile d'un thème pentatonique pour évoquer une couleur locale chinoise. Cette méthode se satisfait d'une approche superficielle voire erronée de la musique asiatique, qui était assez courante dans la première moitié du XXe siècle.

OPÉRA ET MUSIQUE SYMPHONIQUE

Gustav Mahler (1860-1911)

Das Lied von der Erde (Le Chant de la terre)[21] (1907)
- N°3 « Von der Jugend » (De la jeunesse)
- N°5 « Der Trunkene im Frühling » (L'ivrogne au printemps)

Composé en 1907, *Le Chant de la terre*[22] est une « symphonie de *Lieder* » qui marque le dernier retour de Gustav Mahler au genre du lied, qui l'avait accompagné tout au long de sa carrière compositionnelle. Après les *Kindertotenlieder*, Mahler pensait écrire un nouveau cycle de mélodies à partir du recueil intitulé *Die chinesische Flöte* (La Flûte chinoise) de Hans

[21] Arrangements pour ensemble de chambre de Jean-Jacques Velly, 2013.

[22] Pour plus d'informations sur cette œuvre, se reporter aux articles « Les poèmes chinois du *Chant de la terre* de Gustav Mahler » de Chen Han-Jin, p. 109 et « L'objectivation de la musique dans *Le Chant de la terre* de Gustav Mahler » de Rainer Kleinertz, p. 119.

Bethge, mais rapidement il comprit que les proportions de cette œuvre ne pouvaient être contenues dans un recueil standard. Son épouse Alma indique que Mahler travailla rapidement sur cette œuvre car il eut très vite conscience de son originalité : « Lorsqu'il s'aperçut que ce serait de nouveau une espèce de symphonie, l'ouvrage a trouvé bien vite sa forme et la partition a été achevée bien plus vite qu'il ne l'avait pensé »[23]. Cette « Symphonie pour ténor, alto (ou baryton) et orchestre », qui repose sur la fusion des genres romantiques du lied et de la symphonie, apparaît aujourd'hui comme la synthèse de l'œuvre mahlérienne. Avec cette fusion, qui mélange l'intime et le grandiose, Mahler apporte une réponse au problème de la symbiose du chant et de la symphonie à laquelle il aspirait depuis de nombreuses années, et elle dépasse largement les exemples de dilatation de la mélodie que l'on trouve chez Richard Strauss ou Ernest Chausson (*Poème de l'amour et de la mort*). L'unité se fait sur l'utilisation omniprésente d'éléments issus de la gamme pentatonique chinoise.

Le recours à une inspiration chinoise, si présente chez les peintres, sculpteurs et architectes viennois de son temps, apparaît comme une nouveauté chez Mahler, lui qui était plutôt ancré dans l'esprit et les textes du premier romantisme allemand. Mahler découvre dans les textes des poètes chinois des images délicates qui lui permettent de prendre de la distance avec le thème de la mort de l'homme au sein de la nature éternelle.

Dans le domaine de l'écriture orchestrale, Mahler utilise un orchestre important dont l'instrumentation colorée et raffinée change pour chacun des lieder. Sur les six mouvements de l'œuvre entière, deux seulement ont été retenus pour ce concert (n° 3 et 5) et arrangés pour ensemble de chambre. Le passage du grand orchestre à l'ensemble de chambre (flûte, violon, violoncelle, piano) a été facilité par la technique orchestrale mahlérienne elle-même car, en accord avec les manières de faire de son temps, le compositeur alterne régulièrement les grandes et les petites formations et il utilise souvent l'esprit de la musique de chambre à l'intérieur de ses grands ensembles orchestraux.

---

[23] Alma Mahler, *Mémoires et correspondance*, Paris, J.C. Lattès, 1980, p. 128.

Avec son apparente simplicité, le troisième mouvement (*Von der Jugend*) est la pièce la plus courte du *Chant de la terre*, celle également où l'orchestre est le plus discret. Utilisant un texte occidental imitant le style poétique chinois – consacré à la jeunesse, la beauté et le printemps –, c'est paradoxalement le *Lied* qui, à l'audition, sonne comme le plus exotique et le plus « chinois » de l'ensemble en raison de son utilisation nettement affirmée de la gamme pentatonique. Les sept tercets du poème décrivent alternativement le pavillon de porcelaine où se retrouvent les amis, avant que l'image ne soit inversée par le reflet d'un étang à proximité. Dans le cinquième mouvement (*Der Trunkene im Frühling*), Mahler reprend une forme strophique clairement énoncée qui alterne les six strophes en quatrains avec un refrain pentatonique instrumental obsédant. Le texte utilisé est librement repris au poète Li Tai Po (701-763) et souligne les effets euphorisants de la boisson et de l'ivresse, avec au centre du poème une évocation du printemps. Dans ces deux lieder, mais plus généralement dans l'ensemble du *Chant de la terre*, c'est l'« amalgame intime de la tristesse et de l'extase, qui est fondamental à tout l'ouvrage »[24].

Giacomo Puccini (1858-1924)

Madama Butterfly (1904)
- « Vogliatemi bene, un bene piccolino »

Turandot (1924-1926)
- « Signore, ascolta ! »
- « Non piangere, Liu ! »

Avec *Salomé* de Richard Strauss et *Turandot*, *Madame Butterfly* est assurément l'un des principaux opéras exotiques du début du XXe siècle. Bien que différent de la comédie lyrique de Messager *Madame Chrysanthème*, créée 1893 à Paris d'après un texte de Pierre Loti, *Madame Butterfly*, écrit d'après une pièce de David Belasco, montre l'importance qu'eut l'ouverture du Japon aux yeux du monde occidental. Longtemps fermé, ce pays dont on découvrait les coutumes était synonyme de rêve et d'exotisme. Le duo « Vogliatemi bene » entre Cio-Cio-San et Pinkerton intervient à la fin du premier acte après la cérémonie de mariage qui unit le

[24] Deryck Cooke, *Gustav Mahler, An Introduction to His Music*, p. 105. Cité par Serge Gut, *Aspects du lied romantique allemand*, Actes Sud, 1994, p. 208,

consul américain à la jeune Japonaise. Il conclut l'acte par une scène éminemment dramatique dans laquelle le flamboyant duo d'amour annonce déjà les prémices du drame à venir : Madame Butterfly se sent comme un papillon épinglé en raison de son amour sincère alors que Pinkerton prend cette aventure exotique comme une simple amourette sans conséquence. La musique, d'une grande richesse mélodique et harmonique, utilise des éléments de gamme pentatonique pour renforcer l'atmosphère asiatique, mais l'élan, le dynamisme et la vocalité restent pour leur part très italiens.

Créé en 1926, *Turandot* est le dernier opéra de Puccini, laissé inachevé à la mort du compositeur deux ans plus tôt. Il est bâti d'après une comédie du dramaturge italien du XVIIIe siècle Carlo Gozzi, déjà utilisée en 1917 par Ferruccio Busoni. L'air « Signore, ascolta ! », chanté au premier acte par Liu, jeune esclave amoureuse du prince Calaf, implore celui-ci de ne pas donner suite à son projet de tenter de résoudre les énigmes qui lui permettraient d'obtenir la main de la princesse Turandot. Chargé d'émotion sincère et de passion retenue, cet air est construit sur une simple gamme pentatonique en *sol* bémol qui accentue le caractère extrême-oriental. La voix se déploie avec souplesse sur toute sa tessiture, et la mélodie chantée s'impose rapidement comme un modèle de pastiche chinois par ses inflexions et ses intervalles habilement organisés. L'air suivant, « Non piangere, Liu ! », est la réponse apporté par Calaf à la détresse de la jeune femme. Le prince est compatissant, il console mais il ne renonce pas à son projet. La musique retrouve une assise tonale et le lyrisme profondément italien des grands airs de Puccini. Pour accentuer le caractère dramatique, le compositeur abandonne toute référence musicale exotique pour une écriture ample conforme à l'efficacité du style vocal italien. Comme le faisait remarquer Verdi à propos du jeune Puccini, le compositeur, tout en suivant les tendances modernes de la musique, « reste attaché à la mélodie, qui n'est ni ancienne ni moderne », mais avec une forte prédominance symphonique. Analysé avec justesse, cette caractéristique est précisément celle que l'on rencontre dans toute l'œuvre de Puccini, les éléments exotiques (gamme pentatonique, sonorités orchestrales, effets de percussion) n'étant utilisés que comme simples référents sonores destinés à contextualiser ses œuvres, mais sans véritable recherche d'authenticité.

L'INSPIRATION EXTRÊME-ORIENTALE DANS LA MUSIQUE OCCIDENTALE

« *DES CHINOISERIES DE TROIS OU QUATRE SOUS* »

Pierre GUILLOT

Fin 1897, le compositeur français Déodat de Sévérac écrivait depuis Paris à sa famille en Languedoc : « [mon ami Saunal] a décoré ma chambre avec des chinoiseries de trois ou quatre sous, de la meilleure façon »[1]. « Chinoiserie », signe des temps, le mot est lancé ! Aussi, dans le cadre de ces échanges *Extrême-Orient et Occident*, avons-nous choisi de négliger les dissertations altitudinaires pour celles « de trois ou quatre sous » ! Une fois le mot défini, on verra d'abord comment sont nés et se sont propagés chez nous cet intérêt pour la Chine et ce goût pour ce que l'on a nommé « chinoiseries ». Puis on en précisera les traductions matérielles ou musicales au fil du temps, au gré des ouvertures ou fermetures du pays et des événements saillants et parallèles qui les ont engendrées, géopolitiques, commerciaux, scientifiques et religieux qui, singulièrement aux XVIIIe et XIXe siècles, ont fait évoluer les connaissances, les idées, les mentalités et le goût jusqu'au *vulgus* : publications jésuites, expansionnisme occidental, expositions universelles et coloniales... Dans cette espèce de « diasynchronie », on retiendra, parmi des centaines, quelques chinoiseries représentatives ou surprenantes. L'intérêt de la fusion stylistique ou esthétique de civilisations antipodales et son gain pour la musique française feront la conclusion.

Chinoiseries ! Tous les dictionnaires (XIXe-XXe siècles) s'accordent sur une même définition : bibelots, petits objets de luxe et de fantaisie venus de Chine ou exécutés dans le goût chinois (ornements divers, tissus, vases, petits meubles, statuettes...). Seul le *Larousse du XIXe siècle* (1869) propose d'élargir ce substantif aux constructions de plus grandes dimensions. On y lit, avec nos précisions entre crochets :

---

[1] Déodat de Sévérac, *La Musique et les lettres*, Sprimont, Mardaga, 2002, p. 56.

> Nous avons pu voir à Paris, après la guerre de 1860 [expédition franco-britannique contre Pékin (1858-1860)] toute une collection de statues, d'armes, de meubles rapportée [« pillée » au Palais d'été eût été plus exact] par le général Cousin-Montauban [1796-1878] et offerte à Napoléon III au nom du corps expéditionnaire, à laquelle l'expression petits objets ne saurait être appliquée. [Cette collection est exposée au château de Fontainebleau].

Il souligne enfin ce que le mot peut avoir de péjoratif, citant le lettré Philarète Chasles (1799-1873) : « Que je plains les peuples parvenus à cet état que je nommerai volontiers *la Chinoiserie* ! » Se demandant pourquoi notre propre civilisation, si riche, si avancée, si inventive et qui a pour ainsi dire tout découvert, admire à ce point les chinoiseries souvent mesquines et de mauvais goût, il conclut : « N'y aurait-il pas une chinoiserie dans ce fait ? »

D'où vient donc chez nous cet intérêt pour la Chine et le goût pour les chinoiseries ? Tentons de le préciser. Les missions jésuites (remplaçant les franciscaines) n'y sont point étrangères, depuis les Pères Matteo Ricci († 1610 à Pékin), Jean-Baptiste du Halde († 1743 à Paris), Joseph de Moyria de Maillac († 1748 à Pékin), les Pères Amiot, Bourgeois, Cibot et Collas (édités en France de 1776 à 1789), jusqu'au Père Pierre Teilhard de Chardin († 1955 à New York) qui, par sa découverte et son étude du sinanthrope, a bouleversé l'anthropologie religieuse.

Au XVIIe siècle, après la publication en latin (Lyon, 1616) du *De Christiana expeditione apud Sinas* (en français : Histoire de l'expédition chrestienne du royaume de la Chine) du jésuite Nicolas Trigault (1577-1628), d'après les mémoires du père Ricci – « le père de la Chine », apparaissent les objets d'art chinois : cheminées en pagodes, bonshommes en porcelaine dodelinant de la tête, bouddhas grassouillets, verres de couleur, vases et potiches en tout genre, peintures curieuses, laques, soieries, petits meubles, vêtements… Ces « chinoiseries » remplacèrent bientôt les « turqueries » dont Molière s'était gaussé, se glissant timidement dans la comédie de Jean-François Regnard (1655-1709) intitulée *Les Chinois* (1692), où ceux-ci y jouent le rôle très pâle de soupirants attachés à l'héroïne, la coquette Isabelle. Puis, leur attrait s'est estompé vers la fin du règne de Louis XIV.

Il revient en vogue avec Louis XV, associé au rococo. C'est de lui que se réclament, par exemple, les *Dix petites chinoiseries*[2] (1742, musée de Besançon) du peintre François Boucher (1703-1770). Destinées à des cartons de tapisseries de Beauvais, toutes reprennent le thème chinois, Mme de Pompadour affectionnant autant la peinture de Boucher que les chinoiseries qu'elle possédait en quantité. L'empereur K'ien-Long [乾隆 Qianlong] (1736-1795) ayant admis le seul commerce d'exportation, le XVIIIe siècle s'enflamma largement pour les tissus brodés, tapis, paravents, ombrelles, tentures, peintures, éventails, vases..., venus de Chine ou imités des Chinois. 1735-1789 : c'est aussi l'époque florissante des publications jésuites, touchant la géographie, l'histoire, les sciences, les arts, les usages, les mœurs..., qui ont notablement influé sur l'histoire des idées du XVIIIe siècle. Ancien des jésuites, Voltaire sera, par exemple, un lecteur attentif du Père du Halde.

On le voit, les « chinoiseries » n'incluent jamais la musique. Il n'existerait donc pas de « chinoiseries musicales ». Pourtant, à cette même époque, pour plaire en haut lieu, François Couperin (en 1730) et Christophe Moyreau (en 1753, c'est encore le temps de l'influente Pompadour auprès de Louis XV [1745-1764]) livrent chacun une page de clavecin titrée « Les Chinois »[3] pour le premier et « La Chinoisse »[4] pour le second. Évidemment, il n'y a rien de chinois ni chez l'un ni chez l'autre (où s'incruste un illusoire et anachronique intervalle de seconde augmentée) ! Il en allait de même pour les turqueries lullistes et *Les Indes galantes* de Rameau, compositeur que le Père Amiot (1718-1793) s'efforça en vain de faire aimer aux Chinois[5] ! Ce pourrait être une musique simplement inspirée d'un « décor à la chinoise » ornant un vieux clavecin, décor très en vogue à la fin du XVIIe siècle en France – où d'ailleurs Chine et Japon se confondent souvent, avec peintures de dragons, de fleurs, d'oiseaux ou de scènes bucoliques sur fond rouge ou

[2] Peut-être est-ce là la première apparition du mot ?

[3] François Couperin, « Les Chinois », *4e livre de pièces de clavecin*, 27e ordre.

[4] Christophe Moyreau (1690-1774 ?), « La Chinoisse », *1er livre de pièces de clavecin*, suivie d'une « Japonoisse ».

[5] Joseph-Marie Amiot, *Mémoire sur la musique des Chinois*, Paris, Nyon l'Aîné, 1779, p. 8.

noir[6]. En 1754 Gluck proposa un opéra-sérénade titré *Les Chinoises*, d'après Louis Anseaume, et vingt ans plus tard *L'Orfano della China*, un ballet-pantomime sur un livret de Gasparo Angiolini d'après Voltaire (Vienne, avril 1774) : là encore, rien de chinois.

Siège d'une vieille et brillante civilisation, la Chine millénaire vivait alors repliée sur elle-même et végétait depuis longtemps. On nous dispensera d'en expliciter ici les causes religieuses, sociales et politiques complexes relatées ailleurs. Mais, au début des années 1820[7], elle se mit à attiser les convoitises de l'expansionnisme occidental, à commencer par l'opium dont quelques marchands anglais fixés à Canton tiraient de sa contrebande et de son trafic d'immenses profits (celui-ci venait d'Inde par caisses entières et, en 1839, ses méfaits reconnus, sa vente fut interdite en Chine). Cette prohibition allait générer deux guerres : la première, anglo-chinoise (1840-1842) ; la seconde associant la France, les États-Unis, la Russie et le Royaume-Uni (1856-1860), chaque pays y agrégeant ses propres intérêts géo-politico-commerciaux, scientifiques et religieux. La Chine était désormais chez nous au-devant d'une scène tantôt amoureuse, drôle, savante, belliqueuse ou narcotique. En un poème précisément titré « Chinoiserie »[8] Théophile Gautier (1811-1872) lui avait déjà clamé son amour :

> Ce n'est pas vous, non, madame, que j'aime,
> Ni vous non plus, Juliette, ni vous,
> Ophélia, ni Béatrix, ni même
> Laure la blonde, avec ses grands yeux doux.
>
> Celle que j'aime à présent est en Chine,
> Elle demeure avec ses vieux parents
> Dans une tour de porcelaine fine,
> Au fleuve jaune où sont les cormorans ;
>
> Elle a des yeux retroussés vers les tempes,
> Un petit pied, à tenir dans la main,
> Le teint plus clair que le cuivre des lampes,
> Les ongles longs et rougis de carmin.
> …

[6] Voir ces clavecins à la Cité de la musique à Paris.

[7] La première « chaire de langues et littératures chinoises et tartares-mandchoues » avait été créée au Collège de France en 1814.

[8] Théophile Gautier, « Chinoiserie » dans *La Comédie de la mort* (1838).

Ce poème au titre ici non péjoratif a été mis en musique par une quinzaine de compositeurs, dont Manuel de Falla (1909) est le plus connu, et sans la moindre « chinoiserie musicale ». On comprend que Judith Gautier (1845-1917), alias Judith Walter, instruite de sa langue par un lettré chinois, ait emboîté le pas paternel en traduisant ou adaptant d'anciens poèmes chinois rassemblés dans son fameux *Livre de jade* (1867). Cela, c'est pour l'amour.

Pour la drôlerie, faisons confiance à Offenbach et à son *Ba-Ta-Clan*, chinoiserie musicale en un acte (1855), livret de Ludovic Halévy, inspirée du vaudeville *Fich-Tong-Khan*, parade chinoise en un acte de Thomas Sauvage et Gabriel de Lurieu (1835) avec les personnages de Fich-Tong-Khan, prince tartare, Kakao LXIII, empereur de la Chine, Kaout-Chouc, mandarin... L'action se passe au palais de l'empereur à Pékin[9]. *Ba-Ta-Clan*, met en scène de faux Chinois, Français expatriés nostalgiques de Paris et de ses plaisirs (dont le bal Mabille avec son kiosque à la chinoise). Seul l'un d'eux, Fé-ni-han, ne pense qu'à prendre la place de l'empereur pour se reposer inlassablement, encourageant au départ ses compatriotes : Ko-ko-ri-ko, Ké-ki-ka-ko, Fé-an-nich-ton ! Comment pouvait-on rire – sinon « rire jaune » – de telles stupidités, de jeux de mots idiots, méprisants et méprisables, utilisés pour déclencher sûrement l'hilarité, et que l'on rencontrera continûment jusque chez Colette ? Quant à la musique, c'est tout simplement celle d'Offenbach ! On sait que cette « chinoiserie musicale » inspirera en 1864 une « chinoiserie architecturale » parisienne, le Bataclan[10], le caf'conc' du boulevard Voltaire avec son toit en pagode chinoise (qu'un incendie détruira en 1933).

C'est à cette même veine comique que se rattache *Fisch-Ton-Kan*, de Chabrier[11], dont la première fut donnée sous le titre *Le Pé-Li-Kan* (1873). À elle encore la *Polka chinoise* – curieuse association ! – pour piano, violon, flûte, cornet à pistons et *cello* (et contrebasse) de Henri Cellot[12]. Une autre

---

9 Voir le texte dans *Le magasin théâtral*, choix de pièces nouvelles...

10. Tristement célèbre de nos jours par les attentats du 13/11/2015. En 1864, Offenbach inspirera la « poire Belle Hélène » au célèbre cuisinier Auguste Escoffier (1846-1935).

11 Livret de Paul Verlaine et Lucien Viotti d'après celui du *Fisch-Tong-Khan* déjà cité.

12 Paris, Richault, *c.* 1864, avec un frontispice « chinoisant ». Vers 1840, de Paris où sévissait alors une véritable « polkamania », cette danse bohémienne se répandit dans toute

polka, *Chinoise impériale* d'Edmond Delafosse († 1887), eut un tel succès qu'il fallut la rééditer[13]. Évidemment, l'une et l'autre délaissent toute allusion extrême-orientale ! Le succès même de ces « polkas chinoises » au XIXe siècle – Rossini *ipse* ! – ne se démentira pas au siècle suivant, inondant la musique de genre et de variété. Telle celle d'Yvette Horner (née en 1922), qui bride légèrement les yeux de son accordéon[14] ! C'est enfin toujours à cette veine drolatique que s'alimente *Fleur de thé*, opéra-bouffe de Charles Lecocq[15]. Créée le 11 avril 1868, cette « chinoiserie musicale » sera reprise vingt ans plus tard jusqu'à satiété pour fêter le retour en France des armées victorieuses au Tonkin.

La guerre, il faut malheureusement y revenir. Le 15 octobre 1860, la seconde guerre de l'opium s'achève par la tragique prise de Pékin dont un ami de la Chine, Philippe Dauriac († 1879), a déploré (*Lamentations*) les scandaleuses exactions et le sac du vieux Palais d'été par les troupes franco-britanniques. Ces chefs-d'œuvre spoliés par la rapine guerrière – on l'a dit plus haut, répertoriés et exposés à Paris et Londres –, vont accroître pourtant chez nous l'attrait pour ces splendeurs chinoises.

1860, c'est aussi, peu ou prou, l'année où Rossini confessa, notamment au piano, ses *Péchés de vieillesse* dont certains renvoient à la Chine. Pourquoi ? Concordance avec la défaite du céleste Empire et le pillage du Palais d'été ? Voici leurs titres : « Plain-chant chinois », « Petite polka chinoise » (vol. VII) – juste évoquée –, et « L'amour à Pékin, petite mélodie sur la gamme chinoise sur un texte de Pacini pour alto et piano » (vol. III).

---

l'Europe et, dès lors, affublée de tous les possibles : polka auvergnate, berrichonne, viennoise ou chinoise, jusqu'à la *Polka de l'équilibriste* de Manuel Blancafort (1924) et l'éléphantesque *Circus polka* de Stravinski (1942). Ces possibles s'étendront à une pioche de tailleur de pierre, à une brouette de champignonnières, à un pain et au chou à la crème pâtissière !

13 Paris, *À l'Écho musical*, [s.d., 1884] avec frontispice évidemment et également « chinoisant » d'Antoine Barbizet. Elle est dédiée « À Mademoiselle Louise Baron ». Seconde édition, Paris, Colombier, [s.d., 1885] avec illustration d'Ernest Buval.

14 Yvette Horner, *Polka chinoise* pour accordéon [s.d., *c.* 1960 ?].

15 Livret de Henri Chivot (1830-1907) et Alfred Duru (1829-1899).

Pour la science, toujours en 1860, l'organiste-érudit montalbanais Jean-Baptiste Labat (1802-1875) publia une *Étude sur la musique des Chinois*[16]. Les Expositions universelles de Paris (1867, 1878, 1889, 1900), avec leur pavillon chinois, contribueront sans doute aussi à une meilleure connaissance réciproque sans que les différends ne resurgissent jamais. À l'Exposition de 1889, le jeune Louis Laloy, futur sinologue, Debussy – qu'il ne connaissait pas encore – et Pierre Louÿs n'avaient d'yeux et d'ouïe que pour les Javanaises et leur gamelan. Seul Louis Bénédictus s'y est plu à recueillir dans ses *Musiques bizarres*[17] une hexatonique et monotone *Marche chinoise* : « Les ordres du général ». Les *Notes ethnographiques prises à l'Exposition* de 1900 par Julien Tiersot soulignent seulement la supériorité de la musique occidentale sur la musique extrême-orientale figée dans sa monodie et sa gamme à cinq sons[18] !

1900... QUATRE ANS SEULEMENT APRÈS LA GUERRE DU TONKIN

On le sait, le Tonkin – qui appartient à l'empereur d'Annam – n'est pas la Chine. Mais, pour la France, qui avait acquis la Cochinchine sous le Second Empire, c'est l'indispensable porte d'accès au céleste Empire, qui lui en dispute la souveraineté. D'où cette guerre franco-chinoise (1882-1885) aux pertes humaines considérables qui s'acheva par le traité de Tien-Tsin [Tianjin] (9 juin 1885)[19]. Au retour des armées françaises victorieuses (1886), ce fut une explosion de festivités. D'où, par glissement, cette « multiprésence » tonkinoise chez nous, tel cet immense quartier du Tonkin jouxtant Lyon, baptisé ainsi après l'Exposition coloniale qui s'y tint en 1894. À Bourg-en-Bresse, par exemple, le retour des volontaires du Tonkin (mai 1886) fut fêté par la reprise de la chinoiserie musicale *Fleur de thé* sous le

---

16 Dans *Œuvres littéraires et musicales*, Académie de Bordeaux, 1860, p. 144-171. Cet organiste ne doit pas être confondu avec le dominicain Jean-Baptiste Labat (1663-1738), missionnaire aux Antilles.

17 *Les Musiques bizarres à l'Exposition recueillies et transcrites par Bénédictus*, Paris, G. Hartmann, 1889.

18 *Le Ménestrel*, janvier 1900.

19 L'officier de marine Pierre Loti, engagé au Tonkin en 1883, décrit la prise de Hué et les atrocités des soldats français qui l'ont accompagnée dans un texte paru au *Figaro* : « Trois journées de guerre en Annam ». Jules Ferry le mit en disponibilité pour manquement à la réserve.

titre *La France au Tonkin ou Fleur de thé*, ou encore *La prise du Tonkin ou Fleur de thé*[20]. On n'oublia pas à l'église les soldats tombés au Tonkin. L'orgue seul osa y « gémir, soupirer et pleurer tout haut »[21]. Mais l'oubli vient vite. Quelques mois plus tard, cette « chinoiserie tonkinoise » allait virer au trivial : le *Journal de l'Ain* du 12 novembre 1886 annonce le passage au théâtre asiatique du chef-lieu d'une femme colosse, Tin-Tin-Ka-Ka-Oli ! – on verra plus bas « Mélaoli » ! Toujours en 1886, à Foix, la fanfare locale interprète *Les volontaires du Tonkin* de Félix. Leroux. À sa tête, un « chapeau chinois », instrument « à percussions » des musiques militaires d'orient qui, en montant et s'abaissant, marque de ses clochettes le pas des hommes ou le rythme de leur musique[22]. Ou, mieux encore, celle bien plus inattendue de l'Église ! En effet, vers le milieu du XIXe siècle, des orgues corses, cannois ou niçois se virent dotés d'un « chapeau chinois » (ou « sistre chinois », ou encore « cornet chinois »), partie d'un tout : la « banda militare »[23] ! Ailleurs, on dansait sur la polka de E. Delmas[24] (1888) titrée également *Fleur de thé*. Mais le plus grand succès musical lié au Tonkin fut *La petite Tonkinoise* de Vincent Scotto (musique) et Henri Christiné (paroles) en 1906, chanson d'un militaire achevant son service au Tonkin :

> Pour qu'j'finisse
> Mon service,
> Au Tonkin je suis parti.
> Ah ! Quel beau pays mesdames.
> C'est l'paradis des p'tites femmes,
> Elles sont belles
> Et fidèles
> Et j'suis dev'nu l'chéri
> D'un' p'tit femm' du pays
> Qui s'appell' Mélaoli.

---

[20] Personnages : Fleur de thé, la cantinière des Français à Pékin, et Tien-Tien (rôle comique).

[21] *Journal de l'Ain*, 8 juin 1886.

[22] Sur ce curieux instrument « tombé en désuétude », voir *Le chapeau chinois* de Villiers de l'Isle-Adam (1878). Le grand écrivain reprit modifia et amplifia ce récit cocasse et triste dans ses *Contes cruels* sous le titre : « Le secret de l'ancienne musique » (1883).

[23] Élisabeth Pastorelli, *Orgues et facteurs de Nice (fin XVIIIe-début XXe siècle)*, Béziers, Société de musicologie du Languedoc, 1988, p. 183, 190, 238 et 304. La musique *liturgique* du padre Davide da Bergamo (1791-1863) en use largement ! On trouvera également un chapeau chinois dans presque tous les limonaires.

[24] *Le Ménestrel* cite Delmas comme ayant été joué à l'Opéra.

[Refrain]

Je suis gobé d'un' petite
C'est une Anna, c'est une Anna, une Annamite
Elle est vive, elle est charmante
C'est comm' un z'oiseau qui chante,
J'l'appell' ma p'tit bourgeoise
Ma Tonkiki, ma Tonkiki, ma Tonkinoise,
Y'en a d'autr's qui m'font les doux yeux
Mais c'est ell' que j'aim' le mieux...

Les sous-entendus sont suffisamment clairs pour déplorer que la femme indigène ait été ici célébrée pour sa seule fonction amoureuse, bref, pour assouvir les instincts les plus vils de l'homme et singulièrement du guerrier au repos.

Ces instincts n'étaient pas ceux d'Émile Guimet (1836-1918), Lyonnais curieux de toutes les civilisations et qui, après l'Égypte, se passionna pour l'Extrême-Orient, ramenant toujours de ses expéditions, outre des notes scientifiques, des objets dont il chercha inlassablement à percer le mutisme. Polyvalent, il écrivit même en 1894 un opéra en cinq actes intitulé *Taï-Tsoung* [Taizong], d'après la vie même de son héros (empereur de la Chine au VIIe siècle). Ce n'était pas non plus ceux de Paul Claudel, ambassadeur de France en Chine[25] et grand amoureux de ce pays. L'attestent son *Livre sur la Chine*, son *Éloge du Chinois* et *Le Partage de midi* (1906) qui se déroule en Chine. Mais y avait-il nécessité à cette espèce de portique chinois, risquons le mot de « chinoiserie », vers sa sépulture à Brangues, en Dauphiné ? Enfin ce n'était évidemment pas ceux, entre autres, de Pierre Teilhard de Chardin, théologien, géologue, paléontologue et philosophe jésuite qui, entre 1923 et 1946, fit en Chine de nombreux séjours et voyages d'études, participant à la découverte et à l'étude du sinanthrope (1926), y rédigeant sa sublime *Messe sur le monde* et s'agrégeant même à la Croisière jaune (1931-1932). De ce fameux raid Citroën Beyrouth-Pékin plutôt mouvementé mais riche en retombées scientifiques, combien de « chinoiseries » furent-elles ramenées ?

---

[25] À Shanghai (1895-1897), Fou-Tchéou (1898-99 et 1901-02), Pékin (1906-09).

Quoiqu'il en soit, les années antérieures n'en manquaient pas ! Pêle-mêle, dans un va-et-vient bigarré : une page volante mutilée d'un journal (donc non identifiable) [de 1903] [26] propose un *Grand concours de chinoiseries* ! Pour une bicyclette d'homme, il s'agit de découvrir la marque d'un thé parmi nombre de caractères chinois fantaisistes (dissimulant sans doute des caractères romains) proposés sur un tableau noir par un mandarin à la natte mandchoue traînant sur le sol. Le crapaud, sculpture en bois venue de Chine, presse-papier que Debussy gardait sur son bureau et qu'il avait nommé Arkel ! Lui inspira-t-il les pentatoniques « Pagodes » – d'ailleurs plutôt javanaises – de ses *Estampes* pianistiques (1903) ? « L'on rencontre très souvent des jeunes filles jouant du tambourin dans les coins de rue, dans les places et les carrefours. Elles sont étonnantes par les sons qu'elles savent en tirer »[27]. Le *Tambourin chinois* op. 3 pour violon et piano (1910) de Fritz Kreisler (1875-1962) s'en serait-il inspiré ?

Avec *Le Mandarin merveilleux* de Béla Bartók (1919), nous quittons l'exotisme frelaté pour celui de l'élite musicale. Ce n'est d'ailleurs pas la localisation du conte qui importe au compositeur, mais le tragique de l'homme qu'il véhicule. *Si parva licet componere magnis*[28]..., il en va de même pour les *Trois pièces pour flûte seule* : « Bergère captive, Jade, Toan-Yan »[29] de Pierre-Octave Ferroud (1900-1936). En note de la dernière pièce, au moment de citer un thème chinois authentique, Ferroud précise qu'« il se joue sur la grande flûte à bec – chaque instrument chinois ayant le monopole de certains thèmes, de par sa conformation, son doigté ou son étendue. Il faut le psalmodier avec une extrême simplicité et dans un rythme très imprécis ».

---

[26] Archives diocésaines de Belley.

[27] Jacques Grasset de Saint-Sauveur, *Encyclopédie des voyages. Asie*, Paris, Deroy, 1796.

[28] « S'il est permit de comparer les petites choses aux grandes » (Virgile).

[29] Pierre-Octave Ferroud, *Trois pièces pour flûte seule*, Paris, Rouart, Lerolle & Cie, 1922. La première pièce est datée « Strasbourg, juillet 1921 » – Ferroud y était alors militaire ; la deuxième « Lyon, nov. 1921 » ; et la troisième « Lyon, fév. 1922 ». En note de cette dernière, Ferroud a précisé : « La fête de Toan-Yan, ou du "Double Cinq", qui se célèbre en Chine le 5e jour du 5e mois, d'où son nom, est consacrée à la commémoration d'un héros qui se jeta à l'eau plutôt que de subir un déshonneur militaire. Cette solennité donne lieu à des danses tour à tour mystiques et ardentes qui symbolisent le contraste de la paix et de la guerre ». Le titre « Toan-Yan » est également imprimé en caractère chinois.

Où l'a-t-il lu ou entendu ? Où s'est-il documenté ? Emprunta-t-il ses titres à Franz Toussaint ?

En revanche, rien d'authentique dans *Le Pays du sourire* de Franz Lehár (1923), d'après *La Tunique jaune*[30]. La version française en situe l'action à Paris et en Chine en 1912 : amours impossibles d'une comtesse blanche et d'un « prince jaune ». « Prendre le thé à deux, comme des amoureux » et « Je t'ai donné mon cœur... », deux de ses airs célèbres, méritent-ils même le nom de chinoiserie ? *A contrario*, de Ravel, la « Laideronnette, impératrice des pagodes » (1910), qui claironne son pentatonisme à droite du clavier pour « faire chinois ». Ou bien « les mandarins ventrus sous les ombrelles » de son *Asie* (1911), qui font tintinnabuler de quartes et de quintes leurs gammes chinoises. Ou, enfin, cet air de « la tasse chinoise » de *L'enfant et les sortilèges* (1920-1925) et son sabir douteux : « Keng-ça-fou, [...], Ça-oh-râ toujours l'air chinoâ »... jusqu'à « Ping, pong. Ah ! Kekta fouhtuh d'mon Kaoua ? » Rien de neuf depuis *Ba-Ta-Clan* ! Même pour des enfants, Colette, auteur du livret, use d'une bien curieuse dérision. Et sur les quartes célestes du célesta, la mère découvre sa tasse chinoise brisée !

Si l'on néglige, pour d'évidentes raisons déjà exposées, la *Turandot* de Puccini (1926) – l'opéra se déroule dans une Chine médiévale de fantaisie, mais c'est la fable même qui compte, non le lieu –, on s'attachera en revanche à ce poison de rêve indissociable de la Chine, l'opium :

Dans le port de Saigon
Il est une jonque chinoise
Mystérieuse et sournoise
Dont nul ne connaît le nom.
Et le soir dans l'entrepont
Quand la nuit se fait complice
Les Européens se glissent
Cherchant des coussins profonds.

[30] C'est sous le titre *La Tunique jaune* (« Die gelbe Jacke ») que cette œuvre a été créée à Vienne en 1923. Le titre définitif – *Le Pays du sourire* (« Das Land des Lächelns ») – n'a été employé que pour la reprise à Berlin en 1929.

[Refrain]

Opium, poison de rêve
Fumée qui monte au ciel,
C'est toi qui nous élèves
Au paradis artificiel.
Je vois le doux visage,
Les yeux de mon aimée.
Parfois j'ai son visage
Dans un nuage de fumée.

Rien de chinois dans cette chanson d'Abzac et Charlys (*c.* 1931), emblème des militaires d'Indochine. Sinon la drogue elle-même – et les fumeries – dont on sait l'importance dans certaines sociétés françaises des XIXe et XXe siècles, cet opium dont Baudelaire, après Thomas de Quincey (1785-1859)[31] avait beaucoup usé et dont, en vers admirables (*c.* 1850), il avait célébré les voluptés en en pleurant les tortures :

L'opium agrandit ce qui n'a pas de bornes,
Allonge l'illimité,
Approfondit le temps, creuse la volupté,
Et de plaisirs noirs et mornes
Remplit l'âme au-delà de sa capacité[32].

Cinq années après cette chanson, Hergé livrera son *Lotus bleu.* Il y aventure Tintin à Shanghai sur fond de trafic d'opium et d'invasion japonaise de la Mandchourie qui allait déclencher en 1937 la guerre sino-japonaise. On n'en finira pas ! Il le faut pourtant.

« Asie, Asie, vieux pays merveilleux où dort la fantaisie… »[33], Chine ! Exotisme ! Éternel prestige supposé du lointain ! Objets exotiques ramenés au pays comme trophées, décorant ostentatoirement le salon des expéditionnaires, voyageurs ou coloniaux. Les « chinoiseries », c'est surtout cela. Génériquement, d'ailleurs, car elles englobent souvent indistinctement tous les pays d'Extrême-Orient, les acquéreurs non avertis n'en discernant pas les spécificités artisanales et esthétiques. Quoiqu'il en soit se pose alors

---

[31] Thomas de Quincey, dont les *Confessions d'un mangeur d'opium* (1822) inspireront la *Symphonie fantastique* (1830) d'Hector Berlioz et les *Paradis artificiels* (1910) du compositeur portugais Luis de Freitas Branco (1890-1955).

[32] Charles Baudelaire, « Le Poison » dans *Les Fleurs du mal* (L), Michel Lévy frères, 1868.

[33] Tristan Klingsor-Maurice Ravel, *Shéhérazade*, Paris, Durand, 1912.

la question de leur adéquation latitudinale car il existe, nous semble-t-il, une climatisation des architectures, des objets usuels ou artistiques et bien sûr musicale. Comme il y a une « musique des heures », il y a une musique des climats. Objets et décors ne sont-ils pas indissociables des mœurs, des coutumes, des religions, des mentalités, d'un environnement, d'un souffle d'air, d'une odeur, d'une vibration lumineuse, d'une couleur, d'une fonctionnalité, d'une ambiance, de matériaux, que sais-je ? Tout n'est pas transposable et transportable – que Pierre Loti nous absolve ! Voyez ces touristes qui s'affublent des vêtements, chapeaux et bijoux des pays qu'ils visitent ou ont visités ! Quelle dissonance esthétique ! Ce n'est pas de l'inculturation mais de l'exculturation ridicule. Voyez la Chine continentale même – « chinoiserie » inversée – qui s'édifie à Tianducheng une Tour Eiffel (108 m) et tout un quartier haussmannien ! Chaque civilisation sous son ciel et en son temps. Pour la musique n'est-ce pas identique ? La *Passion selon saint Jean* à Papeete ! La *Messe en si* place Tian'anmen ! La *Flûte enchantée* chez les Bororos !..., ou, à l'opposé, un concert de *qin* ou de *zheng* à la chapelle de Versailles ! Nous nous y ferons progressivement par les échanges, les interactions, la mondialisation, l'uniformisation, jusqu'à la dissolution du plus perméable !

En dernière analyse, les « chinoiseries » musicales font souvent de même. Elles se déguisent en mandarins, font du collage, vendent de l'aggloméré sous un placage en acajou laqué ! Le pentatonisme suffit-il ? Chine de pacotille comptant pour rien une Chine millénaire. « C'est à l'Extrême-Orient seul qu'il faut demander la musique d'Extrême-Orient », affirmait Julien Tiersot[34].

Sinon, que ce soit par pur ensemencement ! Et il existe. Les compositeurs français, des années 1900 notamment, ont su écouter cette musique chinoise si ancienne et si neuve. Elle leur a révélé un autre temps, à rebours du temps occidental, un temps musical qui ne bat plus à deux ou trois mais qui prend son temps, le temps du silence, celui du riche et long épanchement vibratoire du *qin*, de la cithare, des cloches ou des gongs, indissociable du temps de l'écoute intime des sons qui maintient l'oreille aux

[34] Julien Tiersot, « La musique chinoise et indochinoise, notes prises à l'Exposition universelle de 1900 », *Le Ménestrel*, janvier 1900.

aguets de leur attaque jusqu'à leur lente agonie au tréfonds des mystères de l'inouï, jusqu'à la révélation de l'*Épiphanie de l'imperceptible*[35]. La virtuosité véloce, torrentueuse et *fortissimo* des romantiques et postromantiques lui est étrangère. Il lui substitue, notamment au piano, une virtuosité du *pianissimo*, de « l'effleurement », un éloge du « laissez vibrer », de la résonance qui brouille et colore les harmonies, il l'invite à une quête éperdue de sonorités nouvelles. Car les différentes échelles et les timbres chinois – ou plus largement extrême-orientaux – auront été un autre ferment d'inspiration pour des musiciens coloristes heureux d'échapper ainsi au cercle chromatique. Aussi, point de « chinoiseries » dans les œuvres d'Albéniz, Debussy, Sévérac, Roussel, Ravel, Ferroud, Kœchlin, Messiaen et de tant d'autres – dont John Cage ou Giacinto Scelsi – mais, par une présence absente, une modernité syntaxique, formelle, orchestrale, stylistique et esthétique qui, on le voit, ne s'expliquerait pas totalement sans l'irradiation musicale du céleste Empire qui atteint à la *Cité céleste*[36] !

[35] *Cf.* Matthieu Guillot, *L'Épiphanie de l'imperceptible*, thèse de musicologie, Université de Paris VIII-Vincennes Saint-Denis, 1997. Comment ne pas songer ici aux résonances nuptialo-funèbres ultimes des *Noces* stravinskiennes ?

[36] En 1964, Olivier Messiaen requiert 4 gongs chinois pour ses *Couleurs de la Cité céleste*, et 6 pour *Et expecto resurrectionem mortuorum*.

ET LA LUNE DESCEND SUR LE TEMPLE QUI FUT
Étude de Debussy au prisme de Louis Laloy

廖慧貞 LIAO Hui-Chen

Comme Patrick Revol l'indique, « il nous paraît évident que la richesse de la musique de Debussy ne provient pas d'un élément isolé mais bien entendu de la relation de différents paramètres »[1]. La plupart des monographies sur Claude Debussy[2] affirment que les Expositions universelles de 1889 et de 1900 furent pour le compositeur l'occasion de découvrir une musique extra-européenne, et en particulier extrême-orientale. Claude Debussy fut ainsi influencé par plusieurs types de musique : indienne, selon Roy Howat[3] ; indonésienne, selon Patrick Revol[4] ; japonaise, indienne et du gamelan javanais, selon Jean-Michel Nectoux[5]. À l'instar de Cédric Segond-Genovesi, nous nous interrogerons, pour notre part, sur l'influence de la culture chinoise sur l'œuvre de Claude Debussy. Rappelons que Claude Debussy était à l'époque entouré d'experts ou de connaisseurs de l'Extrême-Orient, tels Siegfried Bing (1838-1905), grand marchand d'art oriental, Edmond Bailly (1850-1916), connaisseur de la philosophie musicale hindoue, Paul-Jean Toulet (1867-1920), écrivain et poète, Louis Laloy (1874-1944), musicologue et sinologue, ou Victor Segalen (1878-1919), écrivain, médecin

---

[1] Patrick Revol, *L'influence de la musique indonésienne sur la musique française*, Paris, L'Harmattan, 2000, p. 156.

[2] *Cf.* Christian Goubault, *Claude Debussy*, Paris, Honoré Champion, 1986 et 2002 ; Anne Roubet, « Debussy et le mythe : affinités et ambivalences », dans Maxime Joos (éd.), *Claude Debussy : Jeux de formes*, Paris, Presses de l'ENS, 2004, p. 49-77 ; Roy Howat, « Debussy et les musiques de l'Inde », *Cahiers Debussy*, n° 12-13, 1988-1989, p. 141-152 ; Patrick Revol, *Conception orientale du temps dans la musique occidentale du XXe siècle*, Paris, L'Harmattan, 2007.

[3] Roy Howat, *op. cit.*, p. 141-152.

[4] Patrick Revol, *L'influence de la musique indonésienne sur la musique française*, p. 67-244.

[5] Jean-Michel Nectoux, « Connaissance de l'Est », *Harmonie en bleu et or : Debussy, la musique et les arts*, Paris, Fayard, 2005, p. 186-207.

et archéologue. François Lesure, spécialiste de Claude Debussy, souligne la place de Louis Laloy dans la vie du compositeur :

> L'intérêt de Laloy pour Rameau, sa curiosité pour les musiques extrême-orientales, qui l'[Claude Debussy] impressionnait davantage que l'amateurisme d'Edmond Bailly en la matière, avaient certainement contribué à les rapprocher. Cette amitié, si elle ne comble pas affectivement l'éloignement de P. Louÿs, va désormais compter pour lui [Claude Debussy][6].

La personnalité de Louis Laloy nous incite donc à une grande curiosité.

LOUIS LALOY

Né en 1874 à Gray (Haute-Saône), Louis Laloy est décédé en 1944 à Paris. En tant que musicologue, il a été critique musical de nombreuses revues, auteur de plusieurs ouvrages sur la musique, Secrétaire général de l'Opéra de Paris de 1914 à 1941, librettiste de plusieurs ballets et enseignant d'un cours d'« Histoire de la musique » au Conservatoire de Paris de 1936 à 1941. En tant que sinologue, il s'est engagé dans plusieurs activités franco-chinoises tout en donnant parallèlement des cours sur l'esthétique chinoise à l'Institut des hautes études chinoises de Paris de 1927 à 1941. Il a également été un compositeur non reconnu. Parmi ses diverses activités, sa carrière de critique musical a tenu une place particulièrement importante dans sa vie. Laloy commença cette activité en 1901 alors qu'il était encore étudiant à la Sorbonne, et il la prolongea jusqu'en 1943, pratiquement jusqu'à sa disparition. C'est aussi par cette activité qu'il fut lié à Claude Debussy.

CLAUDE DEBUSSY ET LOUIS LALOY

La relation entre les deux hommes débuta au moment de la création de *Pelléas et Mélisande* en 1902. Louis Laloy publia à cette occasion, dans la *Revue musicale*, un article intitulé « Sur deux accords », présentant les accords et les harmonies utilisés dans cet opéra. Cet article marqua non seulement la carrière critique de Louis Laloy, qui s'est alors imposé comme le premier spécialiste de Claude Debussy, mais il l'a aussi conduit à faire la

---

[6] François Lesure, *Claude Debussy*, Paris, Fayard, 2003, p. 251.

connaissance du compositeur. Les réflexions apportées par Louis Laloy dans son article incitèrent le compositeur de *Pelléas et Mélisande* à rencontrer son auteur. Dès lors, Louis Laloy entra dans la vie de Debussy et, d'après diverses sources[7], nous pouvons affirmer que l'amitié de Louis Laloy occupa effectivement une place importante dans la vie professionnelle et privée de Debussy. Du côté professionnel, Louis Laloy organisa des concerts consacrés aux œuvres de Debussy[8], servit d'intermédiaire dans la citation de ce dernier à l'Ordre de la Légion d'honneur en 1903 et dans sa nomination au Conseil supérieur du Conservatoire de musique de Paris en 1909 et, enfin, il signa plusieurs livrets de musiques composées par Debussy[9]. Du côté privé,

---

[7] Louis Laloy, *La Musique retrouvée*, Paris, Librairie Plon, 1928 ; Deborah Priest, *Debussy, Ravel et Stravinski : textes de Louis Laloy (1874-1944)*, Paris, L'Harmattan, 2007 ; François Lesure, *Claude Debussy*, 2003 ; Vincent Laloy, *Inventaire des papiers de Louis Laloy*, Rahon, 2006.

[8] Cette organisation de concerts eut lieu également en dehors de la France. Dans une lettre de Louis Laloy datée du 3 juin 1910 et adressée à sa femme Chouchik, ayant pour en-tête : « University Hotel, Endsleigh Gardens, London, N. W. », il évoque sa conférence concernant l'œuvre de Claude Debussy à Londres. La lettre indique notamment : « [...] quelques auditeurs, ne comprenant pas un mot de français, s'ennuyaient de toutes leurs forces et ont essayé de m'interrompre en m'applaudissant. J'ai remercié ironiquement en rendant hommage à la politesse et à la courtoisie d'une partie du public ; on s'est tu aussitôt et quand j'ai fini de parler, on a applaudi pendant 3 minutes pour que je revienne. Mais je ne suis pas revenu. La salle était très pleine, et je crois que c'est un succès pour les artistes. Monsieur Liebrich a très bien joué *D'un cahier d'esquisses*, mieux que Ravel, bien *Le vent dans la plaine* et assez bien *La cathédrale*, et très mal *La fille aux cheveux de lin*. (Je pense que l'auteur ne la lui a pas jouée, ou l'a jouée tout de travers lui-même). La voix sonnait très bien. Ce sont les chansons grecques qui ont été le mieux interprétées [...] ». Collection privée – Archives familiales Laloy.

[9] Il y eut d'abord celui du ballet *Masques et bergamasques* en 1909, puis de l'opéra-ballet *Fêtes galantes* en 1913, puis du drame lyrique *Le Martyre de Saint Sébastien* en 1917, et enfin de l'*Ode à la France* en 1916-1917. Les trois premières œuvres n'ont cependant pas été réalisées, et seule la dernière a vu le jour en 1928, après la mort de Debussy. Concernant le projet du ballet *Masques et bergamasques* pour les Ballets russes, Diaghilev avait prévu que Laloy rédigerait le scénario. Peu après, Debussy décida de l'écrire lui-même. Malgré tout, ce projet n'a pas été réalisé. Voir Deborah Priest, *Louis Laloy on Debussy, Ravel and Stravinsky,* U.S.A., England, Ashgate, 1999, p. 13-14. Quant au projet de l'opéra-ballet *Fêtes galantes* de 1913, il a été abandonné à cause du droit de priorité appartenant à Charles Morice (1860-1919) qui en avait auparavant réalisé une adaptation scénique. Voir Louis Laloy, *La Musique retrouvée,* p. 210-211. Pour *Le Martyre de Saint Sébastien*, après sa création le 22 mai 1911, Debussy songea à le transformer en drame lyrique avec l'aide de Louis Laloy, mais la guerre et la maladie de Debussy mirent un

les deux hommes organisaient régulièrement ensemble des soirées de bridge et ils s'invitaient l'un l'autre à des repas hebdomadaires. La correspondance de Debussy, éditée par François Lesure[10], ainsi que les lettres conservées dans les archives familiales Laloy nous permettent de constater que les familles Laloy et Debussy vivaient dans une certaine intimité. En témoigne une lettre de condoléances envoyée par Dolly, la fille de Sigismond et Emma Bardac, à Chouchik Laloy, la femme de Louis Laloy, à l'occasion de la mort de ce dernier où elle dit songer « aux trésors d'érudition artistique inégalables que cet être éminent emporte avec lui, et aussi à tant de souvenirs de jeunesse du temps de l'avenue du Bois [...] »[11]. Deborah Priest, l'auteur de *Louis Laloy on Debussy, Ravel and Stravinsky*, montre que les relations entre le compositeur et le musicologue étaient basées sur des chevauchements d'activités, des intérêts en commun ainsi que sur des événements auxquels ils se retrouvaient quotidiennement[12]. On peut noter que dans les archives familiales Laloy figure un classeur réservé à des documents inédits concernant la relation entre Debussy et Louis Laloy, où l'on peut trouver notamment des programmes, des articles, des projets musicaux, des lettres du couple Debussy au couple Laloy et des partitions dédicacées du compositeur à Louis Laloy[13]. Parmi ces dernières, la dédicace qui figure sur la partition des *Trois chansons de France* décrit particulièrement bien cette amitié intense : « À Louis Laloy, en amicale confiance, Claude Debussy »[14]. Nous nous apercevons, en effet, que cette amitié était basée non seulement sur une proximité intellectuelle et affective, mais aussi sur une grande confiance. Louis Laloy apporta, par exemple, son soutien à Claude Debussy lorsque celui-ci eut une liaison amoureuse avec Emma Bardac en 1904. Après l'orage dans le ménage du compositeur,

---

terme à ce projet dont il ne subsiste aucune trace. Voir Louis Laloy, *op. cit.*, p. 211-212 et Deborah Priest, *op. cit.*, p. 15.

[10] François Lesure, *Correspondance, Claude Debussy*, Paris, Gallimard, 2005.

[11] Lettre de Mme Tinan à Mme Laloy datée du 7 mars 1944. Claude Debussy et sa femme Emma vivaient à l'époque dans un hôtel particulier situé 80, avenue du Bois-de-Boulogne. Collection privée – Archives familiales Laloy.

[12] Deborah Priest, « Louis Laloy et la vie musicale à Paris », dans *Debussy, Ravel et Stravinski : textes de Louis Laloy (1874-1944)*, p. 15-60.

[13] *Cf.* Vincent Laloy, « Dossier n° 73-81 », *op. cit.*, p. 71-76.

[14] Claude Debussy, *Trois chansons de France*, partition, Paris, Durand, 1904.

l'amitié de ces deux hommes devint plus solide que jamais. La confiance que le compositeur accordait à Louis Laloy était encore plus grande que l'on imagine. Dans un document inédit, Vincent Laloy, le petit-fils de Louis Laloy, relate que le compositeur avait confié à son grand-père des lettres à transmettre à sa belle-fille Dolly :

> Ma tante [Ninette] me raconta que Louis Laloy servait d'intermédiaire pour transmettre à Dolly les messages du compositeur. Et Ninette, croyant bien faire, remit à Dolly, dans les années soixante, un paquet de lettres soigneusement ficelé, jusque-là conservé dans le tiroir secret d'un secrétaire Directoire de notre maison de Franche-Comté. Cette correspondance a sans doute été brûlée et l'on se demande, pour l'histoire, s'il n'aurait pas été de bon ton de ne pas la restituer à sa destinataire [...] Son existence est confirmée par une lettre de Mme Louis Laloy à son mari, datée du 3 juin 1910[15].

La nature de ces lettres échangées entre Dolly et Debussy est obscure. Interrogé par nos soins à ce sujet, Vincent Laloy nous a confié que, lors d'une visite à Dolly en 1982, cette dernière a montré une certaine réticence à en parler. Dolly est décédée quelques années après, en 1985. Quoi qu'il en soit, ce qui nous intéresse surtout dans ces lettres, c'est qu'elles témoignent de la confiance extrême que le compositeur plaçait en Louis Laloy, qui était son seul ami intervenant dans ses affaires privées. Cela se confirme davantage dans une préface de Dolly, rédigée pour l'ouvrage *Claude Debussy through his Letters* de Jacqueline Charrette : « [...] ses amis les plus fidèles étaient d'abord Louis Laloy, d'une intelligence telle que Debussy disait n'en avoir jamais rencontré de semblable »[16]. Notons que c'est à cette période que Claude Debussy conçut les deux volumes de ses *Préludes* où figurent certains procédés inspirés de la musique chinoise.

Au vu de cette complicité entre les deux hommes, il semble légitime de se demander si ce n'est pas Louis Laloy qui a fourni à Debussy les connaissances sur la musique chinoise utilisées par ce dernier dans la

[15] Vincent Laloy, *Souvenirs épars* (Dolly de Tinan, née Bardac), mai 2008, inédit.

[16] Mme de Tinan, « Préface pour J. Charrette » dans Jacqueline M. Charrette, *Claude Debussy through his Letters* (ouvrage traduit de François Lesure, *Lettres de Claude Debussy*), New York, Vantage Press, 1990, p. XIII. Cette référence est citée également dans Vincent Laloy, *Inventaire des papiers de Louis Laloy*, p. 71.

composition de certaines de ses œuvres. Deborah Priest affirme que « si Debussy avait connaissance des cultures orientales depuis les années 1890, il est clair que Laloy piquait encore son intérêt »[17]. Elle considère que la rencontre avec Louis Laloy fin 1902 a marqué un tournant dans la vie de Claude Debussy. Elle indique, en outre, qu'« il est intéressant d'observer dans les chroniques musicales de Debussy des références à Confucius et à d'autres philosophes chinois, et de constater qu'ils n'y paraissent qu'à partir de 1903 »[18], et que « Debussy [a] profité des connaissances approfondies de son ami [Louis Laloy] aux domaines de la philosophie chinoise et des musiques exotiques, en particulier chinoise, japonaise et cambodgienne »[19]. Rappelons que, vers 1904, Louis Laloy commença à suivre les leçons de chinois d'Arnold Vissière et, en même temps, à se lier d'amitié avec des Chinois en dehors de ses cours. Malgré tous ces indices, c'est seulement à partir de 1909 que Claude Debussy commence à évoquer dans sa correspondance le rôle joué par Louis Laloy dans l'acquisition de ses connaissances sur la Chine. Dans une lettre datée de 1909 adressée à Louis Laloy, Debussy fit savoir à ce dernier qu'il avait « bien commencé la journée en lisant des poèmes chinois traduits par Louis Laloy. Ils sont fort beaux et il faudra qu'ils en reparlent »[20]. C'est la première fois que le compositeur exprime textuellement son affection pour la littérature chinoise, qu'il découvre notamment par l'intermédiaire des traductions de son cher ami. Par ailleurs, deux lettres de Debussy laissent transparaître son enthousiasme pour le drame 漢宮秋 *Han gong qiu* (*Le Chagrin dans le palais de Han*)[21], dont Louis Laloy fut le librettiste.

Outre ces échanges de lettres, Louis Laloy et Debussy se rencontraient régulièrement. Louis Laloy rapporte dans son livre *La Musique retrouvée* qu'« il prit l'habitude de venir voir Claude Debussy presque chaque semaine»[22]. Le thème de la Chine devait donc certainement être très présent

[17] Deborah Priest, *Debussy, Ravel et Stravinski : textes de Louis Laloy*, p. 28.
[18] *Ibid.*, p.28.
[19] *Ibid.*, p.28.
[20] Lettre du 2 août 1909 de Claude Debussy à Louis Laloy. *Cf.* François Lesure, *Correspondance, Claude Debussy*, p. 1201.
[21] Pour ce titre, voir dans l'article de Françoise Quillet la note 13 page 31.
[22] Louis Laloy, *La Musique retrouvée*, p. 123.

dans les entretiens réguliers entre les deux amis. C'est Debussy lui-même qui présenta Louis Laloy à Victor Segalen, autre sinophile.

Par ailleurs, Deborah Priest émet l'hypothèse selon laquelle Debussy assista aux conférences sur la musique extrême-orientale données à l'époque par Louis Laloy à Paris ou ailleurs[23]. Nous supposons sa présence probable en 1906 à l'une de ces conférences, qui fut accompagnée de la démonstration pianistique de Ricardo Viñes au Cercle du Luxembourg[24] car le compte-rendu de Magnus Synnestvedt sur cette conférence intitulée « Musique d'Extrême-Orient », paru dans *Le Mercure musical* en 1906, nous permet de suggérer l'existence d'un lien entre les conférenciers et la genèse du second recueil d'*Images* pour piano de Debussy, qui eut lieu justement un an après la conférence. En outre, comme l'écrit Deborah Priest, ce rapport laisse « imaginer dans une certaine mesure ce que devaient être les entretiens privés de Debussy et de Laloy »[25]. Les *Images* de Debussy comprennent trois pièces : *Cloches à travers les feuilles*, *Et la lune descend sur le temple qui fut* et *Poissons d'or*. Selon Marcel Dietschy, ces trois pièces auraient été conçues dans un ordre différent de celui de la partition imprimée, c'est-à-dire *Poissons d'or* en premier, puis *Cloches à travers les feuilles* et enfin *Et la lune descend sur le temple qui fut*[26]. En suivant cet ordre nous examinerons ces trois pièces en nous référant au texte de Louis Laloy dans son ouvrage intitulé *Claude Debussy*. D'après lui, *Poissons d'or* fait penser aux poissons dessinés dans les estampes japonaises[27]. Nous savons que Debussy possédait dans son bureau un somptueux panneau japonais laqué noir, rehaussé de poissons de nacre et d'or[28], qui aurait inspiré au compositeur la création de cette merveilleuse pièce pianistique dédiée à Ricardo Viñes.

[23] Deborah Priest, *op. cit.*, p. 28, note 43.

[24] Au cours de cette conférence Ricardo Viñes joua *Pagodes* ainsi que deux danses javanaises transcrites pour piano, l'une par Louis Laloy et l'autre par Ratz. *Cf.* Magnus Synnestvedt, « Musique d'Extrême-Orient », *Le Mercure musical*, 15 février 1906, p. 172.

[25] Deborah Priest, *op. cit.*, p. 28, note 43.

[26] Edward Lockspeiser et Harry Halbreich, *Claude Debussy, Analyse de l'œuvre*, Fayard, 1962, p. 573.

[27] Louis Laloy, *Claude Debussy*, p. 96.

[28] Edward Lockspeiser et Harry Halbreich, *op. cit.*, p. 574.

L'idée de *Cloches à travers les feuilles* vint à Debussy après avoir entendu la description par Louis Laloy de sa vie à la campagne dans la commune de Rahon. Contrairement à *Cloches à travers les feuilles,* dont l'expression est plutôt introvertie, la troisième pièce – *Et la lune descend sur le temple qui fut* – est un morceau extraverti que Debussy a dédié à Louis Laloy. Par ce geste, le compositeur rendait un vibrant hommage à leur amitié. Nous constatons non seulement que le titre du morceau est, d'après Louis Laloy, de style chinois[29] mais aussi que le procédé compositionnel est dans le goût asiatique.

L'ensemble du second recueil des *Images* se développe ainsi autour de trois thèmes : un étang asiatique, les cloches de l'église de Rahon et un temple chinois. Tous ces thèmes s'enchaînent autour d'une même personne : Louis Laloy. À notre sens, l'ordre des morceaux suggéré par Marcel Dietschy correspond mieux que l'ordre final au sentiment du compositeur car il forme une sorte de *crescendo* dans sa déclaration d'amitié. Par ailleurs, soulignons encore une fois que ce recueil est dédié à Ricardo Viñes et à Louis Laloy environ un an après leur conférence évoquée précédemment, ce qui révèle un lien entre les trois hommes qui ne peut être négligé. Dans la suite, nous nous sommes attardés sur la pièce spécifiquement dédiée à Louis Laloy, *Et la lune descend sur le temple qui fut,* afin de décoder ses sens peu communs et de mettre en relief la portée de l'influence que Louis Laloy eut alors sur Debussy.

LA MUSIQUE

Debussy conçut *Et la lune descend sur le temple qui fut* entre octobre 1907 et janvier 1908[30]. La création de ce morceau, ainsi que des deux autres pièces du recueil *Images II*, eut lieu le 21 février 1908 à Paris avec Ricardo Viñes au piano. La conférence de Louis Laloy avec ce dernier au Cercle du Luxembourg en 1906, un an avant la composition de *Et la lune descend sur le temple qui fut*, nous semble donc significative. Nous constatons, grâce au compte-rendu rédigé par Magnus Synnestvedt, que certains passages de cette conférence consacrée à la « Musique d'Extrême-Orient » pourraient aider à

[29] Louis Laloy, *La Musique retrouvée*, p. 177.
[30] Edward Lockspeiser et Harry Halbreich, *op. cit.*, p. 192.

comprendre le sens obscur et les traits particuliers de *Et la lune descend sur le temple qui fut*. Trois types de musique étaient alors présentés par Louis Laloy : la musique chinoise, la musique japonaise et le gamelan.

Louis Laloy aborde deux sujets sur la musique chinoise : celui de la gamme chinoise et celui des instruments chinois. Le passage concernant la gamme chinoise où Louis Laloy explique que le majeur est « basé sur la dominante » est très important car il justifie le choix de la note pivot dans *Et la lune descend sur le temple qui fut*. Si l'on examine la tonalité de cette pièce musicale, on constate que, bien que l'armure proposée soit celle de *mi* mineur, c'est plutôt la note *si*, sa dominante, qui est le véritable générateur de la pièce. Elle sert non seulement de point de jonction entre plusieurs sections (mes. 5-6, mes.12 et mes. 55-57), mais aussi et surtout elle règne sur les deux pôles du clavier et conclut la pièce. Sa fonction de note pivot étaye le thème des mesures 13-15 qui se forme autour d'elle (ex. 1).

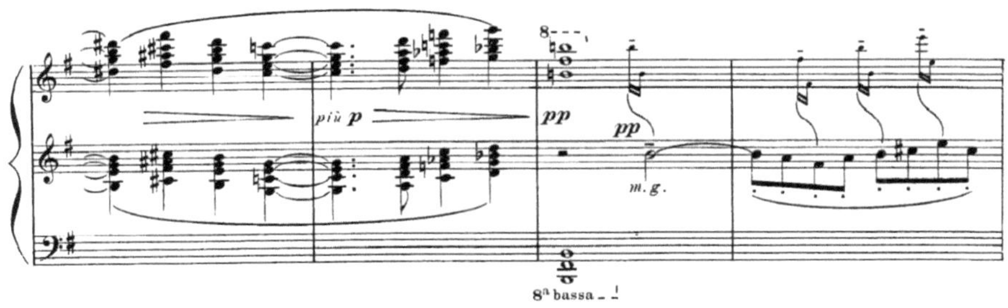

Ex. 1 : Debussy, *Et la lune descend sur le temple qui fut* (mes. 10-13)
La note *si* règne sur les deux pôles du clavier dans la mesure 12

Basé sur une gamme pentatonique (*mi, fa#, la, si, do#*) ce thème « en triolets est accompagné par un groupe-pédale de croches, en miroir autour de la note *si* »[31] : *si-la-fa#-la, si-do#-mi-do#*, dont les quatre notes *si, fa#, si, mi* sont assorties « d'un bref doublement à l'octave, comme par une série d'étincelles »[32], soulignant sans doute l'importance de la note *si*.

[31] Christian Goubault, *Claude Debussy*, Paris, H. Champion, 1986, p. 188.
[32] André Boucourechliev, *Debussy, la révolution subtile*, Paris, Fayard, 1998, p. 43.

Ainsi, nous voyons que *Et la lune descend sur le temple qui fut* est bien « basé sur la dominante », en l'occurrence le *si*, qui s'impose au centre du discours musical (ex. 2).

Ex. 2 : Debussy, *Et la lune descend sur le temple qui fut* (mes. 14-15)
Le groupe-pédale de croches, en miroir autour de la note *si*

Par ailleurs, il est étonnant de constater que l'atmosphère donnée par ce thème (mes. 12-15) correspond parfaitement à celle de la musique japonaise telle que la présente Louis Laloy :

> […] Et voici maintenant qu'un chant s'élève, très doux, très lent, d'une modalité fuyante et d'un rythme caressant. Nous sommes au Japon, dans une maison de thé, […] ici tout est doux, modeste et simple, mais la délicatesse des nuances, la subtilité de l'expression sont infinies ; tous les sentiments et leurs nuances les plus fuyantes sont soulignés d'un trait délicat, mais souple et intense[33].

Observons les stratégies que Debussy utilise : un tempo de plus en plus lent (♩ = 66, ♩ = 60, ♩ = 52, puis ♩ = 46), une nuance délicate entre *p* et *ppp* et des termes expressifs et suggestifs tels que « doux et sans rigueur », « un peu en dehors », « expressif », « cédez », « retenu », « lointain ». Tout cela reflète lumineusement « la délicatesse des nuances »[34] et « la subtilité de l'expression »[35] de la musique japonaise, décrite par Louis Laloy.

---

[33] Magnus Synnestvedt, *op. cit.*, p. 171-172.
[34] *Ibid.*, p. 171.
[35] *Ibid.*, p. 172.

Outre la question de la gamme, celle de l'instrumentalisation de *Et la lune descend sur le temple qui fut* est intéressante à relever. L'organisation interne de cette pièce pourrait se grouper en deux parties selon la sonorité de l'instrumentation : une grande partie, comme le remarque Émile Vuillermoz, est formée par des « enchaînements de grands accords qui construiront bientôt les piliers de la *Cathédrale engloutie* »[36], suggérant un ensemble d'instruments sacrés, tandis que l'autre partie est plutôt linéaire et évoque le jeu du *qin*, comme dans les mesures 13-15 et 41-42. Les deux parties se superposent parfois, comme dans les mesures 25-30 : la voix du *qin* est alors présentée dans l'aigu tandis que les accords sont dans le medium avec les coups des tambours décalés dans le grave (ex. 3).

Ex. 3 : Debussy, *Et la lune descend sur le temple qui fut* (mes. 24-26)
La voix du *qin* et les coups des tambours

La structure des enchaînements des grands accords laisse penser à l'unisson de certains instruments à percussion que Louis Laloy avait présentés dans sa conférence, comme les grosses cloches isolées, les claviers de cloches graduées, les régimes de pierres sonores ou les équerres de jade. À propos de ces instruments Louis Laloy ajoute un détail important dans *La Musique chinoise* : « Dans un même instrument, l'épaisseur est seule variable et fait changer la hauteur du son »[37], autrement dit la hauteur du son

[36] Émile Vuillermoz, *Claude Debussy*, Paris, Flammarion, 1962, p. 122.
[37] Louis Laloy, *La Musique chinoise*, p. 61.

des cloches est en général très variée. Par conséquent, le jeu des différentes cloches pourrait donner une impression polyphonique au morceau. C'est probablement la raison pour laquelle Magnus Synnestvedt note dans son compte-rendu : « Et la symphonie est audacieusement polyphonique 4 000 ans avant J.-C. »[38]. Cela peut aussi expliquer l'ambigüité de la tonalité de *Et la lune descend sur le temple qui fut*, où Debussy cherche à imiter ce phénomène.

On peut noter, par ailleurs, que la transcription de la musique de gamelan jouée par Ricardo Viñes, telle qu'elle est décrite dans le compte-rendu de la conférence, nous fait directement penser à certains procédés de *Et la lune descend sur le temple qui fut.* La technique pianistique citée – « les doigts du cher musicien arpègent sur le clavier leurs caressantes arabesques » – se retrouve dans les mesures 41-42 de *Et la lune descend sur le temple qui fut* où les deux lignes arabesques se croisent. En outre, la résonance du « délicieux bourdonnement des gongs » s'exprime dans le même morceau par une suite de la quinte *si*^{1}-*mi*-*si*$^{-1}$-*mi*$^{-1}$ en descendant dans le grave aux mesures 6, 7, 10, 39, 40, 43, 44, 54 et 55. Marguerite Long décrit ce phénomène comme « un gong du temple mort »[39] (ex. 4).

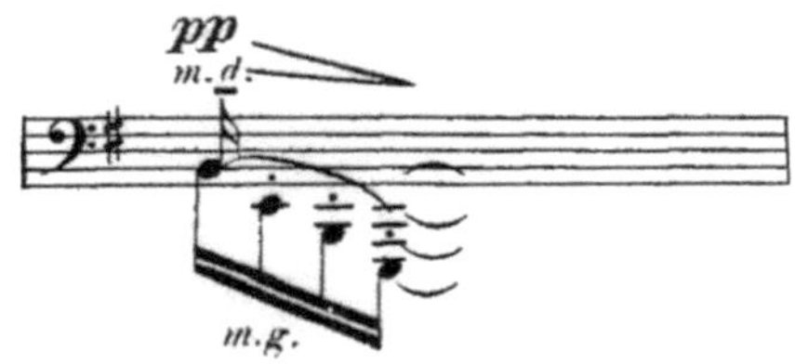

Ex. 4 : Debussy, *Et la lune descend sur le temple qui fut* (mes. 7)

[38] Magnus Synnestvedt, *op. cit.*, p. 171.
[39] Marguerite Long, *Au piano avec Claude Debussy*, Paris, René Julliard, 1960, p. 130.

Par ailleurs, l'indication « faire vibrer » demandée par Debussy à la fin de *Et la lune descend sur le temple qui fut,* aux mesures 53 et 57, ferait allusion, selon Patrick Revol, à des vibrations de cloches[40], ce qui s'accorde mieux, d'après nous, à la description de Magnus Synnestvedt, qui évoque « des vibrations cristallines des cloches » (ex. 5).

Ex. 5 : Debussy, *Et la lune descend sur le temple qui fut* (mes. 51-54)

Enfin, les quintes englouties dans le grave profond pourraient faire songer à « des battements voilés du tambour », cités dans la conférence de Louis Laloy (ex. 6).

Ex. 6 : Debussy, *Et la lune descend sur le temple qui fut* (mes. 20-23)

Tous les éléments présentés montrent à quel point *Et la lune descend sur le temple qui fut* réussit à réunir une présentation textuelle qui exerce l'imagination par la luxuriance du vocabulaire utilisé pour exprimer la sensation musicale, et un art sonore qui traduit, selon Émile Vuillermoz, « un paysage d'un exotisme très affirmé »[41]. Il est légitime de penser que Debussy,

[40] Patrick Revol, *Influences de la musique indonésienne sur la musique française du XXe siècle*, p. 206.

[41] Émile Vuillermoz, *op. cit.*, p. 121.

avant même la publication de *La Musique chinoise*, puise une large part de ses sources dans l'érudition de Louis Laloy, exprimée notamment lors de la conférence de 1906 évoquée plus haut. En ce sens, *Et la lune descend sur le temple qui fut* va sans conteste « plus loin que les *Pagodes* »[42]. Debussy cherche à transcender les principes de l'univers asiatique au sens large. *Et la lune descend sur le temple qui fut* résonne, en effet, comme un écho délicieusement extrême-oriental, en ayant à la fois recours au principe de la gamme chinoise, à l'ambiance de la musique japonaise, « douce, lente et fuyante », et enfin à la technique de la retranscription de la musique javanaise sur le clavier. Cette combinaison singulière – et en même temps extrêmement harmonique – ouvre la voie à la perception d'un art qui dépasse les frontières. Louis Laloy disait à propos de cette œuvre dont il était le dédicataire : « Mon sentiment est que jamais il [Debussy] n'avait atteint à un pareil évidement de la matière sonore, creusée comme une fleur de jade aux pétales translucides »[43]. *Et la lune descend sur le temple qui fut* pénètre les pensées les plus profondes du musicologue et, grâce à sa forme musicale, les épure avec succès.

[42] Louis Laloy, *Claude Debussy*, Paris, Aux Armes de France, 1944, p. 95-96.
[43] Louis Laloy, *La Musique retrouvée,* p. 177.

LES POÈMES CHINOIS
du Chant de la terre *de Gustav Mahler*

陳漢金 CHEN Han-Jin

Gustav Mahler a repris certains poèmes de la dynastie des Tang, déjà traduits en français et en allemand, pour sa symphonie de *Lieder Das Lied von der Erde* (Le Chant de la terre). Cet article restituera le parcours ayant mené des poèmes chinois à l'œuvre de Mahler, et il tentera d'examiner comment le compositeur cherchait, par le recours à l'exotisme, à traduire l'angoisse et la nostalgie qu'il ressentait au terme de sa vie.

CINQ ÉTAPES DE TRADUCTION

Les poèmes du *Chant de la terre* ont été choisis et adaptés par Mahler à partir du recueil de poèmes chinois *Die chinesische Flöte*, traduits en allemand par Hans Bethge. Dans la préface de son recueil, ce dernier souligne le point suivant : en rédigeant ce livre, « je me suis référé principalement au *Chinesische Lyrik* de Hans Heilmann… Je me suis plongé également dans *Le Livre de jade* de Judith Gautier, un recueil de poèmes chinois traduits en français ; j'ai aussi consulté les *Poésies de l'époque des Thang* (Tang) du marquis d'Hervey de Saint-Denis… »[1]. On peut ainsi établir le tableau suivant montrant comment les poèmes du *Chant de la terre* ont connu, depuis leur source première, cinq étapes de traduction, en français et en allemand :

1. Hervey de Saint-Denys, *Poésies de l'époque des Thang* (1862).
2. Judith Walter (Judith Gautier), *Le Livre de jade* (1867).
3. Hans Heilmann, *Chinesische Lyrik* (1905).
4. Hans Bethge, *Die chinesische Flöte* (1907).
5. Gustav Mahler, les poèmes du *Chant de la terre* (1908).

[1] Hans Bethge, *Die chinesische Flöte*, Leipzig, Im Inselverlag, 1907, p. 103-104.

Hervey de Saint-Denys et sa traduction

Au milieu du XIXe siècle, alors que l'exotisme était en vogue, le marquis Léon d'Hervey de Saint-Denys a été l'un des rares personnages à entretenir des relations avec la Chine. Ce fait a retenu l'attention d'un témoin de l'époque, qui déclara au sujet de l'Exposition universelle de 1867 à Paris : « Depuis quelques jours, la Chine fait beaucoup parler d'elle à l'Exposition. En effet, grâce à M. le marquis d'Hervey de Saint-Denys, sinologue distingué, et l'un des plus zélés protecteurs du commerce des chinoiseries..., il y a une Chine au Champ-de-Mars »[2].

Le marquis a expliqué, dans la préface de ses *Poésies de l'époque des Thang*[3], comment il avait appris le chinois au Collège de France avec Stanislas Julien et comment il avait effectué ses traductions. « Les éditions des poètes de l'époque des Thang dont j'ai fait usage sont au nombre de quatre : 1) *Thang chi ho kiaï* (poésies des Thang avec commentaires) édition impériale, Pé-King, 1726 ; 2) *Thang chi ho suèn tsiang kiaï* (poésies des Thang avec un choix des meilleurs commentaires), édition récente ; 3) *Li-tai-pé ouen tsi* (œuvres de 李太白 Li Tai-pé) [Li Taipo ou Li Bo] ; 4) *Thou-fou tsiouen tsi tsiang tchou* (œuvres complètes de 杜甫 Thou Foû [Du Fu] avec gloses et commentaires). On trouve ces ouvrages à la bibliothèque de la rue de Richelieu... »[4].

Ce sont les musicologues chinois 任一平 Ren Yiping et 陸震綸 Lu Zhenlun qui ont retrouvé les titres chinois des quatre ouvrages mentionnés : 1) 唐詩合解 *Thang chi ho kiaï* [Tangshi hejie] ; 2) 唐詩合選詳解 *Thang chi ho suèn tsiang kiaï* [Tangshi hexuan xiangjié] ; 3) 李太白文集 *Li-taï-pé ouen tsi* [Li Taipo wenji] ; 4) 杜甫全集詳注 *Thou-fou tsiouen tsi tsiang tchou* [Du Fu quanji xiangzhu][5].

---

[2] *Cf.* Mathieu de Monter, « Exposition universelle de 1867, Brésil – Chine-Japon-Siam-Grèce », dans *Revue et Gazette musicale de Paris*, 30 juin 1867, p. 205.

[3] Léon d'Hervey de Saint-Denys, *Poésies de l'époque des Thang*, Paris, Amyot, 1862. La dynastie des Thang [Tang] occupe la période 618 à 907.

[4] *Ibid.*, édition moderne : Paris, Champ Libre, 1977, p. 107. La bibliothèque de la rue Richelieu était la Bibliothèque Impériale.

[5] *Cf.* 任一平 Ren Yiping et 陸震綸 Lu Zhenlun, « Trouver l'énigme du poème du deuxième mouvement du *Chant de la terre* », dans *Research Mahler's "Song of the Earth"*, Shanghai, Shanghai Music Editions, 2002, p. 55.

Parmi les quatre-vingt-dix-neuf poèmes traduits par Hervey de Saint-Denys, près de la moitié sont de 李太白 Li Tai-Bo[6] et de 杜甫 Du Fu[7], à savoir les deux poètes les plus éminents de la dynastie des Tang. Hervey de Saint-Denys a écrit une préface de cent neuf pages intitulée « L'art poétique et la prosodie chez les Chinois », qui montre sa connaissance approfondie de la littérature chinoise. La traduction d'Hervey de Saint-Denys est souvent fidèle aux textes originels, à part quelques erreurs ou malentendus liés à l'emploi de mots abscons et à la présence d'allusions trop obscures.

Ce recueil des *Poésies de l'époque des Thang* est sans doute la première traduction occidentale des poèmes de cette dynastie ; il fait autorité jusqu'à présent et l'on peut en trouver une édition récente dans les librairies[8]. Les poèmes du *Chant de la terre* existent dans cette traduction, sauf celui du troisième mouvement « *Von der Jugend* » (De la jeunesse), dont l'origine est discutable[9].

Judith Gautier et *Le Livre de jade*

En 1867, cinq ans après la publication de la traduction d'Hervey de Saint-Denys, *Le Livre de jade* est paru sous la signature de Judith Walter, nom de plume de Judith Gautier, qui a traduit ce livre de poèmes chinois[10]. Judith Gautier (1845-1917) était la fille de Théophile Gautier et la femme de Catulle Mendès, deux représentants du mouvement parnassien des années 1860-1870. Dès sa jeunesse, Judith Gautier était devenue une femme de lettres célèbre ; elle a notamment fait découvrir, avec d'autres wagnériens, la musique de Wagner qui était encore mal connue en France à cette époque-là.

L'apprentissage du chinois de la jeune Judith Gautier est presque légendaire. D'après les souvenirs qu'elle évoque dans *Le Collier des jours*, son père Théophile Gautier avait logé chez eux un Chinois. Ce fameux « Chinois chez les Gautier » s'appelait 丁墩齡 Tin Tun-Ling [Ding Dunling] ; il aurait été membre du mouvement politique et religieux des 太平 Tai-Ping

[6] Li Tai-Bo 李太白 : 699-762.
[7] Du Fu 杜甫 : 712-770.
[8] *Cf.* note n° 4.
[9] Je reviendrai par la suite sur ce poème.
[10] Judith Walter (Judith Gautier), *Le Livre de jade*, Paris, Alphonse Lemerre, 1867.

qui fut en 1850 à l'origine d'une grande révolte populaire contre la dynastie manchoue des 清 Qing. Après l'échec de cette rébellion, 丁墩齡 Tin Tun-Ling aurait été protégé par des missionnaires occidentaux et amené en France par Mgr Callery, évêque de Macao, qui l'avait engagé pour travailler à la rédaction d'un dictionnaire chinois-français. À la mort de Mgr Callery, Tin se retrouva dans une situation difficile à Paris. C'est alors que Théophile Gautier l'a rencontré, l'a logé chez lui, et c'est ainsi que Tin est devenu le professeur de chinois de sa fille[11].

Après avoir atteint un certain niveau de connaissance, Judith Gautier, aidée de 丁墩齡 Tin Tun-Ling, a traduit soixante-dix poèmes chinois, publiés en 1867 sous le titre *Le Livre de jade*[12]. Deux ans plus tard, elle a terminé un roman intitulé *Le Dragon impérial* dont le thème et les personnages sont chinois. Par la suite, en 1885, au moment où le japonisme était en pleine vogue, elle a publié *Les Poèmes de la libellule*, un recueil de poèmes japonais adaptés à partir d'une traduction littérale faite pour elle par le prince Saionji Kinmochi, puisqu'elle ne connaissait pas la langue japonaise[13]. En 1900, lors de l'Exposition universelle qui s'est tenue à Paris, elle a rédigé un article, intitulé « La Musique chinoise », qui fait partie de son livre *Les Musiques bizarres à l'Exposition de 1900*[14]. Puis, en 1902, elle a publié une nouvelle version du *Livre de jade* avec pour sous-titre : « Poèmes traduits du chinois par Judith Gautier », qui présente 39 nouveaux poèmes par rapport aux 71 poèmes de l'édition originale, lesquels ont été, par ailleurs, corrigés pour certains d'entre eux.

Dans cette seconde version du *Livre de jade*, la plupart des poèmes datent de la dynastie des Tang, les autres appartiennent aux différentes époques des Song et des Qing[15]. La traduction de Judith Gautier est plus libre que celle d'Hervey de Saint-Denys, les mots et les phrases obscures

---

[11] *Cf.* Judith Gautier, *Le Collier des jours – Le second rang du collier*, Paris, Félix Juven, 1909, p. 159-163.

[12] *Ibid.*, p. 202-206.

[13] Je remercie Muriel Détrie pour ces informations.

[14] Judith Gautier, *Les Musiques bizarres à l'Exposition de 1900*, Paris, Librairie Ollendorff, 1901. Voir également la note 17 p. 87, relative aux transcriptions de Louis Bénédictus.

[15] La dynastie des Song dure de 960 à 1279 ; celle des Qing de 1644 à 1911.

sont parfois simplifiés ou omis. Si le style d'Hervey de Saint-Denys est très sobre et austère, celui de Judith Gautier, plus capricieux et spirituel, flattait davantage le goût esthétique des Parnassiens et, un peu plus tard, des Symbolistes et des Décadents.

En cette fin de siècle où les intellectuels rêvaient d'évasion et de lointain, *Le Livre de jade* a été très apprécié. Plusieurs éditions se sont succédé jusqu'à la dernière datant de 1933[16]. En outre, ce livre ainsi que le recueil d'Hervey de Saint-Denys ont circulé à l'étranger et ont été cités ou traduits partiellement par des auteurs anglais et allemands ; c'est ainsi qu'une version allemande – *Die chinesische Flöte* (La Flûte chinoise) due à Hans Bethge – est tombée dans les mains de Gustav Mahler en 1907.

Les deux traductions allemandes

Les courants décadents et symbolistes – courants dominants en France à la charnière des deux siècles – ont aussi submergé les pays germaniques. L'exotisme a imprégné des courants allemands tels que ceux de la Sécession, du *Jugendstil* et même, un peu plus tard, de l'expressionisme. Hans Heilmann (1859-1930) est sans doute le premier traducteur allemand de poèmes chinois. Dans la préface de son *Chinesische Lyrik* de 1905, il a mentionné le fait qu'il ne traduisait pas directement du chinois mais à partir de différentes versions françaises et anglaises. Il s'est inspiré en particulier des travaux d'Hervey de Saint-Denys et de Judith Gautier[17]. La traduction de Heilmann est assez fidèle à ces deux versions françaises.

Deux ans après la parution du *Chinesische Lyrik* de Heilmann, Hans Bethge (1876-1946) a publié *Die chinesische Flöte* en 1907. Henry-Louis de La Grange constate que « bien qu'il ait peu voyagé (et jamais plus loin que

[16] Outre l'édition originale, les autres éditions que j'ai retrouvées sont les suivantes : 1, Paris Félix Juven, 1902 et 1908 (édition « corrigée et augmentée », précédée de « Strophes improvisées » par l'ambassadeur de Chine en France 裕庚 Yu Keng) ; 2, Paris, Jules Tallandier, 1928 ; 3, Paris, Plon, 1933. Une nouvelle édition, due à Yvan Daniel, est parue à l'Imprimerie nationale en 2004. De nouveau je remercie Muriel Détrie pour ces informations concernant ces différentes versions.

[17] *Cf.* Hans Heilmann, *Chinesische Lyrik,* Munich et Leipzig, R. Piper & Co, 1905, p. LIV.

l'Espagne), Bethge a consacré une grande partie de son activité à traduire ou transposer en allemand ces poésies chinoises, japonaises, indiennes, arabes et turques… »[18].

Quelle était donc la nécessité d'une nouvelle traduction alors qu'il existait déjà une version allemande des poèmes chinois parue deux ans plus tôt ? Bethge voulait peut-être adapter le style aux goûts particuliers de cette époque ? Malgré l'emploi de caractères gothiques, l'édition de Heilmann était trop ordinaire pour attirer le regard des intellectuels de la fin-de-siècle. Par contre, *Die chinesische Flöte* de Bethge apparaît « sous la forme d'un petit livre semi-précieux dont la présentation s'inspire de modèles extrême-orientaux, avec des pages repliées sur elles-mêmes et des fils de soie apparents qui tiennent lieu de reliure »[19]. En outre, ce recueil n'a été tiré qu'à « cent exemplaires numérotés, imprimés sur papier chinois »[20]. « La vague de l'Orient est telle, poursuit-Henry-Louis de La Grange, dans cette époque de *Jugendstil* tardif, que le succès du recueil est immédiat »[21].

Sur la première page du livre, Bethge précise en quatre lignes les sources auxquelles il s'est référé, à savoir :

Die Chinesische Flöte
Nachdichtungen
Chinesischer
Lyrik[22].

Die chinesische Flöte apparaît donc comme une imitation de *Chinesische Lyrik* de Hans Heilmann. En fait, ces deux recueils comportent les mêmes poèmes et la version de Bethge semble être une adaptation libre de celle de Heilmann. Certains poèmes sont plus longs que leurs originaux et d'autres possèdent un sens qui s'éloigne passablement de la traduction de Heilmann.

---

[18] Henry-Louis de La Grange, *Gustav Mahler*, Paris, Fayard, 1984, vol. III. p. 1121.
[19] *Ibid.*, p. 1121.
[20] Voir les indications d'édition à la fin du livre.
[21] Henry-Louis de La Grange, *op. cit.*, p. 1121.
[22] *Ibid.*, p. 1121.

Gustav Mahler et *Le Chant de la terre* (*Das Lied von der Erde*)

Mahler a retenu sept poèmes parmi ceux du recueil de Bethge pour composer *Le Chant de la terre*. Dans le but, peut-être, de leur donner plus de cohérence et aussi de les adapter à ses propres conceptions créatives, le compositeur les a tellement remaniés que ses propres adaptations n'ont plus grand rapport avec les originaux chinois. *Le Chant de la terre* a été composé un an à peine après les tragiques événements vécus par Mahler en 1907 : la perte de son poste de directeur de l'Opéra de Vienne, le décès de sa fille Putzi et, par ailleurs, la dégradation de sa santé. *Le Chant de la terre* marque donc un tournant qui a engendré sa « dernière manière » au sujet de laquelle Theodor W. Adorno a écrit que « composée par quelqu'un qui n'avait pas encore cinquante ans, cette œuvre, qui est de par sa forme une œuvre fragmentée, est l'un des plus grands témoignages d'une dernière manière (*Spätstil*) que la musique ait connue depuis les derniers quatuors de Beethoven »[23]. Contrairement aux œuvres précédentes, *Le Chant de la terre* est, aux yeux de Deryck Cooke, caractérisé par le manque d'une « affirmation » : « l'affirmation de la vie de la Première (Symphonie) et de la Cinquième était désormais impossible ; la foi de la Deuxième, de la Troisième et de la Quatrième, insaisissable ; et le nihilisme de la Sixième impensable. Une défaite spirituelle paraissait en vue »[24].

C'est dans un tel moment de désespoir que *Die chinesische Flöte* de Hans Bethge est tombé entre les mains de Gustav Mahler. Ce recueil l'a mis en présence d'un monde chimérique qui lui permettait de s'évader de réalités oppressantes. Ce sont les poèmes chinois qui lui ont inspiré *Le Chant de la terre*, qui est une œuvre très différente des précédentes. Auparavant, Mahler percevait les joies et les souffrances, l'amour et la nostalgie, la foi et l'angoisse du monde avec une sensibilité très romantique ; désormais, il pose sur les mêmes réalités un regard plus distant mais aussi plus large, plus universel et plus contemplatif.

---

[23] Theodor W. Adorno, *Quasi una fantasia*, cité par Henry-Louis de La Grange, *op. cit.*, p. 1120.

[24] Deryck Cooke, *Gustav Mahler, An Introduction to His Music*, London, Faber, 1980, p. 103.

Ainsi, là où il y avait jadis épaisseur, une certaine lourdeur et une dramatisation, il y a désormais une texture d'une grande sobriété et limpidité ainsi qu'une grande liberté formelle. Les lignes mélodiques qui s'entrelacent avec légèreté semblent flotter ; les contrastes sont moins accentués ; les timbres recherchés abondent (emploi du glockenspiel, du célesta, de la mandoline, du tam-tam) ; l'hétérophonie n'est pas rare.

En réalité, tout en s'inspirant de poèmes chinois, Mahler se soucie fort peu de leur être fidèle. Il pratique une sorte d'« exotisme non authentique », selon le terme de Theodor W. Adorno[25], qui lui offre un moyen efficace de s'évader de la réalité. Plusieurs poèmes chinois, à la fois anciens et éloignés, lui ouvrent un temps et un espace chimériques à travers lesquels il peut se libérer un moment de ses déceptions et de son pessimisme.

Dans les cinq premiers mouvements : *Das Trinklied vom Jammer der Erde* (Chanson à boire de la douleur de la terre), *Der Einsame im Herbst* (Le solitaire en automne), *Von der Jugend* (De la jeunesse), *Von der Schönheit* (De la beauté) et *Der Trunkene im Frühling* (L'homme ivre au printemps), on peut imaginer un personnage vieilli, affaibli qui voit, comme dans une lanterne magique, ses souvenirs fantasmatiques. Il ne garde plus de ses joies et jouissances, de ses souffrances et de sa déréliction passées qu'une vague nostalgie. Dans *Der Abschied* (L'Adieu), le dernier mouvement, le personnage prend congé d'un être cher et, cheminant au-delà de l'horizon, il marche lentement vers l'infini.

Le Chant de la terre masque une angoisse sous une beauté chimérique et un style décoratif qui ne sont pas sans rappeler les portraits de femmes de Gustav Klimt (1862-1918) où sont merveilleusement conciliés le *Jugendstil* et le symbolisme. Lors de sa visite à Ravenne en 1903, Klimt avait été marqué par le style byzantin. Puis, un voyage à Paris en 1907 l'avait amené à découvrir le Musée Guimet dont les collections d'Extrême-Orient lui ont inspiré des motifs décoratifs chinois, coréens et japonais.

[25] Theodor W. Adorno, *Mahler, une physionomie musicale*, Paris, Les Éditions de Minuit, 1976, p. 216.

Tant dans *Le Chant de la terre* que dans les peintures orientalisantes de Klimt, on ne trouve pas de « chinoiseries » superficielles. Les personnages de Klimt ont beau arborer des vêtements somptueux, leurs visages trahissent une anxiété « fin-de-siècle ». Une même angoisse sombre transparaît en différents endroits du *Chant de la terre*, le plus impressionnant étant sans doute le sixième mouvement, intitulé « L'Adieu », marche funèbre d'envergure ponctuée par le son, très grave et très froid, du tam-tam. À la fin de ce mouvement, le personnage chante quelques vers, absents des poèmes chinois originaux, mais ajoutés librement par Mahler lui-même :

> Mon cœur est paisible et il attend son heure.
> Partout la terre bien aimée
> Refleurit au printemps et verdit à nouveau !
> Partout et toujours, toujours
> Des lueurs bleuâtres à l'horizon…
> Éternellement, éternellement, éternellement,
> Éternellement…

La répétition, à sept reprises, du mot « éternellement » (*ewig*), accompagnée de lignes pentatoniques incomplètes et suspendues, laisse une impression de paix et de sérénité. En réalité, il s'agit d'un « calme irréel et désillusionné », selon l'expression de François Sabatier. On peut aussi dire que ce sont les soupirs de l'homme qui, s'apprêtant à quitter le monde, voit que la terre est éternelle et infinie et que la vie est brève et limitée.

Le pessimisme qui colore l'œuvre de Mahler à la fin de sa vie est, à mon sens, éloigné de la tonalité des poèmes de l'époque Tang. Mahler confond son angoisse face à un monde dont il cherche à s'évader avec l'érémitisme des poètes chinois qui contemplaient avec jouissance la nature et s'oubliaient dans une communion avec elle. La sérénité dont s'accompagnait l'érémitisme chinois trouve une excellente illustration dans le second poème du mouvement final. Intitulé 送别友人 (« Séparation »), il s'agit d'un poème de 王維 Wang Wei, éminent poète ermite de la dynastie des Tang :

下馬飲君酒	Descendant du cheval, tu bois le vin que je t'ai offert,
問君何所之	Je te demande où tu vas.
君言不得意	Tu dis : « Je n'ai pas eu de chance,
歸卧南山陲	Je retourne m'installer au pied de la montagne Nan ».
但去莫復問	Mais vas-y, n'ayant plus aucun doute,
白雲無盡時	Car là-bas, tu jouiras des nuages blancs éternels.
…	…

On trouve un autre exemple dans le cinquième mouvement – « L'homme ivre au printemps » – dont le texte est inspiré du poème chinois 春日醉起言志 (« Un jour de printemps, le poète exprime ses sentiments au sortir de l'ivresse ») où le poète 李太白 Li Taipo chante sa solitude. En voici les deux derniers vers :

浩歌待明月	Je chante vaillamment en attendant la lune
曲盡已忘情	À la fin de mon chant, j'ai oublié que j'existe.

Mahler a fait de ces deux vers une interprétation très libre en leur conférant un sens décadent et pessimiste inexistant dans le poème original :

Et quand je n'en peux plus de chanter,
Alors, je me rendors.
Que m'importe le printemps ?
Laissez-moi donc à mon ivresse !

Mais, qu'importe l'authenticité poétique et musicale ! Ce qui est important, c'est que *Le Chant de la terre* développe, à partir d'une inspiration chinoise, un style particulier, cet « exotisme non authentique » qui sait transcender la chinoiserie en vogue. Or, ce style est unique, tant dans l'œuvre de Mahler que dans toute l'histoire de la musique.

L'« OBJECTIVATION DE LA MUSIQUE » *dans* Le Chant de la terre *de Gustav Mahler*

Rainer KLEINERTZ

Un des traits les plus saillants des œuvres de Gustav Mahler est l'emploi de musiques préexistantes, ou de musiques qui semblent avoir été préexistantes. Le début de la marche funèbre de la *Première Symphonie* en est un exemple évident. Mahler utilise la mélodie d'un canon connu avec le texte allemand « Bruder Martin, schläfst du noch », ou « Frère Jacques, dormez-vous » en français. Pour souligner l'aspect artificiel de cette mélodie « empruntée », Mahler la présente dans une instrumentation inaccoutumée : elle est jouée par une contrebasse solo avec sourdine [1], accompagnée uniquement par les timbales, ce qui provoque un effet saisissant.

Dans cet exemple célèbre, Mahler applique deux techniques différentes pour créer une musique qui, pour ainsi dire, transgresse le cadre symphonique : d'un côté, l'emploi d'une musique « objective », « préexistante » ; et de l'autre, une instrumentation qui révèle l'instrumentiste lui-même, qui devient ainsi un personnage visible sur la scène. À la différence de ce que font Richard Wagner ou Richard Strauss dans leurs partitions, les solos instrumentaux de Mahler ne sont pas toujours intégrés dans la globalité de l'œuvre. Ce n'est pas tant un instrument spécifique que l'on écoute que l'instrumentiste lui-même que l'on aperçoit.

[1] Dans une critique de la première exécution de la *Première Symphonie* à Vienne, dirigée par Gustav Mahler, Max Kalbeck remarque : « Auf ein persönliches Erlebniß ist wahrscheinlich auch der feierliche Marsch des dritten Satzes zurückzuführen. Der Kuckuck, der schon den sentimentalen Jungen im Allegro zum Besten hält, ruft (mit gedämpften Pauken) aus dem Klange der Todtenglocke, und ein [!] wehmüthiger Contrabaß näselt das Sterbelied dazu: 'Bruder Martin, schläfst Du noch?' » (*Neues Wiener Tagblatt* 34, no. 319 du 20.11.1900, *Feuilleton*, *Gustav Mahler's* Sinfonia ironica, p. 2).

On retrouve des effets musicaux similaires dans le premier mouvement de la *Cinquième Symphonie*, qui en offre un autre exemple évident. Dans cette pièce, le titre fait déjà référence à un genre de musique conventionnel : *Trauermarsch. In gemessenem Schritt. Streng. Wie ein Kondukt*[2] (Marche funèbre. À pas mesuré. Sévèrement. Comme un convoi funèbre). Le thème de la marche funèbre (mes. 35) arrive ainsi comme une scène de la vie réelle. C'est encore plus évident quand il revient à la mesure 263 aux instruments à vent accompagnés par la grosse caisse, les cymbales et le rythme de la marche funèbre aux cors, trompettes et tambour. L'instrumentation et la musique elle-même sont tellement en dehors de la norme symphonique de l'époque qu'elles évoquent un effet quasi cinématographique.

Ces traits caractéristiques sont bien connus mais ils ont rarement été pris en compte. On a souvent parlé du caractère épique de la musique de Mahler[3], mais ce n'est pas précisément le cas ici. Theodor W. Adorno en parle implicitement quand, dans le deuxième chapitre de sa monographie sur Mahler, à propos du premier mouvement de la *Cinquième Symphonie*, il mentionne « le deuil objectif de la fanfare et de la marche »[4]. Adorno juxtapose ce « deuil objectif » à une possible « plainte lyrique subjective » qui, pourtant, n'aura pas lieu mais qui cédera à des « cris d'horreur » devant une chose qui est pire que la mort[5]. Adorno se réfère au « trio » de la

---

[2] Gustav Mahler, *Symphonie No. 5 für grosses Orchester*, Leipzig 1904 (Réédition : New York 1991).

[3] Dans son article sur la *Première Symphonie* mentionné à la note n° 1, Kalbeck critique le caractère épique de Mahler, qu'il considère comme une faute. Pour lui, le symphoniste doit être strictement dramatique : « Der Symphoniker soll ein von Lyrik überströmender Dramatiker sein, der immer mitten auf der Scene steht, mag dieselbe auch blitzschnell um ihn wechseln ; er soll nicht reflectiren, sondern fühlen und handeln. [...] Zwar überwiegt die Reflexion nicht in Mahler's Symphonie; doch war sie mächtig genug, um den Componisten zu erkälten und den Zuhörer zu verwirren. Ein in Jean Paul's und Heine's Manier erzählender musikalischer Epiker vertritt dem Lyriker und Dramatiker nur zu häufig den Weg und zerstört deren beste Wirkungen » (p. 1).

[4] Theodor W. Adorno, *Die musikalischen Monographien* (éd. Gretel Adorno et Rolf Tiedemann), Frankfurt am Main, 1971 (*Gesammelte Schriften* 13), p. 168 : « Das erste Trio des bereits sehr groß einsetzenden Trauermarschs der Fünften Symphonie antwortet nicht mehr mit lyrisch subjektiver Klage auf die objektive Trauer von Fanfare und Marsch ».

[5] *Ibid.*, « Es gestikuliert, erhebt ein Geschrei des Entsetzens vor Schlimmerem als dem Tod ».

marche, (mes. 155-233 : « Plötzlich schneller. Leidenschaftlich. Wild »). Indépendamment de cette dichotomie adornienne, on pourrait désigner ce phénomène de la musique mahlérienne comme une « objectivation de la musique », c'est-à-dire une musique qui sort du cadre symphonique soit par sa mélodie ou son style, soit par la manière avec laquelle elle est jouée.

C'est probablement après le tragique été de 1907 que Mahler reçut le livre *Die chinesische Flöte* (La Flûte chinoise) de Hans Bethge, qui se présente comme une anthologie de poèmes chinois très librement traduits[6]. « Plus que des traductions, les textes de Bethge sont en quelque sorte des improvisations sur des thèmes proposés par les grands poèmes du classicisme chinois, Li-Tai-Po et autres »[7]. Au cours de l'été suivant, Mahler composera une série de lieder avec orchestre (*Orchesterlieder*) sur quelques-uns de ces poèmes, librement combinés par le compositeur lui-même. Le titre définitif des six mouvements ne sera fixé que bien des mois plus tard à New York : « Le Chant de la Terre, tiré du chinois »[8].

Mahler avait apparemment une certaine inclination pour des textes vraiment ou artificiellement naïfs qui contrastaient fortement avec son propre langage musical. Cela avait déjà été le cas dans ses lieder bâtis sur des textes de *Des Knaben Wunderhorn* (Le Cor merveilleux de l'enfant) – comme par exemple *Urlicht* dans la *Deuxième Symphonie* –, et aussi dans ses propres poèmes des *Lieder eines fahrenden Gesellen* (Chants d'un compagnon errant). Si, sur le plan de la naïveté, certains poèmes du *Chant de la terre* sont comparables à ces textes allemands, sur celui de

---

[6] Jens-Malte Fischer, *Gustav Mahler. Der fremde Vertraute*, Wien 2003, p. 681 s. et 690. Stephen E. Hefling remarque : « Although Alma Mahler states that work on *Das Lied* began in the summer of 1907 (*Memories*, 123), according to the *Börsenblatt für den Deutschen Buchhandel* (Leipzig, 1907), p. 10130, Bethge's *Die chinesische Flöte : Nachdichtungen chinesischer Lyrik* (Leipzig, Inselverlag) was first published around 5 Oct. 1907 », dans *The Mahler Companion* (éd. Donald Mitchell et Andrew Nicholson), Oxford, 2002, p. 439.

[7] Henry-Louis de La Grange, *Gustav Mahler. Chronique d'une vie*, vol. III : *Le génie foudroyé (1907–1911)*, Paris, Fayard, 1984, p. 90. De La Grange indique que « Bethge ne savait pas le chinois et s'est servi des traductions françaises de Judith Gauthier et de Hervey de Saint-Denis ».

[8] *Ibid.*, p. 348. Sur la question du genre, voir Hermann Danuser, *Gustav Mahler und seine Zeit*, Laaber, 1991, p. 204-215.

l'orientalisme ils paraissent être encore plus éloignés du langage habituel de Mahler. La question n'est pas ici de déterminer le degré d'authenticité chinoise de ces textes mais de comprendre la manière dont le compositeur, qui venait de terminer sa *Huitième Symphonie* avec le texte latin du *Veni Creator Spiritus* et la scène finale du *Faust* de Goethe, a pu aborder la composition d'un texte quasi « en porcelaine » comme celui du troisième lied, *Von der Jugend* (De la jeunesse) :

3. *Von der Jugend*[9]	3. *De la jeunesse*[10]
Mitten in dem kleinen Teiche Steht ein Pavillon aus grünem Und aus weißem Porzellan.	Au milieu du petit étang se dresse un pavillon de verte et blanche porcelaine.
Wie der Rücken eines Tigers Wölbt die Brücke sich aus Jade Zu dem Pavillon hinüber.	Comme le dos d'un tigre un pont de jade se voûte vers le pavillon.
In dem Häuschen sitzen Freunde, Schön gekleidet, trinken, plaudern, Manche schreiben Verse nieder.	Dans la maisonnette sont assis des amis, bien habillés, ils boivent, bavardent, quelques-uns écrivent des vers.
Ihre seidnen Ärmel gleiten Rückwärts, ihre seidnen Mützen Hocken lustig tief im Nacken.	Leurs manches de soie glissent en arrière, leurs bonnets de soie gracieusement rejetés sur la nuque.
Auf des kleinen Teiches stiller Wasserfläche zeigt sich alles Wunderlich im Spiegelbilde.	Sur la surface calme du petit étang, tout se reflète étrangement comme dans un miroir.
Alles auf dem Kopfe stehend In dem Pavillon aus grünem Und aus weißem Porzellan ;	Tout est à l'envers dans le pavillon de verte et blanche porcelaine.
Wie ein Halbmond steht die Brücke, Umgekehrt der Bogen. Freunde, Schön gekleidet, trinken, plaudern.	Comme une demi-lune, le pont se dresse son arche à l'envers. Des amis, bien habillés, boivent, bavardent.

[9] Le titre est de Mahler lui-même. Dans la traduction de Judith Gauthier (*Le Livre de Jade*, Paris, 1876) le poème s'intitule *Le Pavillon de porcelaine*, d'où le titre *Der Pavillon aus Porzellan* chez Bethge (De La Grange, *Gustav Mahler*, vol. III, p. 1144).

[10] Traduction française d'après De La Grange, *op. cit.*, p. 1144.

En lisant ce texte évoquant un « pavillon de verte et blanche porcelaine », il est difficile d'imaginer que ce poème a pu retenir l'attention de Mahler et qu'il fait partie d'une des œuvres majeures du compositeur. En effet, le caractère étranger de la poésie est reflété par le caractère de la musique elle-même. Henry-Louis de La Grange souligne que « dans l'introduction, le motif pentatonique crée l'effet de distanciation voulue »[11]. Ici, Mahler abandonne le grand orchestre et propose une instrumentation intime, pentatonique et quasi « de porcelaine », elle aussi (ex.1). Le côté artificiel du texte se reflète dans un langage musical extrêmement simple à première vue, mais en fait très évolué sur le plan formel[12]. C'est comme si l'anti-subjectivité du texte avait amené Mahler à créer une musique également « objective », de caractère « chinois ». Même si un certain pentatonisme est présent dans l'ensemble de l'œuvre[13], c'est dans les mouvements 3 (*Von der Jugend*) et 4 (*Von der Schönheit*) qu'il apparaît le plus clairement.

Pourquoi Mahler a-t-il choisi ce poème « naïf » pour le placer avec une telle musique au centre de son œuvre ? Apparemment, il ressentit le besoin de structurer ce qu'on pourrait appeler la dramaturgie de son cycle d'*Orchesterlieder*, qui se transformait en symphonie. Mahler commence *Le Chant de la terre* par un « geste » orchestral typiquement mahlérien, et il le termine par un grand *Abgesang* (épilogue) d'environ trente minutes, intitulé *Abschied* (Adieu). Il aurait été sans doute difficile de maintenir un tel niveau « pathétique » pendant toute la durée de la symphonie, et c'est peut-être la raison qui a poussé Mahler à une distanciation (ou objectivation) musicale, tant dans les mouvements centraux que dans certains passages des mouvements extrêmes.

---

[11] De La Grange, *op. cit.*, p. 1146.

[12] Mathias Hansen, *Reclams Musikführer. Gustav Mahler*, Stuttgart, 1979, p. 179: « Das zunächst recht bieder-behaglich angestimmte Lied *Von der Jugend* erweist sich bei genauerem Hören als eine der merkwürdigsten und zukunftsträchtigsten Kompositionen, die Mahler je gelungen sind. » *Cf.* aussi Hermann Danuser, *op. cit.*, p. 215-230.

[13] Stephen E. Hefling, « Das Lied von der Erde », dans *The Mahler Companion*, p. 446.

Ex. 1 : *Das Lied von der Erde*[14] / III *Von der Jugend*, mes. 1-19

[14] Dans cet article, tous les exemples en réduction pour piano proviennent de *Das Lied von der Erde*, réduction pour piano par Erwin Stein, Vienne, 1952. Avec l'aimable autorisation de Universal Edition, Vienne.

On peut en suivre les traces d'abord dans les quatre derniers mouvements : dans le troisième mouvement, tout est « étrange », tout est « miniature », même la sonorité d'une « touche viennoise » qui contraste avec l'enjouement du début (ex. 2)[15].

Ex. 2 : III *Von der Jugend*, mes. 86-91

Le quatrième mouvement, *Von der Schönheit* (De la beauté) [16] commence dans le même « langage d'inspiration chinoise » (ex. 3). Comme la précédente, « cette autre pièce chinoise utilise un effectif réduit auquel l'abondance des vents, les harpes, le glockenspiel et la petite flûte donnent le caractère oriental recherché »[17]. Pourtant, cette idylle de jeunes filles est interrompue par un groupe de jeunes cavaliers[18] :

---

[15] De La Grange, *op. cit.*, p. 1146 : « C'est alors que s'impose le rythme caractéristique (clarinettes et altos, puis cors). Il évoque celui de la valse, bien que le mètre soit ici binaire, et introduit une touche viennoise dans la Chine de convention que Mahler a représentée avec une délectation évidente. Une fois encore, la mélodie vocale est dérivée de celle de l'introduction par un simple procédé d'augmentation ».

[16] Le titre, comme celui du mouvement précédent, est de Mahler lui-même. Le titre original est *Au bord du Jo-Yeh*, une rivière du Sud-Est de la Chine. Chez Judith Gauthier le titre *Au bord de la rivière* est rendu par *Am Ufer* chez Bethge (De La Grange, *op. cit.*, p. 1148 s.).

[17] De La Grange, *op. cit.*, p. 1147.

[18] Traduction d'après De La Grange, *op. cit.*, p. 1149.

Ex. 3 : IV *Von der Schönheit*, mes. 1-12

O sieh, was tummeln sich für schöne Knaben
Dort an dem Uferrand auf mut'gen Rossen,
Weithin glänzend wie die Sonnenstrahlen;
Schon zwischen dem Geäst der grünen Weiden
Trabt das jungfrische Volk einher!

Ô regarde, quels beaux garçons s'ébattent
Là-bas au bord de l'eau sur de fiers coursiers,
Au loin étincelant comme des rayons de soleil ;
Parmi les branches des saules verts,
Dans la fraîcheur de leur jeunesse ils chevauchent !

Das Roß des einen wiehert fröhlich auf
Und scheut und saust dahin;
Über Blumen, Gräser, wanken hin die Hufe,
Sie zerstampfen jäh im Sturm die ingesunk'nen Blüten.
Hei! Wie flattern im Taumel seine Mähnen,
Dampfen heiß die Nüstern!

Le cheval de l'un hennit joyeusement,
Se cabre et part au galop,
Sur les fleurs et les herbes tressautent les sabots,
Comme une tempête ils écrasent les pétales tombés.
Ah, comme sa crinière flotte jusqu'au vertige,
De ses naseaux jaillit une vapeur blanche !

Goldne Sonne webt um die Gestalten,
Spiegelt sie im blanken Wasser wider.
Und die schönste von den Jungfraun sendet
Lange Blicke ihm der Sehnsucht nach.
Ihre stolze Haltung ist nur Verstellung.
In dem Funkeln ihrer großen Augen,
In dem Dunkel ihres heißen Blicks
Schwingt klagend noch die Erregung ihres Herzens nach.

Le soleil doré flotte sur leurs silhouettes
Et projette leurs reflets dans l'eau claire.
Et la plus belle des jeunes filles
Lui lance de longs regards de désir.
Son port hautain n'est que représentation.
Dans l'étincelle de ses grands yeux,
Dans la noirceur de son regard brûlant
Vibre plaintivement la fièvre de son cœur.

Ex. 4 : IV *Von der Schönheit*, mes. 50-56

Dans le contexte de la musique « chinoise » du début et de la fin (mes. 96-144), la marche qui constitue l'épisode médian (« O sieh... », mes. 50-95), bien que beaucoup plus proche du style habituel de Mahler, apparaît comme un choc, comme une intrusion. Il s'agit en fait d'une transformation des deux motifs principaux (ex. 4) selon un procédé utilisé fréquemment par Franz Liszt[19]. La musique nous fait comprendre que – dans la réalité

[19] Stephen E. Hefling, *Mahler, Das Lied von der Erde* (The Song of the Earth*)*, Cambridge, 2000, p. 99. Hefling suggère qu'il s'agit d'un procédé parodique (« One senses more than a bit of parody in the Lisztian transformation of previous thematic material »), mais cela n'est pas convaincant.

« poétique » – il ne s'agit pas d'une scène « objective » se déroulant sur l'autre côté de la rivière mais dans l'âme des jeunes filles (« O sieh… ») et notamment dans celle de « la plus belle » d'entre elles. La musique, comme à bout de souffle, « représente » la catastrophe dans son âme. C'est à travers elle que les garçons – surtout « l'un » d'entre eux – laissent des traces, dont les « pétales tombés » sont la métaphore. Elle « lui lance de longs regards de désir » et dans « son regard brûlant vibre plaintivement la fièvre de son cœur ».

Le choc entre une musique bouleversante (« symphonique ») et une musique prétendument naïve (« chinoise ») souligne le côté artificiel de cette dernière. De même que le « port hautain » de la jeune-fille « n'est qu'un faux-semblant », de même la musique « fait semblant » elle aussi. Dans la première partie, il y avait déjà des solos hors contexte qui soulignaient le côté factice de la situation : aux mesures 38-40, un violon solo sort du groupe des premiers violons pour rester comme suspendu en l'air, partiellement lié à la petite flûte (ex. 5).

Ex. 5 : IV *Von der Schönheit*[20], mes. 38-41

[20] Dans cet article, tous les exemples avec orchestre proviennent de Gustav Mahler, *Sämtliche Werke. Kritische Gesamtausgabe*, éd. par Internationale Gustav Mahler Gesellschaft, Wien, vol. IX : *Das Lied von der Erde*, Vienne, 1990. Avec l'aimable autorisation de l'Internationale Gustav Mahler Gesellschaft, Vienne.

On retrouve un effet semblable après l'apparition des garçons (ex. 6). Ces solos surprennent car ils sortent du contexte et démasquent la musique en tant que chose « faite ».

Ex. 6 : IV *Von der Schönheit*, mes. 101-103

Ce n'est finalement que dans le postlude (mes. 125-144) que le mouvement trouve un ton « mahlérien », surtout aux flûtes et hautbois (ex. 7). L'attraction physique éprouvée par « la plus belle des jeunes filles » transforme l'aspect « chinois » factice en sentiments « authentiques ».

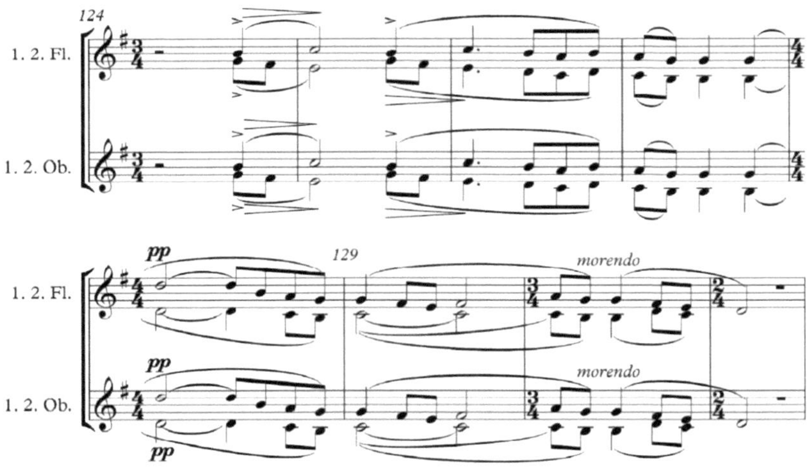

Ex. 7 : IV *Von der Schönheit*, mes. 125-132 (fragments)

À la fin de ce quatrième lied, Mahler prépare déjà la consolation nostalgique du dernier mouvement, *Der Abschied*. Entre les deux, le cinquième mouvement, *Der Trunkene im Frühling* (L'Homme ivre au printemps), forme une sorte d'interlude, de scherzo. C'est une consolation aussi étrange qu'illusoire. Plusieurs solos, surtout au violon et à la petite flûte, servent de contrepoint à l'ivresse du « moi » dans le poème (mes. 31 s., 37-45 et 47-54).

Ce n'est certainement pas un hasard si ces solos accompagnent les seuls mots « parlés » par un être qui se situe en dehors du « moi » ivre :

Der Vogel zwitschert: Ja! Ja!	L'oiseau gazouille : Oui ! Oui !
Der Lenz, der Lenz ist da,	Le printemps, le printemps est là,
Sei kommen über Nacht!	Il est venu cette nuit !
Aus tiefstem Schauen lauscht'ich auf,	En tressaillant, je prête l'oreille,
Der Vogel singt und lacht.	L'oiseau chante et rit.

L'oiseau est comme un messager du monde réel. Si dans le deuxième acte du *Siegfried* de Richard Wagner l'oiseau (*Waldvogel*) était intégré dans l'illusion scénique[21], Mahler le « désintègre » ici du contexte symphonique pour faire sentir le hiatus existant entre l'ivresse et la réalité. Après le pavillon de porcelaine (*Von der Jugend*) et l'idylle des jeunes filles cueillant des fleurs (*Von der Schönheit*), l'ivresse est présentée comme une troisième illusion vaine. Ce sont peut-être là trois aspects du « singe » qui était évoqué dans le premier mouvement, *Das Trinklied vom Jammer der Erde* (Chanson à boire de la douleur de la terre) :

Du aber, Mensch, wie lang lebst denn du ?	Mais toi, Homme, combien de temps vis-tu ?
Nicht hundert Jahre darfst du dich ergötzen	Tu ne profiteras même pas cent ans
An all dem morschen Tande dieser Erde!	De toutes les vanités pourries de la terre !
Seht dort hinab! Im Mondschein auf den [Gräbern	Voyez là-bas ! Au clair de lune, sur les [tombes,
Hockt eine wild-gespenstische Gestalt –	Un spectre sauvage est accroupi –
Ein Aff' ist's! Hört ihr, wie sein Heulen	C'est un singe ! Oyez comme son hurlement
Hinausgellt in den süßen Duft des Lebens!	Retentit parmi le doux parfum de la vie !

Après ces trois illusions vaines, le sixième mouvement, *Der Abschied*, représente le grand épilogue (*Abgesang*) de l'œuvre entière de Mahler jusque-là. Il est composé en deux « vagues » (mes. 1-302 et 303-572), dont la seconde est encore plus vaste que la première[22]. Le début présente à nouveau une musique différente, au ton statique et solennel. Le *gruppetto* du hautbois (mes. 3-4) s'ajoute aux sons tenus formés par le contrebasson, les cors, le tamtam, les deux harpes (*forte* !) sur un *ut* plus grave et plus bref des violoncelles et contrebasses joué *piano* et en *pizzicato* (ex. 8), créant une sonorité inouïe jusque-là, comme une musique de temple.

---

[21] Richard Wagner, *Sämtliche Werke*, vol. 12/II : *Der Ring des Nibelungen. Ein Bühnenfestspiel für drei Tage und einen Vorabend. Zweiter Tag : Siegfried WWW86C. Zweiter Aufzug*, ed. Klaus Döge, Mainz 2008, mes. 831 ss. (instrumental) et 1386 ss. (vocal).

[22] Le mouvement commence en récitatif, puis deux autres récitatifs (« Es wehet kühl », mes. 158-165 ; « Er stieg vom Pferd », mes. 375-381) servent de césures et préparent les deux grands épilogues (mes. 166-302 et 460-572) qui sont l'aboutissement de la symphonie. Il est difficile de retrouver le plan d'une forme sonate (libre) dans ce mouvement, comme l'ont proposé plusieurs auteurs. Voir, par exemple, Constantin Floros, *Gustav Mahler*, vol. III : *Die Symphonien*, Wiesbaden 1985, p. 259 ; Mathias , *op. cit.*, p. 181 s. Pour une vue synoptique, voir De La Grange, *op. cit.*, p. 1164-1172.

Ex. 8 : VI *Der Abschied*, mes. 1-4

Après dix-huit mesures d'introduction instrumentale, l'entrée de la voix se fait à la manière d'un récitatif[23] :

Die Sonne scheidet hinter dem Gebirge.	Le soleil s'éloigne derrière les montagnes.
In alle Täler steigt der Abend nieder	Sur toutes les vallées s'étale le soir
Mit seinen Schatten, die voll Kühlung sind.	Avec ses ombres pleines de fraîcheur.

Ce n'est qu'après ces vers évoquant le coucher de soleil, la montagne, le soir et les ombres que la musique commence à s'animer. Les tierces des clarinettes et des cors du début (mes. 9) sont précédées par un rythme « frappant » de trois croches répétées et garnies de trilles. Le trille, qui dans les mouvements précédents avait été utilisé comme un ornement « chinois », fait ici partie d'un motif dramatique et menaçant (ex. 9).

Ex. 9 : VI *Der Abschied*, mes. 27-28

Après un premier grand geste vocal (mes. 32-39 : « O sieh !... »), le premier de trois *Lieder* commence (mes. 55-158)[24] :

Der Bach singt voller Wohllaut durch [das Dunkel.	Le ruisseau chante délicieusement à travers [l'ombre.
Die Blumen blassen im Dämmerschein.	Les fleurs pâlissent dans la nuit qui tombe.
Die Erde atmet voll von Ruh' und Schlaf.	La terre respire emplie de repos et de sommeil.
Alle Sehnsucht will nun träumen,	Tous les désirs aspirent désormais au rêve,
Die müden Menschen geh'n heimwärts,	Les hommes las rentrent chez eux
Um im Schlaf vergess'nes Glück	Pour réapprendre dans le sommeil le bonheur
Und Jugend neu zu lernen !	Et la jeunesse oubliés !
Die Vögel hocken still in ihren Zweigen.	Les oiseaux se blottissent, silencieux, dans les [rameaux.
Die Welt schläft ein !	Le monde s'endort !

---

23 Mahler indique sur la partition : « *In erzählendem Ton, ohne Ausdruck* ».

24 Les deux autres sont : « Ich sehne mich [...] » (mes. 166-288) et « Du, mein Freund [...] » (mes. 394-572).

Il s'agit de nouveau d'un bonheur illusoire. Ce n'est que la fin d'une journée qui se répétera le lendemain. L'harmonie n'est pas complète, et plusieurs traits d'instrumentation l'indiquent dans la musique. C'est d'abord le rythme boiteux (triolet suivi de deux noires, puis deux triolets dont les troisième et première notes sont liées)[25] aux clarinettes, première harpe et altos qui dément l'idylle du ruisseau chantant (ex. 10).

Ex. 10 : VI *Der Abschied*, mes. 55-68

[25] De La Grange, *op. cit.*, p. 1167.

Puis ce sont les solos du premier cor (mes. 87-95, 115-123, 138 et 140) et de la clarinette basse (mes. 122-124 et 135 s., finissant *fortissimo*) avec ses *sforzati*, et le violoncelle solo (mes. 122-128) qui fracturent l'ensemble « harmonique » de l'orchestre. On pourrait peut-être objecter qu'il existe un certain risque de surinterprétation, mais ce n'est certainement pas un hasard si, dans le grand épilogue du mouvement final et de la symphonie entière, ces traits seront absents (« Die liebe Erde... », mes. 460-572).

Évidemment, ce n'est que le troisième *Lied* (« Du, mein Freund... ») avec son vers consolateur « Die liebe Erde allüberall blüht auf im Lenz [...] » qui conduit à une paix durable (« Ewig... ewig ... ») :

Er sprach, seine Stimme war umflort: Du, mein Freund,
Mir war auf dieser Welt das Glück nicht hold!
Wohin ich geh' ? Ich geh', ich wandre in die Berge.
Ich suche Ruhe für mein einsam Herz.
Ich wandle nach der Heimat! Meiner Stätte.

Il parla, sa voix était voilée : Toi, mon ami,
Dans ce monde, le bonheur ne m'a pas souri !
Où je vais ? Je vais, je parcours les montagnes
Je cherche le repos pour mon cœur solitaire.
Je m'en vais vers mon pays, vers ma demeure.

Ich werde niemals in die Ferne schweife,
Still ist mein Herz und harret seiner Stunde!
Die liebe Erde allüberall blüht auf im Lenz und grünt
Aufs neu! Allüberall und ewig blauen licht die Fernen!
Ewig... ewig...

Jamais plus je n'errerai au loin.
Calme est mon cœur et il attend son heure.
Partout la terre bien-aimée refleurit au printemps et verdit
À nouveau ! Partout et éternellement les lointains bleuissent !
Éternellement... éternellement...

La musique de cet épilogue est étourdissante. Il s'agit certainement d'un des plus grands moments dans l'œuvre de Mahler voire dans toute la tradition symphonique. Cette universalité a été rendue possible grâce à une préparation sophistiquée, un contraste entre plusieurs « musiques » et une distanciation au travers d'une instrumentation « désintégrante ». Ces traits caractéristiques que nous avons désignés comme « l'objectivation de la musique » dans les phases antérieures servent de préparation à une émotivité déchaînée qui aboutit à une consolation à la fois chaleureuse et mélancolique. L'authenticité du grand *Abgesang* se nourrit, pour ainsi dire, du caractère artificiel de la musique précédente. Ce sont deux faces de la musique mahlérienne, inséparables l'une de l'autre.

PORTRAITS CROISÉS DANS LA MUSIQUE DES XXe ET XXIe SIÈCLES

MARGUERITE CANAL ET LA FLÛTE DE JADE

Jean-Jacques VELLY

Au début des années 1920 une œuvre poétique inspirée par la Chine parut en librairie et obtint immédiatement un succès important et durable dont on retrouve la trace dans les nombreuses mises en musique qui y furent associées par la suite. Il s'agit du recueil *La Flûte de jade* de Franz Toussaint[1], un ensemble de 174 poèmes en traduction française appartenant à différentes périodes de l'histoire chinoise, mais privilégiant surtout la période des Tang (618-907). L'authenticité de ces traductions est cependant fortement contestée de nos jours car certains textes sont reconnus comme étant des pastiches ou des poèmes totalement inventés. Le titre même de l'ouvrage fait référence au célèbre recueil de Judith Gautier paru en 1867, qui avait déjà obtenu un accueil largement favorable du public et suscité plusieurs mises en musique, comme celle de Gabriel Fabre en 1905[2] ou celle, plus connue, de Gustav Mahler en 1907 au travers de sa version allemande[3]. Ce recueil fantaisiste dû à un orientaliste français ne connaissant pas le chinois accentue l'esprit parodique en laissant croire, dans la dédicace initiale, que ces poèmes réunis seraient en fait l'œuvre de Tsao Chang-Ling, un lettré chinois disparu qui lui aurait confié le soin d'éditer son travail[4]. Les études récentes tendent à montrer que ces traductions seraient en fait des adaptations plus ou moins libres de traductions existantes. Malgré son

[1] Franz Toussaint. *La Flûte de jade.* Poésies chinoises choisies et traduites par Tsao-Chang-Ling, Paris, Éditions d'art, H. Piazza, 1920, 202 p.

[2] Gabriel Fabre, *Poèmes de jade,* traduits du chinois par Judith Gautier, Paris, Heugel, 1907 (7 mélodies).

[3] Gustav Mahler, *Das Lied von der Erde*, pour voix et orchestre, 1907. *Cf.* dans cet ouvrage l'article de Chen Han-Jin « Les poèmes chinois du *Chant de la terre* de Gustav Mahler », p. 109.

[4] Pour de plus amples informations sur Franz Toussaint et *La Flûte de jade*, voir dans cet ouvrage l'article de Muriel Détrie « La réception de la poésie chinoise en France durant la première moitié du XXe siècle », p. 37.

caractère inauthentique, ce recueil avait cependant, dès les années 1920, tout pour séduire les compositeurs dotés d'une sensibilité délicate, comme l'était Marguerite Canal, en raison de ses poèmes méditatifs et suggestifs, ainsi que d'une présentation éditoriale soignée et raffinée qui prolongeait l'émotion des poèmes par la réification d'une vision idéalisée de l'art poétique chinois.

Dans la décennie qui suivit la parution de *La Flûte de jade* de Franz Toussaint de nombreux compositeurs s'emparèrent du recueil pour produire, à partir de textes issus de cet ouvrage, des mélodies pour voix et piano, et plus exceptionnellement pour voix et orchestre[5] ou pour d'autres formations instrumentales. Ainsi, outre le recueil de Marguerite Canal, intitulé *La Flûte de jade* et composé en 1922, on peut citer les ouvrages suivants[6] :

- *La Flûte de jade* (8 mélodies pour voix et piano)[7], d'Armande de Polignac (1922) ;
- *La Flûte de jade*, de Jacques de La Presle[8] (1922) ;
- *Quatre poèmes chinois*, de Raymond Moulaert[9] (1922) ;
- *Trois Poésies extraites de La Flûte de jade* de Franz Toussaint op. 50-52, de Raymond Lebrun (1925)[10] ;
- *Le Collier des offrandes* : six poèmes lyriques avec piano et flûte ad libitum, de Louis Delune (1924) ;
- *La Flûte de jade* (7 mélodies pour voix et orchestre)[11], de Pierre Maurice (1925-1926) ;

---

[5] Outre les pièces inspirées par *La Flûte de jade*, de nombreuses œuvres musicales ont également été composées à partir d'un autre recueil de Franz Toussaint consacré à la poésie arabe intitulé *Le Jardin des caresses* (1911).

[6] *Cf.* Liao Hui-Chen, *Louis Laloy (1874-1944), ses activités et son influence sur les compositeurs français inspirés par la civilisation chinoise entre 1900 et 1940*, thèse de doctorat de musicologie, université de Paris-Sorbonne, 2012. L'auteur y analyse plusieurs des œuvres citées, notamment p. 252-288. Bien que parues en 1920, les *Deux Odes chinoises* de Gabriel Grovlez (*À la porte occidentale* et *La Fleur de pêcher*) ne sont pas directement issues du recueil de Franz Toussaint : ce sont en fait des adaptations de A. Thalasso.

[7] *Ngo gay ngy, Chant d'amour, Le héron blanc, Nuit d'hiver, Li-Si, Ki-Fong, La rose rouge, Le palais ruiné.*

[8] Également intitulée *Je me promenais*, pour chant et piano.

[9] *Notre bateau glisse, L'orage favorable, Souvenirs, Les jeunes filles de Yuen.*

[10] *Depuis qu'elle est partie* (op. 50), *L'orage favorable* (op. 51), *La fleur du pêcher* (op. 52).

[11] *Je me promenais, Notre bateau glisse, La dernière promenade, Ki-Fong, L'Indifférente, Ngo gay ngy, Petite fête.*

- *Poèmes chinois, extraits de La Flûte de jade*, de Jacques Despas[12] (1926) ;
- *L'Indifférente*, poésie chinoise de Max d'Ollone (1926) ;
- *La Flûte de jade*, de Catherine d'Ollone (1929)[13].
- *La Flûte de jade*. Poèmes chinois de Franz Toussaint pour voix et orchestre, de Marguerite Béclard d'Harcourt[14](1923-1925).

À ces pièces s'ajoutent également d'autres œuvres inspirées par le même recueil, allant pratiquement jusqu'à nos jours, notamment *La Flûte de jade* pour voix et piano (1931) de Julian Baustista[15], *Évocation* (de Tou-Fou) [Du Fu] pour voix et piano d'André Bled (1946), *Quatre illustrations pour La Flûte de jade* pour orchestre de chambre (1963)[16] et *Prélude pour La Flûte de jade* pour flûte seule (1965) de Charles Chaynes, *La Flûte de jade* pour soprano et orchestre (1980) d'Eugeniusz Knapik et les *Poèmes de jade* pour flûte, baryton et orchestre (2014) de Thérèse Brenet.

Avec les sept poèmes utilisés pour construire son recueil de mélodies, Marguerite Canal est, avec Armande de Polignac, celle qui a utilisé le plus grand nombre de textes issus de *La Flûte de jade* de Franz Toussaint. Composé en 1922, son recueil est également l'un de ceux qui ont été écrits le plus rapidement après la première parution du livre en 1920. Il est contemporain du recueil d'Armande de Polignac, ainsi que de *La Flûte de jade* de Jacques de La Presle et des *Quatre poèmes chinois* de Raymond Moulaert. Les nombreuses compositions réalisées à partir de *La Flûte de jade* dans la décennie des années 1920 montrent l'impact important exercé par ce recueil poétique auprès des musiciens et du public. En 1922, lors de ses premières mises en musique, le recueil de Franz Toussaint en était déjà à sa trente-quatrième édition.

MARGUERITE CANAL

Née à Toulouse en 1890, Marguerite Canal a été une compositrice dont le talent fut en grande partie occulté par le dévouement dont elle fit preuve dans ses activités d'enseignement, notamment du solfège pour les

---

12 *Je me promenais, Notre bateau glisse, Cette promesse (Pourtant...), Rapide ma barque file (Évocation), Nuit tiède clair de lune* (*Vœu*).

13 *La dernière promenade, La cigale, Depuis qu'elle est partie, Les jeunes filles du temps passé, Notre bateau glisse.*

14 *Mon amie, Depuis qu'elle est partie, Nocturne, Une chanson, là-bas.*

15 *Je me promenais, Depuis qu'elle est partie, Mon amie.*

16 *Les deux flûtes, Pavillon de la tristesse, Je me promenais, Devant les ruines d'un palais.*

chanteurs au Conservatoire national de musique à Paris. Après de brillantes études sanctionnées entre 1911 et 1915 par plusieurs Premiers Prix au Conservatoire (harmonie, accompagnement, fugue), elle dut patienter plusieurs années avant de pouvoir se présenter au concours du Prix de Rome, qui avait été suspendu pendant la guerre. À sa reprise en 1919, elle obtint un second Prix derrière Jacques Ibert puis, l'année suivante, le Premier Grand Prix avec sa cantate dramatique *Don Juan*, précédant notamment, au cours des années 20, les récompenses obtenues par Jacques de la Presle (1921), Jeanne Leleu (1923), Louis Fourestier (1925), Henri Tomasi (1927), Raymond Loucheur (1928) et Elsa Barraine (1929). Sa nomination au Premier Grand Prix en 1920 faisait d'elle la seconde femme, après Lili Boulanger en 1913, à obtenir la récompense suprême du Grand Prix. Signalons également que, dès 1917, Marguerite Canal avait été la première femme à exercer une activité de chef d'orchestre en France. De retour à Paris en 1925 après avoir séjourné à la Villa Médicis à Rome, où elle a composé son recueil *La Flûte de jade* en 1922, elle reprit ses activités d'enseignement au Conservatoire en 1932 où elle resta en poste jusqu'à sa retraite. Parallèlement, elle mena dans les années 30 une carrière de concertiste en accompagnant régulièrement la soprano Ninon Vallin dans ses récitals, qui intégrait souvent certaines de ses propres mélodies. En tant que compositrice elle écrivit de nombreuses mélodies sur des textes de Verlaine, Sully-Prudhomme, Leconte de Lisle, Baudelaire, Paul Fort, Albert Samain et Marceline Desbordes-Valmore, s'inscrivant ainsi dans la tradition de la mélodie française illustrée par Fauré, Debussy ou Ravel, dont elle s'inspira pour l'écriture harmonique[17]. Marguerite Canal est également l'auteur de musique de chambre (Sonate pour violon et piano, 1922), de pièces pour piano et d'un opéra inachevé. Elle a enfin écrit elle-même les textes d'*Amours tristes* (1939), quatre mélodies traduisant sa sensibilité à fleur de peau et ses émotions face à l'échec de sa vie amoureuse. Elle est morte en 1978 près de Toulouse.

[17] Quelques exemples de mélodies : *Six chansons écossaises* (Leconte de Lisle, 1921), *Au jardin de l'Infante* (Albert Samain, 1921), *Trois extraits du Cantiques des cantiques*, 1928), *Sagesse* (Verlaine, 1931), *Quatre berceuses* (Marceline Desbordes-Valmore 1938), *7 Poèmes de Baudelaire* (1940), *L'amour marin* (Paul Fort, 1947).

LA FLÛTE DE JADE, 7 MÉLODIES, 1922

Composé en 1922 et publié en 1925 aux éditions Maxime Jamin[18], le recueil des sept mélodies intitulé *La Flûte de jade. Mélodies chinoises extraites des Cent mélodies*[19], a été entièrement conçu lors du séjour de la jeune lauréate du Prix de Rome à la Villa Médicis ? Il est dédié à Ninon Vallin, cantatrice de renom dont la carrière était alors déjà bien engagée. Les sept mélodies de Marguerite Canal reposent sur sept poèmes provenant de la fin du recueil de Franz Toussaint. Elles conservent les titres originaux du recueil poétique à l'exception du dernier. Les thèmes retenus traduisent plutôt des perceptions et des situations féminines :

La Flûte de jade Marguerite Canal	*La Flûte de jade* Franz Toussaint
1. *Narcisses*	*Narcisses*
2. *Pluie de printemps*	*Les trois princesses*
3. *Vœu*	*Pluie de printemps*
4. *Les trois princesses*	*Calme*
5. *La femme au miroir*	*Vœu*
6. *Inscription sur un tombeau de la montagne Fou-Kiou*	*La femme au miroir*
7. *La promenade attristée* (= *Calme*)	*Inscription sur un tombeau de la montagne Fou-Kiou*

Tableau 1 : Ordre de présentation des mélodies et des poèmes

[18] Maxime Jamin a été le mari de Marguerite Canal jusqu'à leur divorce en 1930.

[19] Cette référence est curieuse car le recueil de Franz Toussaint comporte 174 poèmes.

Dans l'ensemble, les mélodies respectent l'ordre d'apparition dans le recueil poétique, sauf la quatrième (*Les trois princesses*) qui est insérée entre les poèmes 1 et 2 dans le recueil de Franz Toussaint, et la septième, qui devrait se placer entre les poèmes 2 et 3. Le titre de la dernière mélodie est totalement inventé par Marguerite Canal, qui lui donne une connotation plus dramatique pour conclure son recueil. Intitulé *Calme* chez Franz Toussaint, il devient *La promenade attristée* chez Marguerite Canal. C'est également la seule mélodie à utiliser un poème incomplet sur lequel la compositrice a effectué d'importantes modifications de mots au point d'en affecter le sens et donner à la conclusion de son recueil une tonalité sombre. Trois autres mélodies présentent également quelques rares modifications textuelles, qui renforcent parfois le côté sensuel des poèmes.

	Modifications textuelles
2. *Pluie de printemps*	1 modification : - « dans une pure lumière » devient « dans une chaude lumière ».
3. *Vœu*	3 modifications : - « aurore » devient « aube ». - inversion « clair de lune » et « nuit tiède ». - « par ses baisers » devient « par ses caresses ».
4. *Les trois princesses*	2 modifications : - « une plage dorée » devient à trois reprises « une plage blanche ». - suppression de « au-delà de l'horizon ».
7. *La promenade attristée*	1 modification importante : - « Je rame plus lentement. Toutes ces joues de nénuphars… » devient « Le bruit de mes rames a interrompu l'hymne d'amour que les nénuphars chantaient à la lune. Ah !... »

Tableau 2 : Modifications textuelles

D'une manière générale, Marguerite Canal a retenu des textes poétiques où s'exercent diverses émotions vécues au travers du regard féminin (attente langoureuse depuis le premier baiser, souvenir, rêve nocturne, temps qui passe, espérance, amour brisé). Avec sensibilité et surtout une grande diversité de traitement musical, elle traduit ces sensations parfois fugaces. D'une manière très synthétique afin de ne dire que l'essentiel, elle ne s'appesantit sur aucun élément musical, ne répétant aucun mot du texte et, à l'aide d'ostinatos variés (rythmiques, harmoniques ou mélodiques), elle fait du piano un confident de la voix chantée, qui prend d'ailleurs une importance de plus en plus grande dans le déroulement du cycle (avec des introductions, interludes ou passages conclusifs plus nombreux).

Mélodie	Nombre de mesures	Tonalité principale	Type de mesure	Indication de tempo
1	16	*Sol* bémol Maj.	3/4	Lent et expressif
2	44	*Fa* ♯ Maj.	4/4	Vif avec un sentiment de fraîcheur
3	42	*Sol* bémol Maj.	3/4	*Andante expressivo*
4	61	Ambigüité entre pentatonisme et *si* min.	¢	*Allegro con moto*
5	63	*Sol* bémol Maj	3/4	*Andantino con moto*
6	32	*mi* bémol min.	¢	*Allegro moderato*
7	55	*mi* bémol min.	3/4	*Andante expressivo*

Tableau 3 : Caractéristiques musicales des mélodies

Le tableau n°3 montre la variété des indications de tempo, alternant l'élan de l'enthousiasme avec la retenue désabusée. Hormis la mélodie 4 qui oscille entre pentatonisme et tonalité, les six autres mélodies utilisent principalement le ton de *sol* bémol majeur (ou *fa* ♯ majeur) ou de son relatif mineur, *mi* bémol mineur, avec parfois quelques inflexions pentatoniques qui renforcent, sans excès superflu, l'évocation du caractère chinois.

Mélodie	Forme	Remarques
1	Mélodie continue	Ostinato rythmique et harmonique. Notes pédales dans le grave.
2	Trois parties (A B A')	Accompagnement en ostinato d'accords répétés dans l'aigu (pour A et A'), sans basses. Partie B avec accompagnement de la voix en accords. Effets de figuralisme musical.
3	Strophique (3 strophes avec interludes)	Mélodie accompagnée. Mélodie chromatique. Croches régulières à la basse. Interlude entre chaque strophe.
4	Strophique (3 strophes A A' A, reliées par un interlude	Pas de ligne dans le grave. Gamme pentatonique. Ostinato rythmique à l'accompagnement. Forte couleur pentatonique, mais présence de cadences tonales.
5	Strophique (2 strophes A A')	Ostinato rythmique et contrechant mélodique au piano. Peu de notes graves. Introduction et postlude au piano.
6	Mélodie continue	Ostinato rythmique. Opposition d'accords entre le grave et l'aigu. Trois dernières mesures chantées sans accompagnement. Inflexions pentatoniques. Introduction et postlude au piano.
7	Strophique (2 strophes + coda vocale)	Continuum rythmique en croches à la basse. Quatre interventions du piano solo avec ligne chromatique. Vocalise dramatique à la voix.

Tableau 4 : Structures formelles et éléments d'analyse

L'organisation formelle des mélodies est relativement simple mais variée, avec le recours régulier à la forme strophique, qui est cependant traitée avec une grande liberté en raison notamment de la brièveté des poèmes choisis. On remarque cependant quelques exemples de mélodies jouées en continu. L'élément le plus caractéristique de l'écriture de ces mélodies est certainement le recours régulier à des ostinatos qui prend diverses formes selon les mélodies : harmoniques, rythmiques ou mélodiques.

ÉMOTIONS PERSONNELLES ET ÉVOCATIONS DE LA MUSIQUE CHINOISE

Bien que bâties sur un recueil de poèmes chinois, les mélodies de *La Flûte de jade* de Marguerite Canal n'adoptent pas pour autant une traduction musicale qui serait vaguement inspirée de la musique chinoise. La musique reste tonale, dans l'esprit des années 1920, avec des traits chromatiques qui enrichissent le caractère expressif et des harmonies altérées qui s'inscrivent dans le sillage de Debussy ou de Fauré. Il y a cependant quelques éléments évocateurs montrant que la compositrice, sans chercher à copier la musique chinoise, voulait retrouver une couleur typique par des références sonores ou des associations d'idées. Ainsi, on retrouve dans les mélodies 4 et 6 des courbes vocales adossées à des gammes pentatoniques, mais le traitement en est à la fois caractéristique pour qu'on puisse en saisir l'allusion asiatique mais aussi objectivement intégré dans l'écriture occidentale du début du XXe siècle par ses effets d'enchaînements de dominante à tonique (*cf. Les trois princesses*).

Ex. 1 : Marguerite Canal, *Les trois princesses* (mes. 3-6)

L'effet auditif de cette gamme pentatonique chantée est renforcé au piano par la doublure qui est effectuée avec un léger décalage rythmique. Liao Hui-Chen rappelle à ce sujet que Louis Laloy évoquait l'esprit chinois en affirmant que « dans l'ensemble, toutes les voix et tous les instruments y observent l'unisson »[20]. Par ailleurs, on retrouve dans l'accompagnement des mélodies un soin particulier à l'évocation des instruments et des sonorités chinoises, notamment les effets de résonance de gongs que l'on a en particulier dans la première mélodie (*Narcisses*), avec ses notes pédales répétées à intervalles réguliers dans le registre grave du clavier.

Ces effets se retrouvent également, de manière différente et appuyée, dans la mélodie 6 (*Inscription sur un tombeau*) où l'accompagnement en accords lourds et martelés couvre un large ambitus du clavier, avec des accords de quintes sans tierces qui peuvent aisément faire penser au jeu du *qin* lorsqu'il utilise deux cordes à la fois.

Ex. 2 : Marguerite Canal, *Inscription sur un tombeau* (mes. 1-3)

Une autre technique de cet instrument associé à l'image du lettré chinois, et donc du poète, est celle consistant à laisser glisser un doigt de la main gauche sur une corde en train de résonner, selon un mouvement plus ou moins grand. On retrouve cette évocation du *qin* transposée à la voix dans la mélodie 3 (*Vœu*) où la courbe vocale de chaque strophe évolue chromatiquement dans un intervalle restreint,

---

[20] Liao Hui-Chen, *op. cit.*, p. 236.

Ex. 3 : Marguerite Canal, *Vœu* (mes. 27-34)

ou encore dans la dernière mélodie, lors de la péroraison finale quand une longue descente chromatique au caractère « douloureux » transforme la mélodie sereine du début en agonie dramatique et désespérée.

Ex. 4 : Marguerite Canal, *La promenade attristée* (mes. 41-53)

Dans cette même mélodie, le piano contrepointait à plusieurs reprises le chant avec une ligne chromatique ascendante pouvant évoquer elle aussi une ligne mélodique d'atmosphère orientale. Les références sont nombreuses et pourraient être multipliées.

On citera uniquement les accords délicatement piquées de la deuxième mélodie (*Pluie de printemps*) qui, outre son effet de figuralisme transparent, évoque par ailleurs une autre technique du *qin*, le jeu piqué (*thao*).

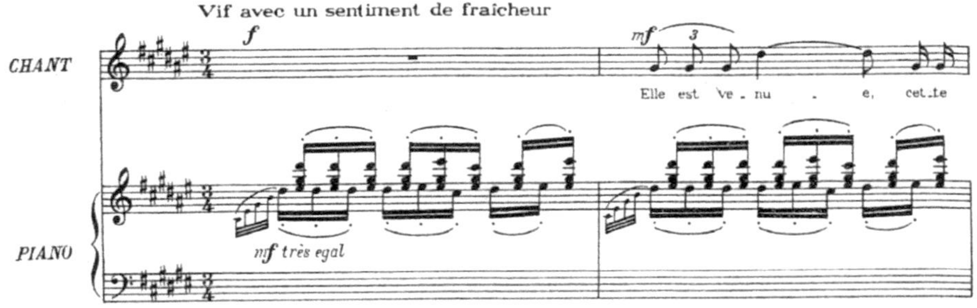

Ex. 4 : Marguerite Canal, *Pluie de printemps* (mes. 1-2)

On notera pour conclure l'attention portée par Marguerite Canal à la recherche d'une couleur chinoise par le recours, dans plusieurs mélodies, à une écriture pianistique sans ligne de basse dans le grave du clavier (mélodies 2, 4, 5). Il en résulte une sonorité diaphane, légère et transparente, idéale pour traduire la délicatesse et l'expressivité des poèmes retenus.

Dans *La Flûte de jade,* Marguerite Canal a vraisemblablement trouvé un écho à sa propre sensibilité qu'elle a cherché à traduire, non pas par une imitation stérile et fautive de la musique chinoise, mais par sa propre expression musicale qu'elle a enrichie de couleurs spécifiques. Il en résulte une œuvre synthétique et variée qui évoque sans alourdir, et qui montre qu'au début des années 1920 de jeunes compositeurs talentueux et sensibles pouvaient avoir recours à l'exotisme non pour plagier sans authenticité, mais pour se retrouver eux-mêmes.

PAVEL HAAS ET LA POÉSIE CHINOISE

Viviane WASCHBÜSCH

Pavel Haas[1] est un compositeur tchèque peu connu qui a reçu sa première véritable éducation musicale à 14 ans dans sa ville natale de Brünn. Après avoir étudié de 1919 à 1921 la composition au conservatoire local avec Jan Kunc[2] et Vilém Petrželka, Haas a perfectionné par la suite ses connaissances auprès de Leoš Janáček. L'influence de ce dernier sur l'œuvre de Pavel Haas fut très forte même si le compositeur chercha une esthétique personnelle qu'il développa dans sa musique grâce à l'emploi de mélodies traditionnelles hébraïques et d'airs de Bohême et de Moravie. Haas a composé de la musique de chambre, de la musique de films et de scène ainsi qu'un opéra intitulé *Scharlatan*. En décembre 1941, Haas fut déporté au camp de concentration de Theresienstadt et il mourut en octobre 1944 dans le camp de concentration d'Auschwitz-Birkenau. Sur un ensemble de cinquante œuvres connues, seules dix-huit possèdent un numéro d'opus, dont les *Drei chinesische Lieder* (Trois *Lieder* chinois) op. 4 pour voix d'alto et piano, qui ont été créés le 24 avril 1922 à Brünn. Leoš Janáček, le professeur de composition de Pavel Haas, exigea alors de son jeune élève qu'il effectue de nombreuses modifications dans la partition. Dans les *Drei chinesische Lieder*, Haas a utilisé des textes extraits du recueil de poésie chinoise ancienne de Jaroslav Pšenička. Vingt-cinq ans plus tard, lors de sa déportation dans le camp de Theresienstadt, le compositeur s'est consacré une seconde fois à la mise en musique de poésies chinoises traduites en tchèque en composant les *Vier Lieder auf Worte chinesischer Poesie* (Quatre *Lieder* d'après des poèmes chinois) pour baryton-basse et piano, sans numéro d'opus. Cet article montrera l'évolution compositionnelle de Pavel

[1] Pavel Haas est né en 1899 à Brünn et mort à Theresienstadt en 1944.
[2] Ancien élève de Leoš Janáček au conservatoire, c'est Jan Kunc qui a introduit Pavel Haas auprès de Janáček.

Haas au cours des deux décennies qui séparent ces deux cycles de *Lieder* inspirées par l'Asie et la poésie chinoise.

LES *DREI CHINESISCHE LIEDER* POUR VOIX D'ALTO ET PIANO OP. 4

L'objectif de cet article est d'essayer de comprendre pourquoi et dans quel contexte Pavel Haas a décidé de composer des *Lieder* à partir de textes issus de sources chinoises : une première fois en 1919 en tant que jeune homme dans la classe de composition de Janáček puis, par la suite, en 1944 dans le ghetto de Theresienstadt. L'explication la plus pertinente ayant mené au choix de poèmes chinois pour la composition de recueils de mélodies réside sans doute dans l'influence de la sphère intellectuelle allemande très imprégnée au début du siècle dernier par la philosophie chinoise et le taoïsme. Issu d'une culture binationale, Pavel Haas parlait l'allemand et le tchèque et, durant son enfance, il s'exprimait mieux en allemand qu'en tchèque, ce qui explique qu'il a très probablement lu des traductions allemandes de poésies chinoises :

> Die Familie Haas sprach, wie Hugo Haas (1901-1968) berichtete, zu Hause tschechisch, was auch die langjährige Haushälterin Frantsika Stankova bestätigte. (...) Die Eltern Haas entschlossen sich, ihre Söhne Pavel und den zwei Jahre jüngeren Hugo auf die deutsche Volksschule in Alt-Brünn zu schicken ; damit sie sich gründlich die « Hauptsprache » aneigneten, später sollten sie dann eine tschechische Mittelschule besuchen[3].

Sa lecture de poèmes chinois traduits en allemand explique qu'il fut fortement imprégné par ces textes qui servirent de fondement philosophique et textuel à de nombreuses œuvres de ses contemporains, comme par exemple pour les *Vier chinesische Lieder nach Li-Tai-Po* du compositeur Arthur Immisch[4]. Les *Drei chinesische Lieder* forment un recueil d'œuvres

---

[3] Lubomir Peduzzi, *Pavel Haas Leben und Werk des Komponisten*, Hamburg, von Bockel Verlag, 1996, p. 158. « Selon Hugo Haas (1901-1968), la famille Haas parlait le tchèque à la maison, information qui est attestée par leur bonne Frantsika Stankova. Les parents décidèrent d'envoyer leurs fils Pavel et son frère cadet de deux ans Hugo à l'école primaire allemande du Vieux-Brünn afin qu'ils apprennent parfaitement la langue officielle. Plus tard, ils continuèrent leur parcours scolaire dans un collège tchèque ». (Traduction personnelle).

[4] Arthur Immisch (1902-1949), compositeur et pianiste allemand, élève d'Hermann Grabner à Leipzig.

de jeunesse d'une écriture musicale relativement simple. Pourtant, à travers l'écriture du jeune compositeur, on reconnaît déjà une conception stylistique personnelle qu'il a développée par la suite et qui a évolué durant les vingt-cinq années qui séparent les deux cycles de *Lieder*. En 1919, lorsque Haas écrit les *Drei chinesische Lieder* op. 4, il se sert déjà de différents modèles d'ostinatos qu'il transpose en fonction de l'évolution de la ligne mélodique. Composé au début du xxe siècle, ce recueil est encore pensé dans un contexte tonal (*sol♯* mineur, *mi* majeur, *mi* bémol majeur) qui le différencie de celui des *Vier Lieder auf Worte chinesischer Poesie* de 1944 où Pavel Haas s'éloigne très nettement du langage harmonique traditionnel.

Smutek (Tristesse), le premier *Lied* du recueil op. 4, est basé sur un motif d'ostinato sur la note *sol♯* qui est varié et déployé tout au long de l'œuvre. La métrique à 3/8 ne varie pas et l'écriture rythmique de la voix d'alto est souvent très régulière en doubles croches, ce qui peut faire allusion aux mélodies hébraïques traditionnelles germaniques d'avant-guerre que Pavel Haas connaissait sans aucun doute. Le deuxième *Lied* – *Na řece Jo-Yeh* (Au fleuve Io-Yeh), est également très régulier, à 2/4. L'accompagnement est marqué par une figuration d'ostinato – croche, double croche pointée, triple croche puis noire –, qui revient en permanence tout au long de la mélodie. Le *Lied* propose une nouveauté dans l'écriture de Haas, à savoir la suspension d'un accord par la pédale de piano, ce qui produit un *decrescendo* sur cet accord non noté dans la partition. La troisième mélodie – *Jarní déšt* (La pluie de printemps) –, est la seule pièce des *Drei chinesische Lieder* qui soit vive et rapide. Elle possède des points communs avec *V bambusovém háji* (Dans le bosquet de bambou), qui est le deuxième *Lied* des *Vier Lieder auf Worte chinesischer Poesie*. Haas a repris certains éléments mélodiques et rythmiques de ses premiers *Lieder*, et il les a transformés et retravaillés dans son second recueil de 1944.

Sur le plan textuel, les *Drei chinesische Lieder* de 1919 font allusion à des thèmes neutres comme la mythologie et les paysages chinois. Le sujet du premier *Lied* (*Smutek*) raconte la disparition d'un roi vivant à Liang, qui possédait un magnifique château et qui était très chaleureux et accueillant, surtout envers les poètes et les artistes. Mille ans plus tard, il ne reste que des ruines et le souvenir de l'ancienne culture. Le silence règne maintenant et les plantes envahissent les bâtiments. Le souffle de la tristesse se lève et s'étend sur plusieurs lieux[5]. Le second *Lied* (*Na řece Jo-Yeh*) est consacré à la description d'un voyage en bateau et des lieux et paysages merveilleux que l'on découvre à l'occasion de ce voyage. Le troisième *Lied* (*Jarní déšt*) évoque la pluie de printemps qui fait fleurir les jardins de l'Empereur et qui sème la joie et le bonheur. Le choix des poèmes retenus par Pavel Haas montre qu'il a sélectionné des textes possédant un contenu philosophique et descriptif avec des sujets larges et plutôt neutres lui offrant une grande liberté d'interprétation et de mise en musique. Très différent, le recueil des *Vier Lieder auf Worte chinesischer Poesie* de 1944 est basé, pour sa part, sur des poèmes aux thèmes plus concrets et en lien direct avec les événements biographiques de Pavel Haas.

LES *VIER LIEDER AUF WORTE CHINESISCHER POESIE*

Au début de l'année 1944, Pavel Haas, qui était interné à Theresienstadt depuis plus de deux ans, rencontra le chanteur Karel Berman, qui était arrivé en mars 1943 dans le même camp. Les deux musiciens poursuivirent leurs activités au sein du camp[6] où ils formèrent plusieurs orchestres. Berman commanda alors à Pavel Haas des *Lieder* qui devaient compléter un récital de chant comprenant des œuvres de Beethoven, Dvořák et Wolf. Il semble que Pavel Haas ait d'abord été hésitant par rapport à ce projet :

> Haas hatte zunächst wenig Lust, so etwas zu komponieren, aber nach einer gewissen Zeit (Ende April) überraschte er Berman mit *Vier Lieder auf Worte chinesischer Poesie*, die er zwischen dem 24. Februar und dem 27. April komponiert hatte[7].

---

[5] *Cf.* annexe 1 : Traduction des *Drei chinesische Lieder* op. 4.

[6] Lubomir Peduzzi consacre un chapitre entier (p. 136-170) de sa monographie sur Pavel Haas à la description de la situation des musiciens dans le camp de Theresienstadt. Il indique que les instruments de musique et les orchestres ont été longtemps interdits dans le camp, puis officiellement autorisés pendant une courte période pour satisfaire les besoins d'un film de propagande nazie. *Cf.* Lubomir Peduzzi, *op. cit.*, p. 168.

[7] *Ibid.*, p. 158. « Haas était peu inspiré par le sujet et avait peu de motivation pour écrire ce type d'œuvre. Cependant, après un certain temps (fin avril), il surprit Berman avec ses *Vier Lieder auf Worte chinesischer Poesie* qu'il venait de composer entre le 24 février et le 27 avril » (trad. personnelle).

Selon la reconstruction historique de Lubomir Peduzzi – seul biographe de Pavel Haas jusqu'à présent –, le compositeur assista aux répétitions des *Vier Lieder auf Worte chinesischer Poesie* et à leur création le 22 juin 1944 à la mairie de Theresienstadt. Viktor Ullmann, compositeur également interné dans le même camp, écrivit à propos de cette création : « Haas' lebensvolle, gegenwartsnahe Lieder möchte man, wenn man sie einmal gehört hat, nicht mehr missen und in vertrauterem Umgang mit ihnen leben »[8]. Le cycle connut un réel succès au sein du monde fermé de Theresienstadt , avec au moins quinze exécutions qui furent très appréciées par les musiciens du camp[9].

Les textes des *Vier Lieder auf Worte chinesischer Poesie*

Parmi les trois œuvres conçues par Pavel Haas à Theresienstadt[10], le cycle des *Vier Lieder auf Worte chinesischer Poesie* est vraisemblablement le plus marquant. Les textes de ces *Lieder* proviennent de traductions de Bohumil Mathesius, tirées des *Gesänge des alten Chinas* (Chants de la Chine ancienne, 1939) et des *Neue Gesänge des alten Chinas* (Nouveaux chants de la Chine ancienne, 1940). Mathesius était un traducteur mais aussi un intellectuel du début du xxe siècle qui marqua son époque par le choix des sujets qu'il traduisait. Au début des années trente, il avait traduit en tchèque le roman *Im Westen nichts neues* (À l'ouest rien de nouveau) de Erich Maria Remarque. Il avait une manière très personnelle de traduire[11], pratiquant une traduction littéraire très libre dans laquelle il réécrivait et recomposait les textes poétiques selon sa propre esthétique. Dans le cas des *Vier Lieder auf Worte chinesischer Poesie,* Pavel Haas ne retient pas tous les vers traduits par Mathesius, mais il établit des choix esthétiques et contextuels. On peut

---

[8] *Ibid.*, p. 158. « En tant qu'auditeur on ne veut plus se passer des *Vier Lieder auf Worte chinesischer Poesie* de Haas, qui sont pleins de vie et si proches de la réalité » (trad. personnelle).

[9] *Ibid.*, p. 158.

[10] Durant sa déportation à Theresienstadt Pavel Haas a composé trois œuvres musicales : *Al S'fod* pour chœur d'hommes, *Studie für Streichorchester* et *Vier Lieder nach Worten chinesischer Poesie.*

[11] Michaela Kusnirova, *E.M. Remarque – « Im Westen nichts Neues » : Analyse und Vergleich der tschechischen und slowakischen Übersetzung*, Brünn, Masaryk-Universität Philosophische Fakultät Institut für Germanistik Nordistik und Nederlandistik, 2011.

supposer qu'il a choisi ces poèmes chinois parce que leurs textes reflétaient parfaitement sa situation à Theresienstadt. Il a d'ailleurs éliminé les vers et les strophes allant à son encontre. Dans cette optique, les *Vier Lieder auf Worte chinesischer Poesie* sont moins des *Lieder* d'après des textes chinois que des traductions et transformations de poèmes chinois. Les *Neue Gesänge des alten Chinas* de Mathesius comportent plusieurs poèmes décrivant la nostalgie de la patrie lointaine, dont :

- *Domov je tam, daleko tam* (La patrie est loin de moi).
- *Na nase shledani myslim* (J'attends que l'on se revoie).
- *Spanku, sen dej mi o návratu domu* (Ô sommeil, rends-moi le rêve de mes origines).

V bambusovem haji (Dans le bosquet de bambou), le deuxième des *Vier Lieder auf Worte chinesischer Poesie*, est une mélodie fondée sur un texte neutre qui s'intègre parfaitement au recueil sur le plan musical par le contraste qu'il crée face aux correspondances existant entre les premier et troisième *Lieder*.

Analyse d'extraits des *Vier Lieder auf Worte chinesischer Poesie*

- *Zaslech jsem divoké husy* (J'entendais les oies sauvages)

Le motif du début, que Lubomir Peduzzi qualifie de *Wenzelschoral*[12], caractérise l'ensemble du *Lied*. Le parcours tonal du début traverse l'ensemble de la mélodie. Il est réutilisé par la suite en tant que réminiscence dans les autres mélodies. Cette organisation tonale, qui est essentielle pour l'ensemble du *Lied*, se présente de la manière suivante :

- *fa* bémol, *mi* bémol, *do* bémol, *ré* bémol
- *la* bémol, *mi* bémol, *do* bémol, *ré* bémol

Cette impression de coloration fortement teintée par les bémols – pour Pavel Haas la tonalité est certainement pensée comme peut l'être la

[12] L'apparition du *Wentzelschoral* décrite par Lubomir Peduzzi n'a pas pu être confirmée par l'analyse de la partition. Le motif du *Wentzelschoral* étant absent tout au long de l'œuvre, il semble que l'auteur se soit trompé dans le rapprochement des deux œuvres. Mais, quelle que soit son origine (choral traditionnel ou composition originale de Haas), le motif du début du *Lied* est essentiel à l'œuvre.

Klangfarbenmelodie chez Schönberg, n'a aucune connotation chinoise ou pseudo-chinoise comme les textes mis en musique pourraient le suggérer. Pavel Haas reste ancré dans son propre langage musical. La répétition permanente des cinq mêmes notes (*fa* bémol, *mi* bémol, *do* bémol, *ré* bémol, *la* bémol) suscite un caractère oppressif à l'œuvre. Sur le plan rythmique, cette mélodie fonctionne par densification : les valeurs rythmiques évoluent de la croche vers la double croche puis la triple croche. Ce principe rythmique fonctionne d'abord en évolution décroissante (vers la valeur de note la plus brève), puis croissante (vers la valeur de note la plus longue). Ce procédé est probablement très présent dans l'œuvre de Haas car le compositeur était fortement imprégné de la musique et de la rythmique du jazz et donc du procédé rythmique du *double time feeling* ; il a même composé un quatuor à cordes avec *jazz band ad libitum*[13]. La rythmique fait allusion aussi bien à des rythmes de Moravie (surtout la polka du second *Lied*) qu'à des rythmes de mélodies hébraïques populaires de l'époque. La structure stylistique de l'ostinato traverse l'ensemble de cette mélodie[14].

- *V bambusovém háji* (Dans le bosquet de bambou)

Ce *Lied* est construit sur un rythme de polka, ce qui crée une certaine distance entre la mise en musique et le texte poétique chinois. Il s'agit plutôt d'un mélange stylistique et d'une adaptation de texte sans véritable rapport musical direct. L'organisation formelle de l'œuvre est strophique avec un ostinato constant sur toute la durée de la mélodie. La partie centrale et la fin expriment cependant une légère coloration asiatique avec la présence de petits ornements. C'est d'ailleurs sur cette mélodie instrumentale que se terminent à la fois le *Lied* et l'ensemble du cycle.

- *Daleko měsíc je domova* (Loin de la patrie se trouve la lune)

Il existe d'importantes similitudes entre les premier et troisième *Lieder*. Le thème principal joué au piano ressemble fortement au motif du premier *Lied*. N'étant plus en croches (comme dans la première mélodie) mais en noires, le motif principal est donc ralenti, et les changements de

[13] Quatuor à cordes n° 2 intitulé : *Aus den Affenbergen* (Venu des montagnes des singes).
[14] *Cf.* annexe 2 : Schéma formel du *Lied* n°1 : *Zaslech jsem divoké husy.*

mesures fréquents caractérisent le mouvement de cette mélodie. On peut considérer qu'il existe une réelle correspondance musicale entre les *Lieder* 1 et 3 du recueil.

- *Probděná noc* (Nuit blanche)

Le quatrième *Lied* offre une synthèse des trois mélodies précédentes et propose un mélange mélodique et rythmique qui a été préparé durant tout le cycle. Sur les plans rythmique et formel il s'agit du *Lied* le plus complexe du recueil en raison notamment des incises fondées sur des motifs provenant des trois autres mélodies. En outre, la fin possède, en dehors de son aspect vivant et rythmé, une dimension sémantique : Haas réemploie la mélodie du deuxième *Lied* (*V bambusovém háji*) dont le texte disait : « Personne ne sait où je me trouve lorsque je me cache dans le bosquet de bambou » et « la, la, la ». Ce procédé compositionnel révèle certainement un message d'espoir caché par le compositeur, qui associe le texte poétique retenu et sa situation désespérée à Theresienstadt[15].

CORRESPONDANCES ENTRE LES *LIEDER*

Il existe de fortes correspondances entre les *Lieder* du premier et du second cycle de Pavel Haas. *Smutek*, le premier des *Drei chinesische Lieder*, est relié musicalement à la seconde mélodie du cycle (*Na řece Jo-Yeh*), qui est elle-même en lien direct avec le premier *Lied* des *Vier Lieder auf Worte chinesischer Poesie* (*Zaslech jsem divoké husy*). Quant à *Jarní déšť*, le troisième *Lied* du premier cycle, il est lié au deuxième *Lied* du second cycle (*V bambusovém háji*), lequel est à son tour étroitement associé thématiquement au quatrième *Lied* du même recueil. En outre, il existe des liens musicaux entre les premier et troisième *Lieder* du second cycle. De son côté, *Probděná noc*, le dernier *Lied* du second recueil, peut être qualifié de *Lied* de synthèse entre les deux cycles car il contient tous les éléments musicaux apparus préalablement dans les autres *Lieder*. Pavel Haas combine

[15] *Cf.* annexe 3 : Tableau comparatif des deux cycles de *Lieder*.

ainsi tous les éléments mélodiques et rythmiques pour obtenir une synthèse musicale et textuelle à la fin de son recueil[16].

L'ÉVOLUTION STYLISTIQUE DES *DREI CHINESISCHE LIEDER* (1919) AUX *VIER LIEDER AUF WORTE CHINESISCHER POESIE* (1944)

On peut noter une réelle continuité entre les cycles de 1919 et de 1944. Le choix des poèmes est cependant très différent : les *Drei chinesische Lieder* de 1919 montrent que Pavel Haas désirait s'adapter au texte pour créer une ambiance exotique par des rythmes et des changements de mesure permanents. La Chine et l'exotisme asiatique semblent avoir été un lieu de rêve et d'évasion pour le jeune compositeur tchèque, qui étudiait encore auprès de Janáček au moment de la composition de son recueil. En 1944, lors de la composition des *Vier Lieder auf Worte chinesischer Poesie*, la situation humaine, sociale et artistique de Pavel Haas était très différente. Il avait déjà plus de vingt années d'expérience professionnelle à cette époque et, en utilisant des poèmes provenant d'un pays lointain, il faisait revivre à travers la poésie chinoise le souvenir d'une époque plus heureuse de sa vie, celle de sa jeunesse. Les textes abandonnent l'exotisme des paysages du premier cycle pour refléter sa situation personnelle dans le ghetto de Theresienstadt. Dans ce second cycle, Haas utilise un langage musical propre, dans la lignée et l'héritage artistique de son professeur Janáček.

À travers le cycle de 1944 l'imaginaire chinois est devenu un refuge spirituel pour Pavel Haas et ses auditeurs à Theresienstadt, ce qui explique sûrement le succès de l'œuvre au cours des quinze concerts qui suivirent sa création. Les deux cycles de Pavel Haas proposent deux visions différentes de la poésie chinoise à travers un même langage musical, dans deux situations musicales et historiques différentes.

[16] *Cf.* annexe 3 : Schéma explicatif des correspondances entre les deux cycles de *Lieder*, et annexe 4 : Tableau comparatif.

ANNEXE

Annexe 1

Traduction des textes des *Drei chinesische Lieder*
pour voix d'alto et piano op. 4[17]

I - [*Smutek*] Tristesse – 高適 Kao-Si [Gao Shi]

Il était une fois un roi à Liang, grand et puissant,
Chaleureux et accueillant était son palais,
Et les poètes étaient les bienvenus au sein de sa cour.
Mille ans sont passés depuis, peut-être plus encore,
Il n'en est resté qu'une tour au milieu de ruines,
Un souvenir nostalgique de la grandeur ancienne.
Le silence règne maintenant et les plantes envahissent les bâtiments,
Le souffle de la tristesse se lève et s'étend sur plusieurs lieux.

II - [*Na řece Jo-Yeh*] Au fleuve Io-Yeh – 崔顥 Cui Hao

Avec quelle légèreté vole notre barque !
Nous nous retrouvons dans le lieu de rêve des brumes blanches.
Nous nous y rendons pour nous reposer près des oiseaux et des nuages.
À chaque instant l'image du reflet des montagnes
Suit les mouvements de notre bateau.
Les échos profonds des rochers nous répondent
Et une vallée paisible nous invite à partager son silence.
Laissez reposer les rames
Pour que je puisse jouir de la beauté du paysage
Dont je n'ai pas encore pu admirer la beauté.

---

[17] Traduction personnelle à partir d'une traduction allemande de Markéta Štědronská (Boosey and Hawkes, 2006).

III - [*Jarní déšt*] La pluie de printemps – 杜甫 Thou-Fou [Du Fu]

La pluie qui sait toujours
Quand nous avons besoin d'elle,
Qui vient nous soutenir au printemps
Afin que la vie puisse à nouveau se développer.
La pluie est venue la nuit pour se faufiler calmement d'un lieu lointain
Pour s'approcher doucement avec un vent favorable
Afin de tout mouiller si tendrement et si timidement.

Les nuages qui se trouvaient sur le chemin d'hier,
Qui se retournent vers ma maison,
Seuls les feux des bateaux étaient encore visibles dans le noir
Des points scintillants sur le fleuve.
Ce matin luisent les couleurs fraîches
Des belles fleurs qui s'inclinent,
Répandues dans les jardins de l'Empereur comme une broderie.

Annexe 2

Schéma formel du premier *Lied*
Zaslech jsem divoké husy

Partie	Mes.	Organisation et stylistique rythmique	Harmonie	Mélodie	Texte
A	1-8	Continuité de croches en contraste avec un rythme de croche pointée.	Tons principaux : *fa* ^{bém}, *mi* ^{bém}, *do* ^{bém}, *ré* ^{bém}, *la* ^{bém} avec clusters.	Présentation de la ligne mélodique au piano solo en octaves avec *fa* ^{bém}, *mi* ^{bém}, *do* ^{bém}, *ré* ^{bém}, puis variantes dans la partie vocale.	La patrie est loin de moi, si loin de moi, si loin de moi.
B	9-13	Transformation des croches en doubles croches, puis triples croches.	Tons principaux : *fa* ^{bém}, *mi* ^{bém}, *do*^{bém}, *ré* ^{bém}, *la* ^{bém} avec clusters.	Continuité de la ligne vocale dans la même sphère tonale.	Tu aurais dû rentrer depuis longtemps, mon cœur, mais tu t'es perdu. Loin est la patrie.
Interlude (sans chant)	14-17	Rythme de la partie A.	Tons principaux : *fa* ^{bém}, *mi* ^{bém}, *do* ^{bém}, *ré* ^{bém}, *la* ^{bém} avec clusters.	Solo en octaves au piano avec *fa* ^{bém}, *mi* ^{bém}, *do* ^{bém}, *ré* ^{bém}, puis reprise du début au piano.	Pas de texte (solo instrumental).

Partie	Mes.	Organisation et stylistique rythmique	Harmonie	Mélodie	Texte
A'	18-26	Même facture rythmique qu'au début avec de légères variantes, puis densification rythmique.	Tons principaux : *fa* bém, *mi* bém, *do* bém, *ré* bém, *la* bém avec clusters.	Reprise de la mélodie de A avec des variantes. Répétitions de notes vers la fin de A' pour intensifier et mettre en avant les sens textuels.	Dans la nuit lointaine, dans la pluie d'automne, dans la froideur, dans la maison mes oreilles ont entendu le cri des oies sauvages qui sont juste passées.
Coda	27-fin	Densification de la partie de piano avec doubles et triples croches.	Tons principaux : *fa* bém, *mi* bém, *do* bém, *ré* bém, *la* bém avec clusters.	Reprise du motif du début avec ajout du triolet.	La patrie est si lointaine.

Annexe 3

Tableau comparatif des deux cycles de *Lieder*

CRITÈRES D'ANALYSE			
TITRE DU *LIED*	I *La tristesse* (1919)	II *Auprès du fleuve Io-Yeh* (1919)	III *La pluie de printemps* (1919)
STYLISTIQUE	Mélodie simple marquée par un accompagnement en ostinato.	Mélodie avec beaucoup de liberté pour la voix, déclamation libre.	Danse populaire rapide.
DÉVELOPPEMENT MÉLODIQUE	Développement mélodique simple et court avec de petites appoggiatures.	Développement mélodique avec de longues structures mélodiques. La mélodie est plus importante que le texte.	Développement mélodique avec de petits mouvements. Pas de lignes étendues.
FACTURE RYTHMIQUE	Basses du piano en point d'orgue. Arpèges en triples croches.	Motif rythmique constant : triple croche, croche, double croche pointée.	Polka. Triolets comme moyen de liaison rapide pour la prononciation.
LANGAGE HARMONIQUE	Tonalité : sol dièse mineur.	Tonalité : mi majeur.	Tonalité : mi bémol majeur.
MISE EN MUSIQUE DU TEXTE	Comme dans les *Volkslieder* issus de la culture hébraïque.	Même principe que dans le *Lied* I, mais plus de passages sans accompagnement (accords suspendus). Tradition cantoriale.	Mise en musique très syllabique, due à la rapidité de l'œuvre.
ORGANISATION FORMELLE	En une partie très courte.	A-B-A	A-B-A-coda

CRITÈRES D'ANALYSE				
TITRE DU *LIED*	I *J'entendais les oies sauvages* (1944)	II *Dans le bosquet de bambou* (1944)	III *Loin de la patrie se trouve la lune* (1944)	IV *Nuit blanche* (1944)
STYLISTIQUE	Mélodie très libre avec variations rythmiques.	Danse populaire rapide.	Mélodie très libre avec élargissements et variations rythmiques. Citation du *Lied* I.	Synthèse des trois *Lieder* précédents. Citation de la mélodie de piano du *Lied* II.
DÉVELOPPEMENT MÉLODIQUE	Intensification rythmique des éléments mélodiques. Répétition du motif initial.	Mélodie étendue liée par des triolets de noires et des blanches. Peu d'intervalles dans la mélodie. Mélodie au piano avec des « contours » pseudo-asiatiques.	Intensification rythmique des éléments mélodiques. Répétition du motif initial repris de la mélodie du *Lied* I.	Intensification rythmique des éléments mélodiques. Répétition du motif initial puis vocalise sur la mélodie de piano du *Lied* II.
FACTURE RYTHMIQUE	Densification dans la partie de piano : croche, doubles croches, triples croches.	Polka.	Densification dans la partie de piano en parallèle avec la voix chantée.	Densification rythmique par superpositions de mélodies.
LANGAGE HARMONIQUE	Sans tonalité définie, mais avec des pôles de tonalité.	Sans tonalité définie, mais avec des pôles de tonalité.	Sans tonalité définie, mais avec des pôles de tonalité.	Sans tonalité définie, mais avec des pôles de tonalité.
MISE EN MUSIQUE DU TEXTE	La phrase musicale se définit selon le sens du texte.	Très prégnante, par le mouvement mélodique lent.	Mise en musique différenciée par les variantes rythmiques.	Synthèse des *Lieder* I, II et III.
ORGANISATION FORMELLE	A-B-I^1-A'-coda	Intro-A-I^1-B- I^2-C- coda	A- I^1-B- I^2-B'-I^3-C-coda	Intro-A-I^1-B-coda

Annexe 4

Schéma explicatif des correspondances
entre les deux cycles de *Lieder*

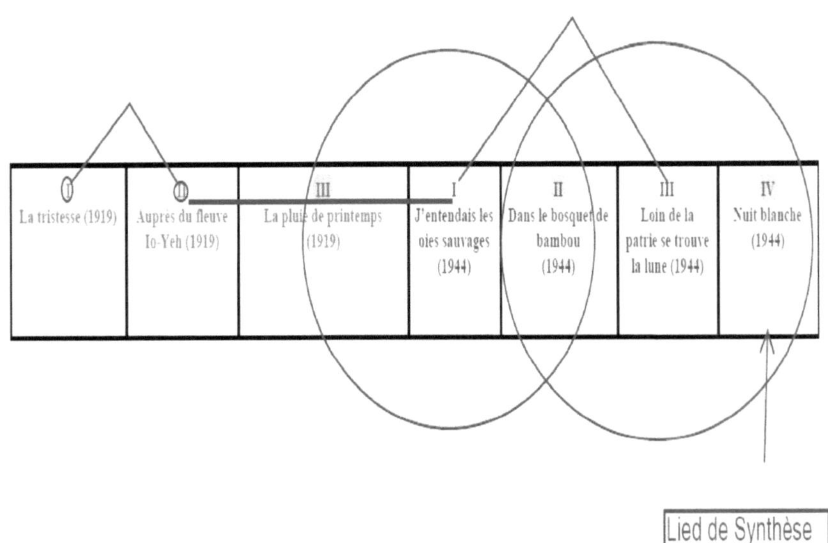

LES GRADIENTS STYLISTIQUES

dans les contacts entre musiques occidentale et extrême-orientale

Marc BATTIER

Dans le colloque organisé en Sorbonne en 2012 par 廖琳妮 Liao Lin-Ni, j'avais introduit ce qui constitue le thème de cet article, la question des gradients stylistiques[1]. Ce sujet était mis en regard des œuvres de la seconde moitié du XXe siècle qui, d'une manière ou d'une autre, se réfèrent à l'héritage de deux mondes, celui de l'Occident et celui de l'Asie orientale. J'avais amorcé cette réflexion à l'occasion d'un colloque en octobre 2012 à l'université Northeastern de Boston qui réunissait des chercheurs américains et des musicologues de Pékin, et je l'ai poursuivie dans un colloque à Taïwan en mai 2013. Au départ, je m'intéressais essentiellement à la place de la musique électroacoustique au sein de la culture d'Asie orientale, en particulier autour de la musique mixte.

Lors des rencontres annuelles que j'ai organisées au Conservatoire central de Pékin depuis 2008, certains collègues tendaient à isoler des pans entiers du répertoire électroacoustique de leur pays. C'était le cas de Mikako Mizuno, qui a étudié le répertoire des musiques dont l'électronique est interprétée en temps réel. Dans ce corpus, le critère reposant sur la présence d'instruments n'est pas pris en compte. Certaines de ces musiques peuvent être mixtes tandis que d'autres ne sont créées qu'avec des dispositifs électroniques. Pour Mizuno, le fait d'isoler ce répertoire signifierait qu'il existe une spécificité de cette musique pour le Japon ou pour l'Asie. La même question peut être posée pour toutes les catégories de la musique contemporaine en Asie. Cela peut d'ailleurs être réfuté tout autant dès lors

[1] Les textes de ce colloque ont été réunis dans un volume : 廖琳妮 Liao Lin-Ni et Marc Battier (dir.), *Fusion du temps. Passé-présent. Extrême Orient – Extrême Occident*, Paris, Delatour, 2014.

qu'un compositeur asiatique se réfère exclusivement à la musique occidentale. Il est pourtant bien des cas où la spécificité est clairement observable, et il faut s'attacher à caractériser ces différences. Dans un autre registre, dans son introduction au Festival des compositeurs taïwanais, 羅基敏 Lo Kii-Ming soulignait l'importance croissante de la présence des instruments traditionnels dans la création contemporaine de Taïwan en déclarant qu'« on voit quelques fois apparaître des instruments traditionnels chinois qui jouent souvent un rôle décisif grâce à leur timbre particulier »[2]. Près de vingt ans plus tard, on peut affirmer que le recours aux instruments extra-européens dans le contexte de la musique de tradition occidentale moderne est en plein essor. Des instrumentistes vivant en Europe, en Amérique du Nord et en Asie se spécialisent dans l'interprétation et la création d'œuvres nouvelles souvent écrites pour eux.

Je sais aussi que 廖琳妮 Liao Lin-Ni s'intéresse beaucoup à cet aspect de la musique contemporaine et, avec elle et d'autres collègues en France et en Asie, nous avons conçu des bases de données pour répertorier et documenter l'activité électroacoustique en Asie[3].

Pour cette approche de la recherche de traits pertinents dans la musique électroacoustique de l'Asie orientale, j'aimerais revenir sur la question des gradients stylistiques, cette fois-ci en élargissant à certains auteurs qui, d'une manière ou d'une autre, ont été conduits à mettre en avant certains critères qui entrent dans la composition des degrés de relation entre les deux héritages.

Je reprendrai le remarquable travail de la musicologue Yayoi Uno Everett, ainsi que les réflexions du compositeur sino-américain 周文中 Chou Wen-Chung [Zhou Wenzhong], entre autres.

---

[2] Lo Kii-Ming 羅基敏, « Les divers aspects du développement de la culture taïwanaise à partir de sa création musicale », dans *Festival des compositeurs taïwanais – Paris 1996*, Paris, Centre culturel et d'information de Taipei à Paris, 1996 (traduit par 洪力行 Hong Li-Xing et Catherine Nambridge).

[3] Les bases de données EMSAN ont été programmées grâce au soutien de l'UMS Maison de la recherche, qui a permis à Florence Le Priol d'implanter les deux bases du projet au sein d'un ensemble de bases gérées techniquement par l'UMS. Adresse du site des bases de données EMSAN : http://www.ums3323.paris-sorbonne.fr/EMSAN.

Pour John Corbett (Art Institute of Chicago)[4], la question de l'utilisation de matériaux extérieurs à la tradition occidentale fait problème. Dans un article inclus dans un ouvrage collectif, *Western Music and Its Others : Difference, Representation, and Appropriation in Music*, publié en 2000, il oppose deux attitudes qu'il nomme « orientalisme conceptuel » et « chinoiserie contemporaine ». Je reviendrai sur ces deux notions.

Yayoi Uno Everett, musicologue américaine d'origine japonaise, a proposé de classer les relations en une taxonomie[5] elle-même dérivée d'un travail préalable. Uno Everett, en effet, préserve une répartition en sept positions. Les sept degrés sont, chez elle, répartis en trois grandes classes, qu'elle nomme :

Transfert (*transference*)

Syncrétisme (*syncretism*)

Synthèse (*synthesis*)

Chaque catégorie est comme un tiroir. En l'ouvrant, on découvre des sous-catégories qui illustrent des comportements complémentaires ou simplement différents. D'emblée, la proposition d'Uno Everett ne me semble pas couvrir toutes les relations existantes aujourd'hui, mais elle a le mérite d'introduire une classification raisonnée.

LE TRANSFERT

En premier lieu, le transfert, qui regroupe quatre positions. La première est l'inspiration qui est issue de l'Asie sans pour autant en citer des traits représentatifs. Ici, le compositeur trouve dans la culture de l'Asie des éléments conceptuels qui lui servent pour composer, mais il n'y a pas de recours aux sons de l'Asie : pas d'instruments traditionnels, pas d'échelles ou de modes de jeu… En ce sens, l'attitude de John Cage l'illustre

[4] John Corbett, « Experimental Oriental: New music and other », dans *Western Music and Its Others: Difference, Representation, and Appropriation in Music* (sous la dir. de Georgina Born et David Hesmondhalgh), Berkeley, University of California Press, 2000, p. 163-186.

[5] Yayoi Uno Everett, « Intercultural Synthesis in Postwar Western Art Music: Historical Contexts, Perspectives and Taxonomy », dans *Locating East Asia in Western Art Music* (sous la dir. de Yayoi Uno Everett et Frederick Lau), Middletown (CT), Wesleyan University Press, 2004, p. 1-21.

parfaitement. Il utilise le 易經 I-Ching pour composer mais il n'emprunte ni sons ni instruments ni système compositionnel à l'Asie. John Corbett, pour sa part, qualifie cela d'« orientalisme conceptuel ».

La seconde attitude de cette première classe consiste à évoquer une sensibilité asiatique sans pour autant en emprunter des traits musicaux de manière explicite. Elle cite, par exemple, *Inori* de Karlheinz Stockhausen ou *Six Japanese Gardens* de Kaija Saariaho.

Une troisième sous-catégorie concerne la citation ou la référence littéraire, en se basant par exemple sur un drame *nô* ou sur un *haiku*. Ici, la classification d'Uno Everett devient un peu vague car elle y inclut aussi la poésie mise en musique. On pourrait alors revenir loin en arrière et ouvrir largement cette typologie. Ainsi, en 1912 par exemple, Carol-Bérard écrit *Haikai*, des mélodies sur neuf poèmes de forme *haiku* (qu'on trouve à la Bibliothèque nationale de France) et Stravinski compose les *Trois poésies de la lyrique japonaise*, basées sur des *haiku*, et l'on pourrait multiplier les exemples. Ces œuvres se relient au courant orientaliste comme, par exemple, *La Princesse jaune* de Saint Saëns en 1872.

La dernière catégorie de cette classe d'Uno Everett concerne la citation et le collage de matériaux musicaux asiatiques. Elle cite alors la *Symphonie 1997* que 譚盾 Tan Dun a composée à l'occasion du rattachement de Hong Kong à la Chine. On est là dans le postmodernisme que ce compositeur revendique.

LE SYNCRÉTISME

La seconde grande classe d'Uno Everett est le syncrétisme, qui comprend deux sous-catégories : la première est le transplant ou intégration, dans laquelle des figures du langage sont intégrées à la musique occidentale. Ainsi, des timbres des instruments traditionnels sont empruntés et greffés sur des modes de jeu qui tentent de les reproduire ([flûte]/*shakuhachi*, par exemple) ou bien des échelles sont elles aussi empruntées. La seconde classe se fonde sur la juxtaposition où figurent côte à côte instruments occidentaux et asiatiques dans une confrontation qui choisit de ne pas les mêler dans une même texture. Chacun conserve et véhicule son propre monde.

Dans ces deux cas, John Corbett parle ici de « chinoiserie contemporaine », qu'il oppose à « l'orientalisme conceptuel », le mot chinoiserie, dit-il, ayant été emprunté à Steve Reich, du moins pour ce qui est du contexte musical. Cela touche avant tout à l'aspect décoratif, qui intègre les matériaux exotiques, les instruments, les textures. Dans ce mode, on choisit ce qui nous plaît dans la musique et dans l'instrumentarium sans pour autant en saisir ou en épouser la dimension spirituelle. Il s'agit alors bien plus d'un exotisme de l'artificiel.

En poussant l'analyse plus loin, Corbett introduit le terme de « néo-orientalisme » pour désigner certaines musiques de compositeurs, certains émigrés comme 譚盾 Tan Dun qui travaille aux États-Unis, mais qui englobe aussi une œuvre comme *November Steps* de Tôru Takemitsu. Le néo-orientalisme de Corbett rejoint la seconde classe d'Uno Everett mais sans connotation péjorative. Seulement, l'œuvre néo-orientale crée un paradoxe que l'auteur illustre en citant *Ghost Opera* (1994) de 譚盾 Tan Dun, qui mêle un quatuor à cordes et *pipa*, pierres, eau, gongs et voix. Présentée en Occident, l'œuvre est ressentie comme exotique, ce qui renforce l'identité mixte du compositeur, tandis que, jouée en Chine, elle rencontre l'incompréhension du public, dérouté par la juxtaposition de deux traditions où les éléments soi-disant exotiques apparaissent comme une nouvelle forme extravagante de musique occidentale, et donc considérés eux aussi comme exotiques.

LA SYNTHÈSE

Dans sa troisième classe, Uno Everett parle de synthèse. Dans cette classe, qui ne comprend pas de sous-catégories, le gradient stylistique s'appuie sur un principe de transformation de chaque référent, l'occidental et l'asiatique, pour produire une musique riche de chaque apport. Les référents ne peuvent en être extraits simplement puisque par l'effet de la synthèse ils ont produit un matériau textuel et sonore particulier. Pour illustrer cette étape, Uno Everett donne quelques exemples d'œuvres, comme *Nirvana Symphony* de Toshirō Mayuzumi (1958), *Bugaku* de Yoritsune Matsudaira ou *Metaphors* de 周文中 Chou Wen-Chung. Mais elle y place aussi *Ryôanji* de John Cage, une œuvre que Corbett, lui, classe comme orientalisme conceptuel et que l'on pourrait tout aussi bien ranger dans la famille du transfert puisque Cage part de l'image du jardin sec du temple zen Ryôanji de Kyoto. C'est dire combien cette classification est délicate.

周文中 Chou Wen-Chung, compositeur né en Chine, a émigré en 1946 aux États-Unis pour se consacrer à la musique. Il est le fondateur en 1978 et le directeur du Center for US-China Arts Exchange, établi à New York ; il est plus précisément affilié à la Columbia University, à la suite de discussions avec le gouvernement chinois. C'est Edgard Varèse qui incita le jeune compositeur à interroger sa culture d'origine. Dès lors, Chou s'est penché sur la poésie chinoise ainsi que sur le *guqin* [la cithare *qin*], mais aussi sur le *I-Ching* [*yijing*], qui lui servit à définir des modes. Dans sa musique, les traits d'origine chinoise se retrouvent dans la facture et le langage des œuvres, mais pas directement dans leur surface : on n'y relève pas de mimétisme ou d'appropriation directe de traits caractéristiques. En ce qui concerne les relations Occident-Asie, Chou met surtout l'accent sur la notion de « confluence ». Tout en citant les œuvres de nombreux compositeurs européens et américains, il fait référence à sa propre approche de l'Asie. Son biographe, Peter Chang, parle de syncrétisme. De manière générale, son influence s'est exercée sur les musiciens appartenant à ce qu'on nomme la « nouvelle vague », post-Mao, à partir du début des années 1980[6], dont il a aidé certains par l'intermédiaire du Center for US-China Arts Exchange.

À ces catégories, j'aimerais en ajouter une qui est plus particulièrement adaptée au cas de la musique mixte, c'est-à-dire de la musique dans laquelle des instruments ou la voix dialoguent avec l'électronique ou des parties électroacoustiques préenregistrées. En travaillant à plusieurs reprises avec des musiciens pratiquant un instrument traditionnel, j'ai constaté que plusieurs étaient de grands artistes, mais qu'ils n'avaient souvent eu aucun contact préalable avec la musique électroacoustique. Ce fut le cas pour une musicienne de *koto* à Nagoya, de 古琴 *guqin* à Pékin et de 古箏 *guzheng*, aussi à Pékin. J'ai alors été amené à

[6] Zhou Jenmin, *New Wave Music in China*, thèse de Ph. D., University of Maryland, Baltimore County, 1993.

constater que lorsqu'il y avait une familiarité entre le son artificiel du milieu électroacoustique et l'instrument, le musicien parvenait à établir une communication entre les deux mondes sonores. Comme je pars souvent d'enregistrements des instruments eux-mêmes, une certaine qualité sonore est préservée. D'une certaine manière, la partie électroacoustique joue comme une extension de l'instrument, au sens où l'on parle de techniques avancées ou étendues. La notion d'extension sous-entend un prolongement du jeu instrumental (ou vocal), soit par des moyens acoustiques, ou bien, comme ce dont il s'agit ici, grâce aux techniques électroacoustiques. Il y a alors une remarquable cohésion entre les deux mondes sonores dès lors que l'un découle de l'autre même si, au passage, il y a un véritable phénomène de transduction. Le son instrumental est transporté dans le domaine de l'artificiel. C'est ce reflet qui offre le moyen d'une extension du jeu instrumental. Il permet de former une catégorie cohérente de gradient stylistique en complément aux trois classes dégagées par Uno Everett. Dans les œuvres composées pour instrument traditionnel et matériau électroacoustique que j'ai pu créer depuis 2006, ce mode de relation a contribué à renforcer le dialogue, incertain, du musicien et de la machine.

On sait que la facture instrumentale mais aussi la technique de jeu ont évolué constamment, mais à partir des années 1950, le principe de techniques étendues est devenu un champ d'étude qui a conduit à établir des tableaux et des guides pour produire de nouveaux modes de jeu. On connaît ainsi les tables de multiphoniques de Bruno Bartolozzi ou, pour les flûtes, les techniques étendues de Robert Dick, Pierre-Yves Artaud et bien d'autres ou, pour le Japon, de Minoru Miki[7]. De plus, la musique mixte se répand considérablement grâce aux nouvelles technologies, et la notion d'extension du jeu instrumental prend une place grandissante. C'est pourquoi j'avance ici la notion d'extension comme une catégorie à part, au milieu des positions suggérées par Uno Everett et les autres auteurs cités.

[7] Minoru Miki, *Composing for Japanese Instruments*, Rochester (NY), University of Rochester Press, 2008.

CONCEPTIONS DU TEMPS DANS LA MUSIQUE
de Hsu Tsang-Houei et de Chen Qigang

連憲升 LIEN Hsien-Sheng

Le traitement du temps dans la musique constitue une problématique essentielle pour presque tous les compositeurs, occidentaux ou orientaux, et spécialement pour ceux qui ont l'expérience des deux cultures. La résolution de cette problématique, consciemment ou inconsciemment, les amène parfois à des styles personnels dans la composition. Nous discuterons ici des œuvres de deux compositeurs d'origine taïwanaise et chinoise : 許常惠 Hsu Tsang-Houei (1929-2001) et 陳其鋼 Chen Qigang (1951-) pour présenter leurs conceptions du temps dans la musique. Ces deux compositeurs ont eu des formations musicales similaires en France mais ils ont suivi différents parcours musicaux après leurs apprentissages. Par la discussion des œuvres représentatives de ces deux compositeurs, comme le 葬花吟 *Zanghuayin* [Chant de l'enterrement des fleurs] de Hsu et 易 *Yi* [Mutations] de Chen, nous illustrerons les influences européennes et les ressources chinoises concernant les matériaux temporels ainsi que les pensées différentes dans leurs musiques.

DEUX ŒUVRES DE 許常惠 HSU TSANG-HOUEI

昨自海上來 *Zuozi haishang lai* (En revenant de la mer, hier) pour soprano et quatuor à cordes (1958)

Vers la fin de ses études à Paris, Hsu écrivit *Deux poèmes pour musique de chambre,* mélodies pour chant et ensembles : « Au clair de la lune, le laurier » pour flûte, chant et piano ; et « En revenant de la mer, hier » pour soprano et quatuor à cordes. Dans ces mélodies, Hsu a trouvé un langage personnel qui révèle sa maturité dans le domaine de la composition. Dans 巴黎樂誌 *Bali Yuezhi* (Journal musical d'un Chinois à Paris][1], il affirme

[1] Hsu Tsang-Houei 許常惠, 巴黎樂誌, *Bali Yuezhi* (Journal musical d'un Chinois à Paris), Taipei, Pai-ko Cultural com., seconde édition, 1982.

que « c'est à partir de cette œuvre que j'ai réellement commencé ma carrière de compositeur ! »[2]

La seconde pièce, 昨自海上來 *En revenant de la mer, hier*, a été inspirée par l'écoute à Paris de la musique du gamelan balinais. Dans son *Journal*, en date du 24 avril 1958, Hsu écrivait :

> (…) Pourtant, l'esprit de la musique orientale et celui de l'Occident sont vraiment très différents ! Cela m'a été profondément rappelé quand j'ai écouté l'exécution des ensembles du gamelan et du ballet de Bali d'Indonésie[3]. Pensons à la musique orientale : celle d'Indonésie, du Japon, d'Inde ou de Chine. Nous n'avons jamais entendu parler de l'harmonie, du contrepoint, des principes de la forme des musiciens orientaux… Peut-être que cela n'a même jamais existé chez nous ! À cause de cela, à cause de ce manque, je me suis intéressé à la musique orientale avec beaucoup de retard ! Cependant, mon ancienne idée fixe a été ébranlée par mon écoute de la musique de Bali ce jour-là ! Comme elle est libre, notre musique orientale, comme elle est naturelle ! Comme elle est vivante ! C'est une vie primitive, sans aucun ornement. (…) L'harmonie, le contrepoint, les principes de la forme, tout cela est comme une chaîne qui contraint la musique occidentale et l'opprime. Comme c'est dur, comme c'est pénible !
> Et moi, je me trouve dans cette situation difficile ! Est-ce l'Orient ou l'Occident que j'envie ?[4]

À la suite de ces réflexions, Hsu négligea volontairement le souci de l'harmonie dans ce morceau (ex. 1). Il le fit en adoptant une manière de composer qui superpose hétérophoniquement les cinq parties musicales – le quatuor à cordes et la ligne de chant[5] – avec des échelles différentes : la gamme pentatonique et la gamme par ton, l'échelle de Java et l'échelle du Japon, la gamme chromatique et les matériaux atonaux. La métamorphose incessante, à la fois verticale et horizontale, donne à l'œuvre un caractère nerveux voire sauvage.

---

[2] *Ibid.*, p. 80.
[3] Hsu assista à ce concert au Théâtre National de Chaillot à Paris le 9 décembre 1957.
[4] HsuTsang-Houei , *op. cit.*, p. 81-82.
[5] Le compositeur a doublé la partie du chant pour présenter les deux versions du poème, chinoise et japonaise.

Ex. 1 : 許常惠 Hsu Tsang-Houei, 昨自海上來 *En revenant de la mer, hier*, p. 1[6]

Pour Hsu, cette idée a été inspirée par son écoute des musiques de gamelan à Paris, mais aussi par son émotion à l'écoute du *Concerto pour piano et orchestre* de Jolivet le 9 septembre 1958 à l'Opéra-Comique de Paris. Ce jour-là, il écrivit dans son *Journal* :

[6] Avec l'aimable autorisation de 廣音堂出版社, Kwan-In-Tang Éditeur, 新竹 Hsinchu [Xinzhu].

> (…) Jolivet est un magicien (…) Sa musique m'a toujours fait découvrir un nerf fragmenté et divisé. Curieusement, ce nerf fragmenté et divisé m'a fait ressentir en même temps une force complète et violente. Il semblait que c'était grâce à une force unifiée, issue de la coïncidence de ces rythmes violents et dynamiques, et de ces mélodies tristes à l'intérieur de ces passages morcelés et disloqués. (…) Le concert se déroule dans une tension sans repos. Même s'il y a eu un passage exquis assez long de couleur orientale dans le IIe mouvement lent, il n'était qu'une espèce de « variation ». Voilà, cette « variation », c'est la vie de la musique de Jolivet ! Les variations de tous les éléments musicaux constituent la vie de sa musique : les éléments européens, asiatiques, africains ; les éléments rythmiques, mélodiques, harmoniques ; les éléments de durée, d'intensité, de timbre ; même les éléments matériels et spirituels… Tous ceux qui varient incessamment sans aucun repos. La fragmentation et le désordre que j'ai ressentis résultaient non pas de la disposition des formes mais de cette idée de « variation », de ces variations excessives et violentes[7].

La pièce est divisée en cinq parties suivant la disposition d'un poème japonais. Ces parties sont intégrées dans une forme en arc : A - A' - B - C (A'') - A. L'ambiance et la texture ont temporairement changé dans la partie du récitatif au milieu. Le morceau a été composé d'après un poème japonais écrit par Takara Rumiko, une amie du compositeur. L'ondulation sans fin des lignes superposées confiée au quatuor à cordes exprime la « métamorphose incessante » des images de la mer tandis que le poème est chanté d'une manière relativement calme. D'après l'indication au début de la partition – « tranquille mais mouvementé » – la musique présente deux sentiments et deux temps dans un seul cosmos : celui d'un voyageur solitaire, calme et décidé, qui se trouve dans une ambiance bouleversée et vivante. Cette dernière symbolise aussi la « modernité ».

葬花吟 *Zanghuayin* (Chant de l'enterrement des fleurs) pour soprano, chœur féminin, 引磬 *yin'ching* et 木魚 *mu-yu* (1962)

Nous trouvons aussi cette superposition des temps dans 葬花吟 *Chant de l'enterrement des fleurs* créé au retour de Hsu à Taïwan. Inspiré par l'écoute du 梵唄 *Fanbei* bouddhique pendant son travail sur le terrain au nord de Taïwan en printemps 1961, Hsu s'est appuyé sur le célèbre poème

---

[7] Tsang-Houei, *op. cit.*, p.104-105.

葬花吟 *Chant de l'enterrement des fleurs*, tiré du roman 紅樓夢 *Hongloumeng* [Rêve dans le pavillon rouge] de 曹雪芹 Cao Xue-Qin pour créer son « requiem chinois »[8].

Voyons la cinquième partie de l'œuvre, qui commence par un « chant » rapide et régulier en tutti au chœur, accompagné par le 木魚 *muyu* dans le même rythme. Nous sommes maintenant dans la dernière étape du 五會念佛 *Wuhuinianfuo* (Invocation du nom d'*Amitäbha* – nom de bouddha – dans les cinq assemblées) : sommet de cette cérémonie bouddhique (ex. 2). Le chœur chante vivement les vers du tout début du poème tandis que le soprano solo ne chante qu'une dizaine de vers du poème, toujours de manière élégante et lyrique. Cette superposition de deux rythmes différents est issue d'une méthode dramatique très fréquente dans les opéras chinois, qui s'appelle 緊中慢 *Jinzhongman* ou (緊打慢唱 *Jindamanchang,* qui signifie littéralement chanter lentement avec des accompagnements rapides). Elle crée souvent une tension entre la mélodie lyrique interprétée par le personnage principal de l'opéra et l'ensemble des instruments.

À la suite de l'essai que constitue *En revenant de la mer, hier,* ce passage présente également deux sentiments et deux temps : ceux d'un chant lyrique et terrestre qui exprime l'espoir humain vers l'immatériel de 林黛玉 Lin Dai-Yu – personnage féminin principal du roman – et d'un 梵唄 *Fanbei* cérémoniel de tempo « presto », qui aide le personnage en priant vers l'immatériel. Toutefois, dans ce passage, l'utilisation du mode pentatonique donne à la musique une couleur beaucoup plus cohérente et harmonieuse que dans 昨自海上來 *En revenant de la mer, hier.*

[8] *Le Chant de l'enterrement des fleurs.* Il s'agit d'une lamentation destinée à un enterrer mais aussi, selon l'historien 余英時 Yu Ying-Shih, pour conserver l'innocence et la pureté des filles vertueuses en prévoyant la disparition d'un univers idéal d'utopie. *Cf.* 余英時 Yu Ying-Shih, 紅樓夢的兩個世界, *Hongloumeng de liang'ge shijie*, Les deux mondes de Hongloumeng, Taipei, édition Lien-Jing, 1978, p. 41-70.

Ex. 2 : 許常惠 Hsu Tsang-Houei,
葬花吟 *Chant de l'enterrement des fleurs*, p. 28[9]

En plus de l'emploi de la théorie du « cycle des quintes » – le mode pentatonique se module douze fois et retourne aux modes initiaux (ex. 3) – qui donne au morceau une forme cyclique, la structure temporelle du 五會念

[9] Avec l'aimable autorisation de 樂韻出版社, Yue-Yun Music Publishing Co., Ltd, Taipei.

佛 *Wuhuinianfuo* aide d'ailleurs Hsu à organiser un discours intensif dans la musique.

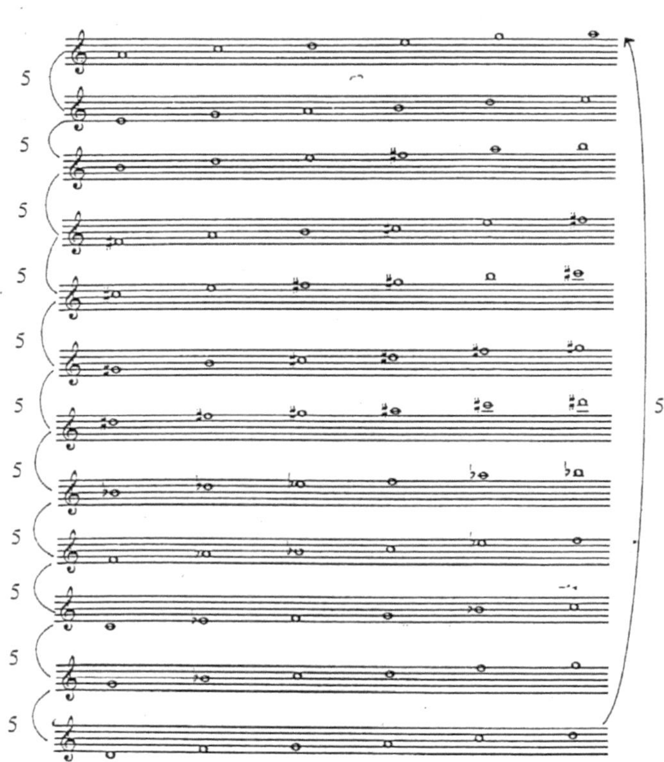

Ex. 3 : 許常惠 Hsu Tsang-Houei, « cycle des quintes » dans 葬花吟 *Chant de l'enterrement des fleurs*

Voici la structure temporelle du 五會念佛 *Wuhuinianfuo* et celle de 葬花吟 *Chant de l'enterrement des fleurs* :

- Pendant la 1re assemblée : invocation à 6 caractères : *na-mo-a-mi-tuo-fuo*, sur une intonation plate et au tempo très lent ;
- Pendant la 2e assemblée : invocation à 6 caractères, sur une intonation ascendante et au tempo lent ;

- Pendant la 3e assemblée : invocation à 6 caractères, au tempo ni lent ni rapide (modéré) ;

- Pendant la 4e assemblée : invocation à 6 caractères, au tempo accéléré ;

- Pendant la 5e assemblée : invocation à 4 caractères : *a-mi-tuo-fuo*, au tempo très rapide.

葬花吟 *Zanghuayin* (Chant de l'enterrement des fleurs) :

Ire partie :	Andante ma non troppo	A1
IIe partie :	Lento	B
IIIe partie :	Moderato	A2
IVe partie :	Allegretto	C
Ve partie :	Presto	A3
VIe partie :	Andante ma non troppo	Coda

TROIS ŒUVRES DE 陳其鋼 QIGANG

易 *Yi* (Mutations) pour clarinette et quatuor à cordes (1986)

Dans cette pièce dynamique et tendue composée pour clarinette et quatuor à cordes (ex. 4), le compositeur s'est appuyé sur des techniques contemporaines européennes, notamment celles de Ligeti, et s'est rapproché d'une certaine manière de l'esprit d'avant-garde occidental pour exprimer sa propre idée de « métamorphose »[10]. Le dynamisme de la musique provient de la succession et du remplacement rapide de mouvements horizontaux confiés à la clarinette et au quatuor à cordes. Ces juxtapositions de temps musicaux, parfois métamorphosées en superpositions verticales dans le développement du morceau, nous donnent à penser que le compositeur veut nous montrer deux temps et deux mondes différents dans un discours musical.

---

[10] Le mot 易 *yi* veut dire aussi « simplicité » au sens le plus large en chinois.

Ex.4 : 陳其鋼 Chen Qigang, 易 *Yi*, mes. 1-4[11]

Les mouvements de clarinette, parfois poussés par ceux du quatuor, tantôt « volant » librement et avançant avec le quatuor, tantôt ralentissant et se promenant tout seuls (ex. 5) – avec des matières diverses qui revêtent des couleurs différentes, dénoncent une certaine attitude ou réflexion du compositeur liée à l'époque moderne.

Ex. 5 : 陳其鋼 Chen Qigang, 易 *Yi*, chiffre 7

[11] Avec l'aimable autorisation de Gérard Billaudot Éditeur SA, Paris.

夢之旅 *Mengzilü* (Voyage d'un rêve) pour flûte, harpe, percussion et trio à cordes (1987)

À la suite de la création de 易 *Yi*, 夢之旅 *Mengzilü* (Voyage d'un rêve) présente un style totalement différent grâce à une utilisation importante des gammes pentatoniques et à la réitération d'un thème lyrique. Selon Chen :

> Lorsque j'ai écrit ce *Voyage d'un rêve*, je me suis trouvé à une époque transitoire dans ma vie sentimentale. Ainsi cela m'a donné une sensibilité et le courage de réaliser ce qu'on ne peut faire. Évidemment, je devrais penser à ce que j'ai appris à l'école et ce que l'école nous demande toujours de suivre. Cependant, j'ai commencé à m'enfuir secrètement en faisant ce petit pas. Je me sentais bien. Et pourquoi pas ? Au fur et à mesure, j'ai avancé un autre pied, et puis, je suis allé encore plus loin[12].

Dans la pièce, l'emploi de la méthode du « traitement dodécaphonique de la gamme pentatonique »[13] (ex. 6) contribue à donner au morceau une sonorité relativement consonante sans perte des nuances subtiles.

Ex. 6 : Série utilisée par 羅忠鎔 Luo Zhongrong dans 涉江采芙蓉 *Shejiang cai furong*

[12] Entretiens avec 陳其鋼 Chen Qigang, 1er avril 2001 à Paris.

[13] Établie par le compositeur chinois 羅忠鎔 Luo Zhongrong(1924-) dans sa mélodie 涉江采芙蓉 *Shejiang cai furong* (« En traversant la rivière, allons cueillir les lotus ») pour soprano et piano, cette technique consiste à : 1) créer une série de douze sons issus de deux gammes pentatoniques qui se décalent d'un demi-ton avec l'une de leurs notes auxiliaires pour chacune, donnant ainsi aux deux moitiés de la série des caractères indépendants et des fonctions complémentaires. Ce qui signifie que les sons des deux gammes pentatoniques ne se répètent jamais dans l'autre gamme et donc les gammes se complètent avec leurs propres notes auxiliaires, pour aboutir aux douze sons chromatiques. 2) Exclure de la série les intervalles « tendus » comme la seconde mineure et le triton grâce à l'utilisation des gammes pentatoniques. Ainsi, dans la série originale et celles de l'ordre récurrent et renversé, on ne trouve que des intervalles « doux » propres à la gamme pentatonique : la seconde majeure, la tierce mineure et la quarte juste. Ceci donne à la musique une couleur transparente et une ambiance calme sans perdre la cohérence des matériaux et la force unificatrice de l'écriture dodécaphonique.

Pourtant, la rentrée du thème apparaît au chiffre 25 avec le violon et l'alto en octave, qui est accompagné par des arpèges en accord parfait sur *fa* dièse (au violoncelle et à la harpe, par harmonie) et des lignes flottantes de la flûte et du vibraphone en mode *do* sur *si* bécarre. Globalement, nous pouvons définir la sonorité de ce passage comme une tonalité de *si* majeur, et c'est la dominante de la tonalité, *fa* dièse, qui règne sur cette réexposition du thème. Grâce à cette entrée classique du thème avec son remarquable lyrisme, le 夢之旅 *Voyage d'un rêve* présente un moment de rêverie qui traduit une « fuite » vis-à-vis de l'ambiance académique

逝去的時光, *Shiqu de shiguang* (Reflet d'un temps disparu) pour violoncelle et orchestre (1995-1996)

Quant au 逝去的時光 *Shiqu de shiguang* (Reflet d'un temps disparu), la mélodie limpide et profonde du 琴 *qin* dans 梅花三弄 *Meihua sannong* devient ici un air lointain et nostalgique joué au violoncelle. Ce thème apparaît au début du morceau d'une manière suggestive mais très caractéristique du violoncelle. La note ornementée *do,* jouée en glissando pour colorer le *ré* bémol, donne à la musique un style vibré de 吟猱 *yinnao* dans la musique du 琴 *qin.* La sonorité calme et douce ainsi que l'étendue du violoncelle correspondent aussi à ceux du 琴 *qin.* La réitération de cette mélodie tendre et humaine – ou « lettrée », selon les traditions littéraires et musicales chinoises, cette « traduction » moderne d'une ancienne mélodie du 琴 *qin* présente une mémoire culturelle marquée par un retour vers le matériau musical et le style lettré de Chine.

À la suite de notre discussion, nous avons trouvé que les conceptions du temps chez ces deux compositeurs se présentent de manière différente : dans le cas de 許常惠 Hsu Tsang Houei, l'intérêt et la recherche ethnomusicologiques l'incitent à superposer les temps et l'aident à créer une structure temporelle intensive avec une forme cyclique. Quant à 陳其鋼 Chen Qigang, les passages présentés soit par des mélodies fragmentées et librement jouées, soit par des matériaux antiques et une sonorité heureuse, soit par des citations d'un air lointain, donnent à sa musique des moments de repos, de fuite, de nostalgie et de souvenirs à la fois personnels et culturels.

Même s'il ne s'agit pas ici d'un traitement direct et conscient du temps, comme on en trouve un chez Olivier Messiaen ou Joji Yuasa, par exemple[14], notre analyse entendait montrer que la conception (ou plutôt le sentiment) du temps existe dans les œuvres musicales de ces deux compositeurs. Chacun a sa propre manière d'exprimer cette idée difficile à définir.

[14] En ce qui concerne le traitement temporel dans la musique de Joji Yuasa, *cf.* Joji Yuasa, « Musique : reflet d'une cosmologie » (traduit par Esther Starkier), dans *Inharmoniques*, numéro 2, Paris, 1987, p. 162-173.

POSTFACE

LES MUSIQUES DE L'AILLEURS
De l'évasion à la compréhension

Danièle PISTONE

Les premiers échanges littéraires ou artistiques entre Orient et Occident remontent à des temps bien lointains, comme plusieurs auteurs[1] l'ont rappelé ici ; l'étude de ces rapports s'est en outre intensifiée récemment avec l'ouverture de divers programmes consacrés aux transferts culturels[2] et de séminaires ou réseaux interdisciplinaires tels que ceux dont Véronique Alexandre Journeau a eu l'initiative à Paris[3]. Le présent volume collectif, centré sur la Chine (opéra, poésie, cithare *qin*...) et le recours à des éléments de son langage dans l'Europe de ces trois derniers siècles (des chinoiseries diverses à Gustav Mahler, Claude Debussy, Marguerite Canal et Pavel Haas), propose dans ce cadre d'intéressantes comparaisons, notamment avec le Japon et le succès parfois paralysant du *haikai* (Muriel Détrie), tout en ouvrant des perspectives encore peu exploitées en France sur Taïwan (許常惠 Hsu Tsang-Houei[4]) comme sur l'époque très contemporaine (陳其鋼 Chen Qigang[5]).

---

[1] Dont certains ont publié sur ce sujet d'importantes synthèses (voir, par exemple, dans la bibliographie ci-dessous les travaux de Muriel Détrie).

[2] Notamment dans le cadre du Réseau Asie et Pacifique, dirigé par Jean-François Sabouret de 2001 à 2012.

[3] Notamment Langarts (Langages artistiques, Asie-Occident). Il a déjà donné lieu à diverses publications dans la présente collection. Voir le site langarts.hypotheses.org

[4] 許常惠 Hsu Tsang-Houei (1929-2001), compositeur et professeur, fut invité à la Sorbonne durant l'année 1989-1990 pour faire connaître à nos étudiants la musique et l'ethnomusicologie de Taïwan.

[5] 陳其鋼 Chen Qigang, né en 1951 à Shanghai et aujourd'hui naturalisé français, élève de Messiaen, a obtenu un DEA à l'université Paris-Sorbonne en 1989 avec un mémoire intitulé *Du rôle historique de l'influence musicale européenne sur la musique chinoise du XXe siècle.* 連憲升 Lien Hsien-Sheng lui a consacré une thèse dans ce même établissement en 2005.

Ces dernières mettent l'accent sur une différence de perception du temps, laquelle apparaît ici de façon lumineuse dans le *Journal musical d'un Chinois à Paris*[6]. Combien, à la fin des années 1950, notre musique, généralement mesurée, harmonisée, enserrée dans des formes cataloguées, paraît contrainte à ce compositeur face à la liberté inhérente à l'art sonore extrême-oriental. Le choix de celui-ci ne réside pas, en effet, dans les savantes superpositions polyphoniques ou harmoniques de notre Occident, mais plutôt dans l'effet chatoyant des résonances (telles celles de la cithare 琴 *qin*[7]) comme dans la subtilité de rythmiques fluctuantes qui ont su inspirer aussi certains de nos compositeurs[8]. Or, rien n'est sans doute plus intime que la perception du temps, ce temps dont nous sommes nourris. Et, de ce point de vue, entre la conception de l'artiste, la prestation de l'interprète et la réception du public, une compréhension profonde et unanime – exempte de tout snobisme réducteur – apparaît souvent difficile.

DES CARACTÉRISTIQUES DE FORT RELIEF

Si les présents articles mettent cependant bien en évidence quelques-uns de nos engouements pour les œuvres de ces terres lointaines, des traductions de Judith Gautier (*Le Livre de jade*, 1867, publié sous le pseudonyme de Judith Walter) aux adaptations plus libres de Hans Bethge (*Die chinesische Flöte*, 1907) ou à la mode des années 1920 ouvertes à bien des expressions de l'ailleurs (du jazz au charleston, occultant d'ailleurs souvent les tournées de l'opéra chinois[9]), il est vrai que la découverte puis l'approfondissement de langages extérieurs a indubitablement participé au renouvellement de la pensée et des modes d'écriture de notre Occident. Passé le premier moment d'étonnement, quasi enfantin, focalisé sur les

---

[6] De 許常惠 Hsu Tsang-Houei ; *cf. supra*, l'article 連憲升 Lien Hsien-Sheng p. 177.

[7] À propos de laquelle on pourra consulter aussi les travaux de Véronique Alexandre Journeau (*La cithare chinoise* qin : *texte, image, musique*, thèse, Paris-Sorbonne, 2003).

[8] Voir à ce propos les œuvres déposées au CDMC (Centre de documentation de la musique contemporaine, Paris), comme celles de Philippe Chamouard, *Les Rêves de l'ombre* (2012) ou de Thierry Pécou, *Voici le nouveau jardin* (2010).

[9] Dont il est question ici dans l'article de Françoise Quillet : « La réception de l'opéra chinois en France : traductions et études critiques du 18e siècle aux années 1940 », p. 21.

différences (« Comment peut-on être persan ? »[10]), une fois surmonté le stade de l'exotisme toujours rivé sur un étranger non assimilé (souvent pour ne pas contrevenir aux habitudes ou aux bienséances)[11], la présentation répétée d'images ou de sons d'abord insolites en vient à créer un certain degré de familiarité avec ceux-ci : ce fut notamment le rôle des Expositions universelles à partir de 1851. On se souviendra par exemple, cette année-là, à Londres, de l'incompréhension de Berlioz face au chant chinois, qualifié sous sa plume de bien peu courtoise façon[12]. Mais, parallèlement aux Expositions parisiennes suivantes (1855, 1867, 1878 et surtout 1889 comme 1900), l'Extrême-Orient s'est fait plus familier : du *Ba-ta-clan* d'Offenbach (avec ses Fé-ni-han et Fé-an-nich-ton, 1855) à la *Fleur de thé* de Lecocq (1867), le succès de leur image caricaturale ou à peine esquissée ne s'est d'ailleurs pas démenti, comme précédemment celui du ballet *Chao Kang* de Luigi Carlini (1834)[13].

La solution consiste en fait généralement pour le compositeur à laisser aller sa libre inspiration selon le langage musical de son temps, en intégrant éventuellement quelques traits caractéristiques rattachant clairement son œuvre au pays choisi. Ces particularités doivent naturellement pouvoir être reconnues par l'auditeur sans difficulté : il s'agit donc bien vite de clichés. La seconde augmentée pour l'Orient (de Félicien David à Camille Saint-Saëns, comme encore dans la musique du film *Pépé le Moko* de Julien Duvivier en 1937[14]), et le pentatonisme pour l'Extrême-Orient. Lors du concert commenté ici par Jean-Jacques Velly et 廖慧貞 Liao Hui-Chen, ce dernier mode d'écriture figure aussi bien chez Debussy et Roussel que chez Kreisler ou Mahler, tout comme chez Puccini. Et le choix n'aurait pas été différent pour l'oiseau chinois du *Rossignol* de Stravinski. Si, en revanche, le

---

[10] Montesquieu, *Lettres persanes,* Lettre 30, 1721.

[11] Voir « L'Exotisme musical français », *Revue internationale de musique française,* 3e année, n° 6, novembre 1981.

[12] Hector Berlioz, *Les Soirées de l'orchestre* (1re éd. 1852), Paris, Gründ, 1968, p. 315-316.

[13] Comme en témoignent alors les diverses adaptations pianistiques d'Adolphe Adam, Mikhaïl Glinka et Friedrich Kalkbrenner (chez Schlesinger). Voir également l'article de Pierre Guillot : « Des chinoiseries de trois ou quatre sous », p. 81.

[14] Musique de Vincent Scotto et du compositeur algérien Mohand Iguerbouchène.

détail musical attendu vient à manquer, quelle déception ! Pensons, par exemple, à l'accueil réservé par la presse au ballet *Siang-Sin* dont, contrairement aux usages, Georges Hüe avait banni tout motif exotique en 1924[15].

Plus subtil, plus contextuel et plus consensuel, demeure le recours à la nature dans les œuvres évoquant ces mêmes pays. Parallèlement aux pagodes, temples, fleurs ou princesses, l'évocation plus insaisissable des astres, du vent ou de l'eau fait naître avec bonheur tout un monde de suggestions sonores, bienvenu dans notre Europe, surtout depuis l'impressionnisme et sa peinture de plein air, où se retrouvent volontiers les résonances et fluctuations rythmiques évoquées plus haut : des *Cloches à travers les feuilles* de Debussy au *Chant de la terre* de Mahler, tout comme encore actuellement chez 陳其鋼 Chen Qigang (*Feu d'ombre, Un pétale de lumière*…).

UN DÉPASSEMENT DIFFICILE

Vint ainsi le temps de la saine confrontation, par intériorisation, celle qui pouvait conduire à une plus profonde compréhension, source éventuelle de dépassement. Non point le dépassement qui porte à l'oubli du modèle, mais celui où l'on reste soi tout en portant un souvenir étranger personnalisé. Nous sommes loin alors de l'orientalisme captateur, dominateur, dessiné et dénoncé par Edward Saïd[16]. Est-ce le résultat d'une stylisation ? Parfois. Ce fut le cas chez Ravel par rapport au folklore basque voire espagnol, désormais imaginaire, mais pas encore chez lui face à la Chine, preuves en sont les rôles de la théière et de la tasse de *L'Enfant et les sortilèges* où la mise en situation (en un chinois de fantaisie) et la volonté de détachement (pentatonique) restent du domaine de la caricature distante, ou plutôt du music-hall de 1925. Plus le modèle est lointain, plus l'intériorisation est sans doute difficile. Et les musiciens qui se sont aventurés dans des modes

[15] Voir *Le Courrier musical* du 21 mars 1924.

[16] Edward Saïd, *L'Orientalisme. L'Orient créé par l'Occident,* trad. de l'américain par Catherine Malamoud, Paris, Seuil, 1980 ; dernière éd. Paris, Points, 2013.

d'approche plus complexes, tel Roussel à travers ses trois recueils de *Poèmes chinois* (1908, 1917, 1932), n'ont pas toujours été bien compris par le public.

Quand l'importation est neuve, elle contribue, comme nous l'avons dit, à rénover le langage. Mais, trop audible, trop facilement reproductible, elle tourne à l'habitude vite superficielle. Si elle se fait plus authentique, elle demeure souvent plus obscure, moins compréhensible, moins reproductible. Ici réside toute la difficulté du dépassement de l'exotisme, lequel ne cherche que le simple dépaysement et n'apparaît guère, avec le recul, que comme un passage historique. La meilleure solution consiste sans doute ailleurs, dans la découverte progressive de l'art étranger dans son contexte compositionnel, qu'il s'agisse de musique populaire ou savante, à travers instruments et modes d'expression caractéristiques autochtones, en respectant, si faire se peut lors de l'importation, un franchissement très progressif de l'horizon d'attente du public récepteur. N'oublions pas qu'en dépit de ces échanges anciens assez exceptionnels, même si le Japon s'est ouvert à l'Occident en 1853 et la Chine beaucoup plus tard, la connaissance musicale de l'Asie ne se développe guère en France qu'à la fin du XXe siècle : dans la seconde édition du *Précis de Musicologie* dirigé par Jacques Chailley (PUF, 1984) et destiné aux étudiants de cette spécialité, seules deux pages sont ainsi consacrées à ce continent par Trần Văn Khê, à propos de l'ethnomusicologie.

Qu'il nous soit permis, en guise de conclusion et en écho à la classification proposée par Yayoi Uno Everett[17], d'essayer de distinguer les intentions compositionnelles des modes opératoires et de la réception auditive. L'évocation d'un pays comme la Chine par un musicien européen peut se limiter au seul titre voire au livret ou au poème, ainsi qu'aux décors et costumes pour les genres scéniques : ce fut le cas, par exemple, du *Laboureur chinois*, *pasticcio* créé en 1813 sur la scène de l'Académie impériale de musique, où s'entremêlaient des pages de Berton, Haydn et Mozart. Pour le public, l'impression d'évasion, de prise de distance par

[17] Voir l'article de Marc Battier : « Les gradients stylistiques dans les contacts entre musiques occidentale et extrême-orientale », p. 169.

rapport à l'univers quotidien est néanmoins réelle dans ce cas. Elle l'est davantage encore pour le musicien ou le mélomane lorsqu'il reconnaît, tel un signal parfois, un motif caractéristique. Il s'agit certes là de divers modes de transfert. Celui-ci demeure parfois éclectique ou « syncrétique », collant, juxtaposant les composantes empruntées (souvent plus linguistiques et visuelles que sonores). L'accès à un résultat plus synthétique, de l'imbrication au réel métissage, conduit souvent à la libre recomposition. C'est en fait fréquemment l'extension que souligne Marc Battier à propos des œuvres électroacoustiques. Car, si nous éliminons la simple imitation du langage étranger, qui n'est en fait qu'un exercice d'école ou prétexte à caricature, que reste-t-il de plus marquant ? La libre inspiration, le prolongement personnel ; mais celui-ci nous ramène en fait volontiers à l'évocation ci-dessus. Seule règne alors la musique des compositeurs autochtones face à laquelle l'auditeur est plus ou moins réceptif en fonction de sa propre culture. Souvenons-nous du moment où *Le Plein du vide* (1997) de Xu Yi[18], pour quatorze instruments et dispositif électronique, fut inscrit chez nous au programme de l'option Musique du baccalauréat en 2006 et 2007. Il est certain que, face au taoïsme ou au *yin-yang* dont s'inspire cette œuvre, l'horizon des élèves s'est indubitablement élargi ; or, la compositrice, elle-même diplômée du Conservatoire national supérieur de Paris, avait beaucoup fréquenté le courant spectral à travers son professeur Gérard Grisey. Comprendre les ancrages, transferts, synergies et réalisations techniques suppose donc, de tous côtés, une solide initiation comme une constante volonté de dépassement.

[18] Née en 1967 à Nankin.

Annexe

APERÇU SUR LES ÉCHANGES MUSICAUX *avec la Chine*[1]

François PICARD

On peut faire débuter la connaissance de la musique européenne en Chine avec la publication en Chine en 1723 du 律呂正義續編 *Lülü zhengyi xubian* (Supplément au Véritable ordonnancement des lülü), des pères Tomé Pereyra et Teodorico Pedrini, et la connaissance de la musique chinoise en Europe avec l'envoi en France d'un manuscrit par Joseph-Marie Amiot en 1754. Cependant, imaginer à partir de là une histoire régulière, continue, progressive, serait une erreur ; de multiples fractures et oublis jalonnent cette histoire, déjà partiellement retracée en 1996[2]. L'essor actuel des recherches en Chine même porte non seulement sur la musique occidentale mais également sur les contacts passés, depuis les premiers jésuites jusqu'à 許舒亞 Xu Shuya, disciple de Gérard Grisey et actuel directeur du Conservatoire de musique de Shanghai, en passant par l'orchestre municipal de Shanghai. Nous nous proposons de mettre en valeur les études récentes, notamment en langue chinoise.

回上海 *HUI* SHANGHAI

Cette intervention peut s'intituler aussi 回上海 *Hui Shanghai* (« Retour à Shanghai »), ce qui signifie aussi « revenir sur la mer ». J'avais quitté la ville en juillet 1987 et, bien que j'y sois retourné plus d'une fois dans l'intervalle, c'était en juillet 2012 la première fois que j'y allais en plein été. De plus, je retournais précisément au Conservatoire de musique où j'avais fait mes études, le 上海音樂學院 *Shanghai yinyue xueyuan*[3]. Il s'agit

---

[1] Ce texte est dédié à la mémoire de Flora Blanchon, historienne de l'art chinois décédée en 2012, et de 杨立青 Yang Liqing, compositeur, décédé en 2013.

[2] François Picard, « La connaissance et l'étude de la musique chinoise, une histoire brève », *Revue bibliographique de sinologie*, 1996, p. 265-272.

[3] Mission du GSRL (Groupe Sociétés, Religions et Laïcités) et de PLM (Patrimoines et Langages Musicaux).

pour moi aujourd'hui de faire retour sur le regard croisé France-Chine, ou peut-être, puisqu'il s'agit de musique, sur l'écoute croisée.

Tout proche, s'imposent les figures des deux Dr Liao, 廖琳妮 Liao Lin-Ni et 廖慧貞 Liao Hui-Chen, deux musicologues toutes deux diplômées de l'Université de Paris-Sorbonne[4]. Un peu auparavant, déjà musicologues et docteurs de Paris-Sorbonne, il y eut 連憲升 Lien Hsien-Sheng (2005), désormais maître de conférences en musicologie de 國立屏東教育大學 (Université nationale d'Éducation de Pingdong/Pingtung, Taïwan), et 陳惠湄 Chen Hui-Mei (2007). On n'aura garde d'oublier la thèse de la compositrice et musicologue Marie-Hélène Bernard (2011). Et j'ajouterai les nombreux travaux d'ethnoscénologie (à l'Université Paris 8 sous la direction de Jean-Marie Pradier, ou à l'Inalco) et sur le théâtre, dont deux thèses sur 高行健 Gao Xingjian : 李怡瑾 (nom initial : 李湘琳) Lee Hsiang-Ling (2003) et Fiona Sze-Lorrain (Denis Guénoun, Université de Paris-Sorbonne, 2003). Voilà donc un aperçu de quelques jeunes chercheurs étudiant ici les allers-retours, les croisements musicaux France-Chine, ou Europe-Asie.

Vu de l'autre côté, et dans l'autre sens, on citera l'indispensable 陶亞兵 Tao Yabing :

陶亞兵 Tao Yabing, 中西音樂交流史稿 *Zhong Xi yinyue jiaoliu shi gao* (*The History of Musical Exchange between China and Western World*), Beijing, Zhongguo Dabaike quanshu, 1994.

陶亞兵 Tao Yabing, 明清間的中西音樂交流 *Ming Qing jian de Zhong Xi yinyue jiaoliu* (*The Musical Exchanges between China and Western World under Ming and Qing Dynasties*), Beijing, 2001.

et des travaux plus récents et plus inattendus sur Shanghai :

榎本泰子 Enomoto Yasuko, 楽人の都。上海 *Gakunin no miyako. Shanghai*, Kenbun Shuppan 研文書版社, 1998. Traduction chinoise 彭謹 Peng Jin, 乐人之都上海。西洋音乐在近代中国的发轫 *Yueren zhi du Shanghai* (Shanghai, capitale des musiciens), *Xiyang yinyue zai jindai Zhongguo de faren* (Les débuts de la musique occidentale dans la Chine contemporaine), Yanwen chubanshe, 1998 (traduction chinoise, Shanghai yinyue chubanshe, 2003).

[4] On trouvera en appendice un répertoire chronologique des travaux universitaires sur la musique chinoise soutenus en France jusqu'en 2013.

ou encore, en beaucoup moins scientifique, le travail de collectionneur et de redécouvreur de 王勇 Wang Yong :

王勇 Wang Yong, 海上留聲—上海老歌縱橫談 *Haishang liusheng–Shanghai laoge zongheng tan* (Les sons errants sur la mer – Discussion sur les vieilles chansons de Shanghai), Shanghai yinyue chubanshe, 2008.

RETOUR À SHANGHAI

Mais puisque j'étais parti de mon retour à Shanghai, qu'en est-il, vu de là-bas ? Sans surprise, mais avec quelque tristesse, j'observe que Shanghai, c'est évidemment la *city*, la ville des affaires, de la mode et de la finance, LVMH, le consulat français au milieu des avenues bordées de platanes, que l'on appelle ici 法國樹 *Faguo shu* « arbre français », il y a vingt-cinq ans grouillante de vélos, bruissante de sonnettes submergées par le klaxon des rares véhicules, cité aujourd'hui mieux policée que Paris, avec ses deux-roues à motorisation électrique, tellement silencieux, et ses voitures à la vitesse limitée par une circulation dense confinée à quelques autoroutes intra-urbaines. Sortant du Conservatoire, rue Fenyang 汾陽路, au lieu de la cité ouvrière se trouve un immeuble moderne au rez-de-chaussée duquel on boit du café *macchiato* et le fameux *cappuccino* glacé qui fait les délices de l'Orient lointain et mystérieux. D'immenses espaces du conservatoire sont dédiés à des magasins privés qui vendent pianos et partitions de musique occidentale – on y trouve, si l'on sait chercher, quelques merveilles de musique chinoise ; la petite librairie musicale est toujours là, rue Fuxing 復興路, en face d'un restaurant viennois délicieux où m'invite la chargée des relations internationales du Conservatoire, une Taïwanaise.

Le Conservatoire de musique de Shanghai, c'est ce lieu qu'a dirigé un des premiers spécialistes de langue chinoise de Messiaen (Taïwan, Hong Kong, Macao, Singapour, Chine Populaire ou Outre-mer compris), 杨立青 Yang Liqing (disparu le 6 juin 2013). Né en 1942, diplômé du Conservatoire de musique de Shenyang en 1970, master de direction d'orchestre de Shanghai en 1980, il étudia le piano et la composition à la Musik Hochschule de Hanovre et de Darmstadt (DEA en 1983). C'est aussi ce lieu que dirige actuellement un des meilleurs compositeurs, je ne dirai pas chinois, mais du monde, 許舒亞 Xu Shuya (Changchun, Jilin, 1961), francophone, élève d'Ivo Malec et d'Alain Bancquart, qui remporta le Premier Prix du Concours de International de Composition de Besançon en 1992, élu musicien de l'année en Chine en 1992. Ses œuvres sont éditées par les Éditions Jobert et Lemoine.

Dans un article récemment publié dans la série « Musique et globalisation », j'écrivais en effet :

> Faisant l'économie des notions de métissage (même entendu comme croisement de fibres[5]), je proposerai de voir dans le plurilinguisme ou polyglottie des modèles à partir desquels comprendre certains traits des échanges et rencontres entre musiciens. Il faut aussi faire l'effort (pour certains) de se départir d'un schéma déjà établi des dimensions culturelles des musiques, qui ne renvoient celles-ci qu'à leurs conditions et situations locales et d'origine. Nombre d'ethnomusicologues ont malheureusement (à mes yeux) renforcé par leur attachement à l'étude de la musique « dans son contexte » l'idée qu'il y aurait des musiques indépendantes (celles de Boulez et des anti-Boulez) et d'autres liées à leur contexte. Je proposerai d'accepter François Cheng, Gao Xingjian, Kurakami [sic pour Murakami Haruki 村上春樹] comme des écrivains contemporains majeurs, Xu Yi 徐儀, Xu Shuya, Fabien Lévy et Marie-Hélène Bernard comme des compositeurs contemporains majeurs, et d'aller voir comment ça se passe[6].

Cependant, dans un domaine aussi sino-centré que celui de l'étude de la musique chinoise, la jeune génération a explosé la barrière de la langue. Il n'y a plus ce singulier 外語 *waiyu*, qui faisait que les paysans des années 1980, me voyant comme 外國人 *waiguoren*, allaient me chercher quelqu'un qui parlait « la langue des étrangers », le *waiyu*, qui passait lentement du russe à l'*international English.*

Si Shanghai est bien sûr la ville du business, combien n'est-il pas réconfortant, visitant une vieille amie, 戴曉蓮 Dai Xiaolian, professeure de la vénérable cithare 古琴 *guqin*, de trouver dans son bureau un jeune franco-

---

[5] François Laplantine et Alexis Nouss, *Métissages,* Paris, Pauvert, 2001.

[6] François Picard, « Annie Ebrel, ou "une chanteuse traditionnelle bretonne" ? », dans Makis Solomos, Joëlle Caullier, Jean-Marc Chouvel, Jean-Paul Olive (dir.), *Musique et globalisation. Une approche critique*, Delatour France, Filigrane, 2012, p. 99-112.

chinois polyglotte – en stage d'une école française de commerce – qui prend des leçons avec elle et l'aide à sa présentation, en anglais, de ses recherches sur *The Techniques and Theory of Guqin Dapu.*

À Shanghai, lors du congrès de l'ICTM (International Council for Traditional Music) en juillet 2013, six jours de sessions parallèles, concerts, cinq cents intervenants, beaucoup de jeunes chercheurs chinois – même de niveau master – ont témoigné en anglais d'une grande connaissance des savoirs classiques et des méthodes tout à fait contemporaines, et même d'une familiarité avec le décentrement, le refus de l'essentialisme, la mise en regard des faits et des discours, travaillant sur la musique des rituels taoïstes dans les villages :

CHEN Yingduo, « Creative Thinking and Construction of Crossover in Ethnic Jazz Music: The Case of the Orbit Folks Orchestra ».

CHENG Kejia, « The Luxury Interpretation of Zen: From the Ethnomusicology Aspect ».

GUO Shuhui, « The Transition of the Representations of Chinese Sizhu Ensembles in the 20th Century: A Study of the Four Primary Musical Types in South China ».

JIANG Shan, « Art Characteristics in the Accompaniments of Plucked String Instruments to *Danxian* and *Tanci Quyi* Music ».

JIANG Xie, « Order and Identity: Interpersonal Communication in the Ritual Music of the Gannan Taoist Festival ».

LI Ping, « The Comparative Study of *Xuanjuan* Ritual Music in Wuxi and Jinxi ».

LI Yi-wen, « *Zaoke* (Morning Liturgy) of Chenghuang (Old City's Temple) and the Music: My Perspectives on the Role of "Music" in *Zaoke* (Morning Liturgy) ».

LIN Lijun, « A Case Study of *Jie Hu Gong* Ritual and Soundscapes in Pan'an county of China Today ».

LIU Hong, « The Inheritance Thread of Yi Culture in Southern Yunnan Reflected by the Phenomenon of Hailai *Song Masters* ».

QI Yi 齊易, [Hebei], « The Vitality of *Yin yue hui* in the Modern Society of Central Hebei Province, China ».

XU Le, « Changes in *EZhou-Paiziluo* ».

WANG Dun, « Between Ritual Sounds and Religious Identity: Discussion of a Case Study of Taoist Ritual ».

WEI Yukun, « Ritual Soundscape as an Expression of the Interaction between Two Types of Ritual Specialists of the Xiangxi Miao Minority Group of Northwest Hunan and Guizhou Provinces ».

ZHANG Boyu 張伯瑜 [Conservatoire Central], « Inheritance of Faith: The Phenomenon of Yunnan Dongjing (Religious Scripture) Performance ».

ZHAO Yanhui, « The Suona Musical Band in Peasant Funerals of Suining Village, Northern Jiangsu Province, China ».

Mais aussi des chercheurs sur les musiques anciennes de l'Asie orientale :

LI Youping, « A Historical Observation on Standard Pitch in Chinese Traditional Music: A Case Study on the Dasheng Bell in the Song Dynasty ».

LIN Qiming, « The Differences between Chinese and Japanese Zither Performing Styles under the Influence of Socio-Cultural Environments ».

SHAO Rong, « A Drum and Gong Musical Genre Retained in the Local Etiquette and Custom of the Jiangnan Area: A Study of Gong and Drum Xiao Paizi of Shaobo in Yangzhou ».

WANG Xianyan, « Three Dimensions and the Laws of Gong-che Pu in China's Musical Instrument Transmission ».

ZENG Meiyue, « Folk Music Documents in Song Dynasty Notes ».

Il ne faudrait évidemment pas négliger l'importance toujours prépondérante des chercheurs nés à Hong Kong et formés aux USA, notamment Joseph Lam et Fred Lau.

KAM Gwendoline Cho-ning [University of Hawai], « Reconstruction of Imperial Rituals in Contemporary China ».

LAW Anthony, « Reconstructing the Musical Past of the Fifteenth-century Chosŏn Dynasty: Information Regarding the Music Performed for the Sacrificial Rite at the Royal Ancestral Shrine in Eighteenth-century Sources ».

LAW Ho-Chak, « What Makes a Late 18th-century Kunqu Notational Source Seminal? A Critical Reading of the Prefaces in Ye Tang's Nashuying Qupu ».

NG Kwok Wai, « The Drones in the Lute Melodies of Tōgaku and their Implication for the Historical Development of Tōgaku in Japan ».

La rencontre la plus remarquable pour moi, et je terminerai là, fut avec une jeune chercheuse, la Dr Li Ma, récemment diplômée de Würzburg et travaillant sur la musique catholique en Chine : *The Influence of Traditional Music on the Catholic Religious Service*. Comme avec 杨立青 Yang Liqing jadis, je lui parlais en chinois et elle me répondait en allemand.

APPENDICE

L'étude des musiques de Taïwan en France

Si on examine selon des critères multiples (études universitaires, publications phonographiques, ouvrages, articles), la connaissance en France de la musique à ou de Taïwan est organisée autour de la distinction entre la musique chinoise, la musique en provenance du Fujian, en particulier le 南管 Nanguan qui est spécialement bien documenté, et les musiques des Aborigènes, avec un attachement spécial au chant de germination du millet « Pasi but but » des Bunun. Il y a aussi quelques études sur les musiques bouddhiques et taoïstes, et sur le théâtre (marionnettes, 歌仔戲 *kua-a-hi* ou *gezaixi*)[7].

Répertoire chronologique des travaux universitaires sur la musique chinoise soutenus en France

MA Hsiao-tsiun, 馬曉春 *La Musique chinoise de style européen*, doctorat d'université, Paris, Jouve et Cie, 1941.

RAULT, Lucie, *La cithare zheng*, doctorat de 3e cycle, université Paris X-Nanterre, 1973.

CHENG Shui Cheng 鄭瑞貞 [Zheng Ruizhen], *Les techniques instrumentales du* pipa *chinois et les études à titre comparatif celles des luths piriformes dans les pays d'Extrême-Orient :* biwa *japonais,* pipa *coréen et* tyba *vietnamien.* Thèse de 3e cycle en Éducation musicale et musicologie (dir. Jacques Chailley et Trần Văn Khê), université de Paris-Sorbonne, 1975.

DUCHESNE, Isabelle, *La musique du* jingxi 京戲 *(opéra de Pékin) : historique, esthétique et particularités.* Doctorat de Musicologie (dir. Édith Weber et Trần Văn Khê), université de Paris-Sorbonne, 1992.

---

7 Une première étude a été exposée au colloque *Studies of the France-Taiwan Exchanges in the Practices of Music and Technology – Establishment of the Network REMETAO in Taiwan* 「音樂科技與東亞傳統音樂」 96 年度臺法幽蘭計畫雙邊學術交流研討會, Taipei, 20 septembre 2007.

CHENG Rong-Shing 鄭榮興[8], *Recherches sur le* Jian jiao 建醮 *bouddhique.* Mémoire de DEA (dir. Jacques Pimpaneau), Inalco, 1988.

LEE Der-Lin, *Enquête et recherche sur les capacités en musique des instituteurs des écoles nationales à Taïwan.* Maîtrise de Musicologie (dir. Daniel Charles), université de Paris 8, 1988.

LÜ Chuikuan[9] 呂錘寬, Maîtrise de Musicologie, université de Paris-Sorbonne[10].

CHEN Han-Jin, 陳漢金, *Le "Gu-Chui" 鼓吹 : un ensemble instrumental à Taïwan.* Maîtrise d'Éducation musicale et musicologie (dir. Manfred Kelkel), université de Paris-Sorbonne, 1989.

YANG Jui-Ling, *L'opéra taïwanais Ge Zai Xi* 歌仔戲. Maîtrise de Musique (dir. Daniel Charles), université de Paris 8, 1989.

PICARD, François, *L'Harmonie universelle. Les avatars du syllabaire sanskrit dans la musique bouddhique chinoise,* doctorat en Arts (dir. Iannis Xenakis), université de Paris 1 Panthéon-Sorbonne, 1990.

LIN Kung-Chin, *L'étude de la société taïwanaise et le développement de la musique pendant ces quarante dernières années.* Maîtrise de Musique (dir. Claude Laloum), université de Paris 8, 1993.

TREBINJAC, Sabine, *Musique ouïgoure et collectes musicales en Chine.* Doctorat d'Ethnologie (dir. Éric de Dampierre), université de Paris X-Nanterre, 1994.

JEONG Jee Young, *Les musiques asiatiques et la musique française de 1889 à 1930 : l'influence extrême-orientale sur le langage musical.* Maîtrise d'Éducation musicale et musicologie (dir. Danièle Pistone), université de Paris-Sorbonne, 1994.

WU Rung-Shun 吳榮順, *Tradition et transformation : le* Pasi but but*, un chant polyphonique des Bunun de Taïwan.* Doctorat d'Ethnologie (ethnomusicologie) (dir. Mireille Helffer), université de Paris X-Nanterre, 1996.

LIN Hsu Su-Hsia, *Recherche de nouvelles expressions du lavis chinois au-delà du Pinceau-Encre traditionnel.* Doctorat en Arts plastiques (dir. Jean-Louis Flecniakoska), université Marc Bloch, Strasbourg, 1997.

HSÜ Jui-Kun 許瑞坤[11], *La musique taoïste à Taïwan. La troisième secte révélée par la musique liturgique.* Doctorat de Musicologie (dir. Éveline Andréani), université de Paris 8, 1998.

[8] Directeur de la troupe Rom Shing Hakka Opera Troupe.
[9] Maintenant (2013) professeur, Taiwan National University's Academy of Art.
[10] Selon la notice de son *curriculum vitae* en chinois, mais je n'en ai pas trouvé trace.
[11] En 2007, directeur du 國立台灣師範大學音樂學院 (NTNU College of music / Université Nationale Normale de Taiwan), Taipei.

GAO Yali, *Musique, rituel et symbolisme – Étude de la pratique musicale dans le rituel Shuilu chez les bouddhistes orthodoxes à Taïwan.* Doctorat d'Ethnomusicologie (dir. Mireille Helffer), université Paris X-Nanterre, 1999.

CAPDEVILLE ép. Zheng, Catherine, *Rites et musique en Chine – Le rock de Pékin (1991 et 1992)* Doctorat d'Anthropologie (dir. Michel Cartier), EHESS, 1999.

LEE Hsiang-Ling 李怡瑾 (nom initial： 李湘琳), *L'Insinuation métaphorique des pièces du dramaturge Tang Xian-Zu 湯顯祖 (1550-1616) de l'époque Ming.* Mémoire de maîtrise (dir. Jean-Marie Pradier), université de Paris 8, 1999.

LEE Hsiang-Ling 李湘琳 (nom initial) [李怡瑾 Lee Yijin, nom actuel], *Le Pavillon aux Pivoines 牡丹亭 de Tang Xian-Zu 湯顯祖 (1550-1616) : de la tradition à l'actualisation.* Mémoire de DEA en Études théâtrales (dir. Jean-Marie Pradier), université de Paris 8, 2000.

JOURNEAU ép. Alexandre, Véronique, *La cithare chinoise* qin*, musique, image et texte.* Mémoire de DEA d'Histoire de la musique et musicologie (dir. François Picard), université de Paris-Sorbonne, 2001.

BERNARD Marie-Hélène, *L'émergence d'une génération de compositeurs en Chine continentale après la Révolution culturelle.* Mémoire de DEA en Musique et musicologie du XXe siècle (dir. Jean-Yves Bosseur), université de Paris-Sorbonne, 2002.

HSÜ Dominique, *Les musiques aborigènes Amis et Bunun de Taïwan.* Mémoire de DEA en Histoire de la musique et musicologie (dir. François Picard), université de Paris-Sorbonne, 2003.

LEE Hsiang-Ling 李怡瑾 (nom initial : 李湘琳), *De l'Académie nationale Fu-Shing des arts dramatiques 復興劇校 à Taipei à la recherche du théâtre contemporain :* La Neige en août 八月雪 *de Gao Xing-Jian* 高行健. Doctorat de Théâtre (dir. Jean-Marie Pradier), université de Paris 8, 2003.

JOURNEAU ép. Alexandre, Véronique, *La cithare chinoise* qin 琴 *: Texte – Image – Musique.* Doctorat de Musicologie (dir. François Picard), université de Paris-Sorbonne, 2003.

THORAVAL Fañch, *Faqi* 法器 *Quelques « instruments rituels » dans la musique de la liturgie taoïste.* Mémoire de DEA en Histoire de la musique et musicologie (dir. François Picard), université de Paris-Sorbonne, 2005.

LIEN Hsien-Sheng 連憲升, *Le parcours musical de Qigang Chen* 陳其鋼 *(de 1985 à 2001) au regard des musiques contemporaines chinoise et japonaise.* Doctorat en Musique et musicologie du XXe siècle (dir. Marc Battier), université de Paris-Sorbonne, 2005.

LU Ai-ling 陸愛玲, *Formation et développement du théâtre de rue de plein air – de la Chine à Taïwan.* Doctorat d'Études théâtrales (dir. Martine de Rougemont), université de Paris III-Sorbonne nouvelle, 2006.

CHEN Hui-Mei 陳惠湄, *Les sources d'inspiration et les influences dans la musique de Yoshihisa Taïra* [Taira Yoshihisa 平 義久]. Doctorat de Musicologie (dir. Marc Battier), université de Paris-Sorbonne, 2007.

SUN Chun-Yen 孫俊彥, *La pensée sociale et la notion de tradition dans les activités musicales chez les Amei de Falangaw à Taïwan.* Doctorat de Musicologie (dir. Christian Corre), université de Paris 8, 2008.

LI Zheng, *Évolution de l'esthétique musicale chinoise après les rencontres entre les musiques chinoise et occidentale (fin du XIXe siècle à nos jours)*. Doctorat en Arts (dir. Costin Miereanu), université de Paris 1 Panthéon-Sorbonne, 2009.

SZE-LORRAIN Fiona, *Sur le toit du monde : l'esthétique théâtrale de Gao Xingjian*. Doctorat de Littérature française (dir. Denis Guénoun), université de Paris-Sorbonne, 2011.

LIAO Lin-Ni 廖琳妮, *Héritages culturels et pensée moderne : les compositeurs taïwanais de musique contemporaine formés à l'étranger.* Doctorat de Musicologie (dir. Marc Battier), université de Paris-Sorbonne, 2011.

BERNARD Marie-Hélène, *Les compositeurs chinois au regard de la mondialisation artistique : résider-résonner-résister*. Doctorat de Musique et musicologie du XXe siècle (dir. François Picard ; co-dir. Makis Solomos), université de Paris-Sorbonne, 2011.

LIGOT Damien, *Trans-musicalité « TAIKE ». Distinction d'une nouvelle* taïwanité *au sein d'un* underground *local (1990-2010).* Doctorat en Études de l'Asie et ses diasporas (dir. Gregory B. Lee), université Lyon 3 Jean Moulin, 2012.

LIAO Hui-Chen 廖慧貞, *Louis Laloy (1874-1944), ses activités et son influence sur les compositeurs français inspirés par la civilisation chinoise entre 1900 et 1940*. Doctorat de Musicologie (dir. Jean-Jacques Velly), université de Paris-Sorbonne, 2012.

CHIU Fang-Hsüan 邱芳璇, *L'évolution du Gezai-xi* 歌仔戲 *à Taïwan. L'institutionnalisation de la tradition.* Doctorat de Théâtre (dir. Jean-Marie Pradier), université de Paris 8, 2013.

LI Zhuo, *La création pianistique chinoise et son utilisation éventuelle dans l'enseignement.* Doctorat de Musicologie (dir. François Madurell), université de Paris-Sorbonne, 2013.

Résumés et présentation des auteurs

Marc BATTIER

Les gradients stylistiques dans les contacts entre musiques occidentale et extrême-orientale

The Stylistic Gradients in Contacts between Western and Far Eastern Music

《西方音樂與東亞文化交會的風格學梯度》

Plusieurs auteurs ont discuté des relations entre la création contemporaine et les facteurs stylistiques propres aux cultures asiatiques, cherchant à déterminer si l'on pouvait établir des systèmes de relations. Dès 1971, Chou Wen-Chung souligne les notions d'intégration et de syncrétisme à travers divers gradients stylistiques. Il existe d'autres positions, notamment pour la musique mixte dans le contexte de relations renouvelées entre l'Asie orientale et l'Occident.

Several authors have discussed the relationship between contemporary art and stylistic factors specific to Asian cultures, trying to determine if it could establish relations systems. In 1971, Chou Wen-Chung emphasizes notions of integration and syncretism through various stylistic gradients. There are other positions, particularly for mixed music in the context of renewed relations between East Asia and the West.

目前數個學者在探討當代創作與特屬亞洲文化風格因素兩者的關聯，並試著建立一套關係系統。 1971 年， 作曲家周文中透過多樣的風格學梯度，強調整合與混沌思想的觀念。 另外， 其他課題也值得討論， 如東西方重新交流脈絡下的混血音樂。

Marc Battier est professeur de musicologie à l'université Paris-Sorbonne où il dirige le MINT (IReMus). Compositeur de musique électroacoustique et de musique mixte, il est également co-fondateur de EMS (Electroacoustic Music Studies) et fondateur du réseau d'étude des musiques électro-acoustiques en Asie orientale (EMSAN). Ses œuvres ont été jouées en France mais aussi à Pékin, aux États-Unis, en Hongrie et au Japon.

CHEN Han-Jin 陳漢金

Les poèmes chinois du *Chant de la terre* de Gustav Mahler

Chinese Poems of The Song of the Earth *by Gustav Mahler*

《馬勒〈大地之歌〉的中國詩詞》

Des poèmes de la dynastie des Tang ont été successivement traduits en français et en allemand. Gustav Mahler en a repris certains pour sa Symphonie de *Lieder Le Chant de la terre*. Ce texte retrace le parcours de ces textes et tente d'examiner comment Mahler manifestait, par l'exotisme, l'angoisse et la nostalgie au terme de sa vie.

Gustav Mahler chose some Tang dynasty poems, which had been already translated into French and German, for his Lieder symphony The Song of the Earth. *This text relates how Chinese poems were to be of use in the work of Mahler, and it attempts to examine how the composer showed, resorting exoticism, anxiety and nostalgia that he felt at the end of his life.*

幾首唐詩陸續地被翻譯成法文、德文，最後再由馬勒改寫而成他的「藝術歌交響曲」《大地之歌》的歌詞。本文將重溯這段歷程並試圖檢視馬勒如何憑藉異國題材來表達在他生命盡頭中的焦慮與懷舊感傷。

Ancien élève de l'université de Paris-Sorbonne, où il a effectué un doctorat consacré à Anton Reicha, Chen Han-Jin est professeur à l'Université Normale Nationale de Taïwan. Il est également critique musical et musicologue.

Muriel DÉTRIE

La réception de la poésie chinoise en France durant la première moitié du XXe siècle

The Reception of Chinese Poetry in France during the First Half of the 20th Century

《二十世紀前半葉中國詩在法國的流傳》

Révélée au XIXe siècle par les traductions d'Hervey de Saint-Denys et de Judith Gautier, la poésie chinoise classique a connu une certaine désaffection en France au début du XXe siècle malgré les traductions et études de sinologues amateurs ou de chinois résidant en France. Leurs travaux ont cependant renouvelé la traduction de la poésie chinoise en français et suscité l'intérêt de nombreux poètes et musiciens.

Discovered in France by the first translations made by Hervey de Saint-Denys and Judith Gautier in the second half of the nineteenth century, Chinese poetry was later on greatly eclipsed by the discovery of Japanese poetry. Nevertheless, some translations and studies made by amateur Sinologists or by young Chinese studying in France continued to reveal its richness.

十九世紀透過艾爾維·聖·德尼與朱蒂特·高提耶的翻譯作品，中國詩首次在法國引起注意，到了二十世紀初，儘管業餘漢學家或是旅法中國人對中國詩的翻譯與研究，這股熱潮逐漸淡去。然而，他們的研究更新了中國詩的法文翻譯，並挑起了法國詩人與音樂家對中國詩的興趣。

Muriel Détrie, ancienne élève de l'ENS (Sèvres-Ulm), est maître de conférences en Littérature générale et comparée à l'Université de la Sorbonne Nouvelle (Paris 3) et membre du Centre d'Études et de Recherches Comparatistes (EA 172). Spécialiste des relations littéraires entre l'Occident et l'Extrême-Orient, elle a publié de nombreux ouvrages, notamment *France-Chine, quand deux mondes se rencontrent* (Gallimard, 2004) et *Orient-Occident : la rencontre des religions dans la littérature moderne* (éd. You Feng, 2007).

Georges GOORMAGHTIGH

Spécificité du *qin*

What Makes the Qin so Special?

《 古琴的特點 》

La structure du *qin* conditionne bien des aspects de son jeu et explique en partie la nature de sa sonorité. Tout un vocabulaire descriptif permet de rendre compte de la richesse de son timbre. La singularité du *qin* – à la fois instrument de musique et symbole – se révèle pleinement dans une approche où le domaine éthique et l'expérience esthétique sont souvent indissociablement liés.

The structure of the qin *greatly influences both the playing techniques and the tone colour of this instrument. A rich vocabulary has developed through the ages describing his timbre. In his musical practice, the* qin, *both a musical instrument and a symbol, provide interesting information on the relation between ethics and aesthetics.*

古琴的結構決定了其演奏的技巧與音響的本質。 豐富的描述性語彙讓人了解到其音質的多樣性。 古琴的特殊性在於它不僅是樂器也是一種象徵，同時展現了倫理道德與美學經驗， 兩者密不可分的關係。

Né à Bruxelles, Georges Goormaghtigh a fait des études de chinois à Paris. Il a séjourné à Pékin et à Shanghai pendant les années sombres qui ont précédé la mort de Mao. Dès 1973, il a entrepris l'apprentissage du *qin* à Hong-Kong auprès de Mme 蔡德允 Tsar Teh-yun (1905-2007). À son retour en Europe, il a enseigné le chinois à l'Université de Genève et le *qin* aux Ateliers d'ethnomusicologie pendant plus de trente ans.

Pierre GUILLOT

« Des chinoiseries de trois ou quatre sous »

Musical chinoiserie: from Whimsical Beginnings to its "Sowing"

《三、四塊錢的中國玩意》

En tentant d'expliciter l'apparition des « chinoiseries » en France au XVIIIe siècle, on en arrivera au temps où l'impérialisme français gagne la Chine et révèle une civilisation dont le domaine musical s'inspirera abondamment et d'une façon « dépréciative » entre 1860 et 1930.

The taste for what has been called « chinoiserie » has never really waned since the beginning of the eighteenth century, especially in France. This article will attempt briefly to examine the causes and the consequences of such a taste, by paying particular attention to "musical chinoiserie" which has so far been ignored.

自從十八世紀以來，西方對所謂的「中國玩意」的迷戀從未真正衰退過，尤其是在法國。本文將藉由已被忽視的「中國玩意音樂」，試圖簡短地檢視此迷戀的原因與結果。

Professeur de musicologie à l'Université de Paris-Sorbonne en 1985, puis Professeur émérite depuis 2003, Pierre Guillot a été également organiste titulaire de la cathédrale Notre-Dame de Bourg-en-Bresse (1960-2003). Ses publications concernent la musique des XIXe et XXe siècles, notamment religieuse et pour claviers. Il est spécialiste de Déodat de Séverac, dont il a enregistré l'œuvre pour orgue.

Rainer KLEINERTZ

L'« objectivation » de la musique dans *Le Chant de la terre* de Gustav Mahler

The "Objectification" of Music in The Song of the Earth from Gustav Mahler

《〈大地之歌〉裡音樂的客觀性》

Mahler n'écrit pas une musique où tous les éléments sont réunis pour former une œuvre « intégrée » traduisant une unité profonde. Les solos font souvent comprendre que sa musique est délibérément « pensée » et savamment « articulée ». Dans *Le Chant de la terre*, il utilise des éléments d'inspiration chinoise pour associer et mettre en contraste une musique « objective » (avec éléments de musique préexistante) et une musique « intégrée », subjective dans le langage romantique du début du XXe siècle.

Mahler does not write music where all the elements come together to form an "integrated" work reflecting a deep unity. Often, the solos help to understand that his music is deliberately "thought" and skilfully "articulated". In The Song of the Earth, *he uses Chinese-inspired elements to combine and contrast an "objective" music (with pre-existing music) and an "integrated" music, subjective in the romantic language of the early twentieth century.*

馬勒並不以集合所有要素來形成一部整體且厚重的作品作為創作目的。相反地， 在他的音樂裡， 獨奏者時常讓人了解到他的音樂是不假思索且技巧性地發音。 在 《 大地之歌 》 中， 馬勒使用中國靈感的素材來結合與對比 「 客觀性 」 音樂（用已存在的音樂創作）與 「 整體性 」 音樂 — 也就是二十世紀初浪漫派音樂用語的主觀性音樂。

Rainer Kleinertz occupe la chaire de musicologie à l'Université de la Sarre à Sarrebruck (Allemagne). Après des études à Detmold et à Paderborn, il a été professeur assistant à l'Université de Ratisbonne. Depuis 2006 il dirige le département de musicologie de l'Université de la Sarre. Ses domaines de recherche concernent principalement Liszt, Wagner et le théâtre musical du XVIIIe siècle. Ses dernières publications portent sur Lully, Haendel et Mahler.

LIAO Hui-Chen 廖慧貞

Et la lune descend sur le temple qui fut. Étude de Debussy au prisme de Louis Laloy

Et la lune descend sur le temple qui fut. *Debussy and Louis Laloy through a Study on*

《由〈月落古廟〉談德布西與拉盧瓦》

Louis Laloy a été critique musical, secrétaire général de l'Opéra de Paris et professeur d'esthétique chinoise à l'Institut des hautes études chinoises et d'histoire de la musique au Conservatoire de Paris. Son amitié avec Debussy est à l'origine d'un véritable échange intellectuel et musical qui transparaît dans les coïncidences existant entre la pièce pour piano *Et la lune descend sur le temple qui fut* et une conférence donnée par Louis Laloy en 1906.

Louis Laloy was General Secretary of the Opera in Paris and professor of Chinese aesthetics at the Institute of Advanced Chinese Studies and professor of Music history at the Conservatoire in Paris. His long friendship with Claude Debussy is particularly important to understand the true intellectual and musical exchange existing between them as it appears in the coincidences existing between Debussy's piano piece Et la lune descend sur le temple qui fut *and his conference in 1906.*

拉盧瓦是二十世紀初法國音樂學家，曾擔任巴黎歌劇院總秘書長、巴黎中國學院中國美學教師與巴黎音樂院音樂史教師。他與德布西長期的友誼是智力與音樂性的交流，德布西鋼琴作品《月落古廟》與 1906 年他「遠東音樂」演講之間眾多巧合處即是見證。

Docteure en musicologie de l'université de Paris-Sorbonne, Liao Hui-Chen a soutenu une thèse sur *Louis Laloy (1874-1944), ses activités et son influence sur les compositeurs français inspirés par la civilisation chinoise entre 1900 et 1940*. Intéressée par les échanges culturels franco-asiatiques, elle a réalisé plusieurs traductions franco-chinoises (2003-2009). Chercheuse associée à l'IReMus, elle enseigne le piano au Conservatoire de musique d'Ézanville.

LIEN Hsien-Sheng 連憲升

Conceptions du temps dans la musique de Hsu Tsang-Houei et de Chen Qigang

Conceptions of Time in Music of Hsu Tsang-Houei and Chen Qigang

《 許常惠與陳其鋼音樂裡的時間觀 》

Le traitement du temps dans la musique est une problématique essentielle pour les compositeurs occidentaux et orientaux qui les amène parfois à des styles personnels de composition. Par l'analyse d'œuvres représentatives de Hsu Tsang-Houei et Chen Qigang, il est possible d'appréhender leurs conceptions du temps en musique et d'illustrer les influences européennes et les ressources chinoises concernant les matériaux temporels.

The treatment of time in music constitutes a key issue for Western and Oriental composers who sometimes leads to personal styles of composition. By discussing some representative works of Hsu Tsang-Hui and Chen Qigang, it is possible to understand their conceptions of time in music and to illustrate the European influences and Chinese resources that affect the temporal materials.

音樂裡的時間處理是東、 西方所有作曲家的核心問題。 對於這問題的解決甚或導致他們作曲的獨特風格。 藉由分析許常惠與陳其鋼這兩位作曲家的代表性作品， 我們將可以理解他們音樂裡的時間觀， 並闡明其中有關時間性素材的歐洲影響與中國淵源。

Né à Taipei, Lien Hsien-Sheng a étudié la musicologie et la théorie de la musique avec Hsu Tsang-Houei, Lu Yen et Chang Hao après des études de droit à l'Université Nationale de Taïwan. En 2005, il a obtenu un doctorat de musicologie à l'université de Paris-Sorbonne avec une thèse consacrée à des compositeurs chinois et japonais contemporains. Il enseigne la musicologie à l'Université Nationale d'Éducation de Pingtung.

LÜ Ching-Long 呂慶龍

Taïwan et la France / *Taiwan and France*

Son Excellence Michel Ching-Long Lü a été le Représentant de Taïwan en France entre 2007 et juillet 2015. Titulaire d'un doctorat ès lettres de l'université Paris-VII, il a été en poste en France à trois reprises, mais aussi en Suisse, à Genève et à Haïti. Il consacre beaucoup de son temps à faire mieux connaître son pays et à développer les relations entre Taïwan et la France.

Danièle PISTONE

Les musiques de l'ailleurs : De l'évasion à la compréhension

Music from elsewhere: escapism and understanding

Danièle Pistone est professeure émérite d'Histoire de la musique à l'université de Paris-Sorbonne et membre de l'Institut de Recherche en Musicologie (IReMus). Responsable de l'Observatoire musical français (de 1989 à 2014), elle consacre surtout ses travaux à la France musicale de ces deux derniers siècles. Directrice de la collection « Musique-Musicologie » de la Librairie Honoré Champion depuis 1976, elle y a également animé la *Revue internationale de musique française* (1980-1999). En 2004, elle a été élue correspondante de l'Académie des Beaux-Arts.

François PICARD

Aperçu sur les échanges musicaux avec la Chine

General Survey of the Musical Exchanges with China

《 淺談與中國的音樂交流 》

Plusieurs siècles après les premiers échanges entre la Chine et l'Occident (depuis Du Halde en 1735 et Amiot en 1754), nous disposons aujourd'hui d'un siècle d'études scientifiques concernant la musique chinoise en France, depuis Maurice Courant (1912) et Louis Laloy (1913). Le panorama proposé se concentre sur les dernières décennies au cours desquelles plusieurs thèses de doctorat ont abordé un grand nombre de sujets et conclut avec les tendances récentes en musicologie en Chine continentale, telles que le soulignent les conférences du ICTM à Shanghai en 2013.

Several centuries after the first musical encounter between China and the West (from Du Halde 1735 and Amiot 1754), we have now one century of scholarly studies of Chinese music in France, starting with Maurice Courant (1912) and Louis Laloy (1913). We focus on the last decades, where several doctoral dissertations have covered a large number of subjects. An overview shows the recent trends in China mainland musicology, as seen through the 2013 ICTM Shanghai meeting.

在中西首次音樂交流後的數百年 （ 從 1735 年杜·阿爾德到 1754 年阿彌歐 ）， 上個世紀以拉盧瓦（ 1910 年） 與庫朗（ 1912 年 ）為始， 在法國， 中國音樂成為學術研究的目標。 本文將著重在近十年數個以中西音樂交流為主題的博士論文， 並透過 2013 年在上海舉行的 ICTM （ 傳統音樂國際會議 ） 學術研討會， 概觀近年中國大陸音樂學研究的趨勢。

François Picard est professeur d'ethnomusicologie analytique à l'université de Paris-Sorbonne. Il a été l'organisateur principal de deux conférences internationales, « Chine » et « Luoshen fu Arts et humanités ». Ancien élève du Conservatoire de musique de Shanghai, il joue de la flûte *xiao* et de l'orgue à bouche *sheng*. Récemment, il a publié *L'incantation du patriarche Pu'an. Les avatars du syllabaire sanskrit dans la musique chinoise* (Leuven, Peeters, 2012).

Françoise QUILLET

La réception de l'opéra chinois en France : traductions et études critiques du XVIIIe siècle aux années 1940

The Reception of the Chinese Opera in France: Translations and Critical Studies from the 18th Century to the 1940s

《京劇在法國的流傳：從十八世紀到 1940 年翻譯作品與文學批評的研究》

L'étude des traductions et des ouvrages critiques publiés du XVIIIe siècle aux années 1940 permet de rendre compte de la réception des arts du spectacle chinois en France. Dès les années 1920, les premières tournées d'opéra chinois en Europe ont exercé une influence déterminante sur la connaissance de cet art en Occident.

The study of translations and critical literature of the eighteenth century to the 1940s helps to account for the receipt of Chinese performing arts in France. By the 1920s, the first Chinese opera toured Europe exerted a decisive influence on the knowledge of this art in the West.

對十八世紀到 1940 年這段期間的翻譯作品與文學批評的研究有助於了解中國表演藝術在法國的流傳。1920 年，京劇首次在歐洲巡迴演出，讓西方世界對這門藝術的了解起了決定性的影響。

Françoise Quillet est maître de conférences HDR à l'université de Franche-Comté, responsable de la licence « Arts du spectacle » et du master « Théâtres et cultures du monde ». Récemment, elle a publié *L'Opéra chinois contemporain et le théâtre occidental* (L'Harmattan, 2011), *La réception du* Pavillon aux pivoines *en France en 1998 et 1999. Le Kunqu et le Jingju (Opéra de Pékin), entre tradition et modernité* (Université de Paris 8-Saint-Denis et Association Nationale Culturelle de Taïwan).

Jean-Jacques VELLY

Marguerite Canal et *La Flûte de jade*

Marguerite Canal and Jade Flute

《瑪格麗特·甘納 與 〈玉笛〉》

Marguerite Canal (1890-1978) est une compositrice qui a longuement enseigné le solfège au Conservatoire national de musique de Paris. Composé en 1922, le recueil *La Flûte de jade* est constitué de sept mélodies basées sur l'emploi de textes chinois issus du recueil éponyme de Franz Toussaint, qui a connu un remarquable engouement chez les jeunes compositeurs français dans les années 1920.

Marguerite Canal (1890-1978) is a female composer who has long taught Music theory at the National Conservatory in Paris. Written in 1922, La Flûte de jade *is a collection of seven songs based on Chinese texts from the eponymous book by Franz Toussaint, which got a remarkable enthusiasm from young French composers in the 1920s.*

瑪格麗特·甘納（1890-1978）是位女性作曲家， 曾長期在巴黎音樂院教授音樂理論。 1924 年，瑪格麗特·甘納在弗朗茲·杜桑的 《 玉笛 》 裡擷取七首中國詩， 作為她同名藝術套曲的歌詞。 杜桑的翻譯作品 《 玉笛 》 於 1920 年代頗受法國年輕作曲家的喜愛。

Jean-Jacques Velly est maître de conférences HDR à l'université de Paris-Sorbonne, spécialisé dans les courants romantiques, postromantiques et néoclassiques. Dans le cadre de l'IReMus il anime le Grimoire (Groupe de recherches sur les institutions musicales, l'orchestre, l'instrumentation et le répertoire en Europe), dont le but est de fédérer les activités liées à la notion d'orchestre dans la musique occidentale.

Viviane WASCHBÜSCH

Pavel Haas et la poésie chinoise

Pavel Haas and Chinese Poetry

《帕維·哈斯與中國詩詞》

Pavel Haas est un compositeur tchèque influencé par Janáček. Il est l'auteur de deux recueils de *Lieder* bâtis sur des textes chinois, composés à 22 ans d'intervalle. Ils montrent l'évolution compositionnelle de Pavel Haas ainsi que l'émergence d'un nouvel intérêt pour des sujets asiatiques dans la culture germanique de l'époque.

Influenced by Janáček, Czech composer Pavel Haas wrote two series of songs on Chinese texts, separated by more than twenty years. These songs reflect his compositional evolution and the emergence of a new interest in Asian subjects in the German culture of the time.

帕維·哈斯是位受姚納傑克影響的捷克作曲家， 他曾以中國詩詞創作了兩套藝術歌曲。 這兩部相隔二十二年的作品不僅顯示了帕維·哈斯的創作歷程， 也展現了當時德國文化對亞洲主題的新興趣。

Née en 1989, Viviane Waschbüsch a suivi des études de composition à Karlsruhe auprès de Wolfgang Rihm. Titulaire d'un master franco-allemand de musicologie (2012) de l'université de Paris-Sorbonne et de l'université de la Sarre, elle prépare actuellement un doctorat et assure un enseignement musical à l'université de Paris-Sorbonne.

INDEX DES NOMS

Table des exemples musicaux

RÉFÉRENCES BIBLIOGRAPHIQUES

ADORNO Theodor W., *Quasi una fantasia : écrits musicaux* (trad. Jean-Louis Leleu), Paris, Gallimard, 1982.

—, *Mahler, une physionomie musicale*, Paris, Les Éditions de Minuit, 1976.

—, *Die musikalischen Monographien* (éd. Gretel Adorno et Rolf Tiedemann), *Gesammelte Schriften* 13, Frankfurt am Main, 1971.

ALEXANDRE JOURNEAU Véronique, *La Cithare chinoise* qin : *texte, image, musique*, thèse, université de Paris-Sorbonne, 2003.

AMIOT Joseph-Marie, s. J., *Mémoire sur la musique des Chinois*, Paris, Nyon l'Aîné, 1779.

ARLINGTON Lewis Charles, *The Chinese Drama from the Earliest Times until Today*, Shanghai, rééd. New York, Benjamin Blom, 1966.

BAUDELAIRE Charles, « Le Poison », dans *Les Fleurs du mal* (L), Michel Lévy frères, 1868.

BAZIN Antoine, dit Bazin Aîné, « Note du traducteur de *Tchao-Mei-Hiang* », *Journal asiatique*, février 1835.

BERLIOZ Hector, *Les Soirées de l'orchestre* (1re éd. 1852), Paris, Gründ, 1968.

BETHGE Hans, *Die chinesische Flöte*, Leipzig, Im Inselverlag, 1907.

BODY Jacques, *Jean Giraudoux*, Paris, Gallimard, 2004.

BOUCOURECHLIEV André, *Debussy, la révolution subtile*, Paris, Fayard, 1998.

BRECHT Bertold, *Journal de travail,* Paris, L'Arche, 1976.

CHANG Yu-Shu 張玉樹, *An Analysis of an Original Composition as an Example of Chinese and Western Synthesis*, thèse de Ph. D., New York University, 1996.

CHIPOT Dominique, *Le Livre du tanka francophone*, Mascouche, Canada, Éditions du tanka francophone, 2011.

CHOU Wen-Chung 周文中 [Zhou Wenzhong], « Asian Concepts and Twentieth-Century Western Composers », *The Musical Quarterly*, vol. 57, n° 2, 1971, p. 211-229.

—, « East and West, Old and New », *Asian Music*, vol. 1, n° 1 (Winter, 1968-1969), p. 19-22.

—, « Chou Wen-Chung: Living with History » Conversation with Chou Wen-Chung, transcribed by Julia Lu, January 16, 2013. URL : http://www.newmusicbox.org/articles/chou-wen-chung-living-with-history/.

CHU Kun-Liang 邱坤良 [Ch'iu K'un-liang], *Les aspects rituels du théâtre chinois,* Paris, Collège de France, Institut des Hautes Études Chinoises, 1991.

CLAUDEL Paul, *Œuvre poétique*, Paris, Gallimard, « La Pléiade », 1967.

COOKE Deryck, *Gustav Mahler, An Introduction to His Music*, London, Faber, 1980.

CORBETT John, « Experimental Oriental: New Music and Other », dans *Western Music and Its Others: Difference, Representation, and Appropriation in Music* (dir. Georgina Born et David Hesmondhalgh), Berkeley, University of California Press, 2000.

COUCHOUD Paul-Louis, « Les épigrammes lyriques du Japon », *Lettres*, avril 1906 ; article repris sous une forme augmentée dans Paul-Louis Couchoud, *Sages et poètes d'Asie*, Paris, Calmann-Lévy, 1917.

COUPERIN François, « Les Chinois », *4e livre de pièces de clavecin*, 27e ordre, 1730.

COYAUD Maurice R., LEUNG Angela K., PEYRAUBE Alain, *Les Opéras des bords de l'eau (Théâtre Yuan) XIIIe-XIVe siècles*, PAF, Association pour l'analyse de folklore, 1983.

DANIEL Yvan, texte de présentation dans Judith Gautier, *Le Livre de jade*, Paris, Imprimerie Nationale, 2004.

DANUSER Hermann, *Gustav Mahler und seine Zeit,* Regensburg, Laaber, 1991.

DARROBERS Roger, *Le Théâtre chinois*, Paris, Presses Universitaires de France, 1995.

—, *Opéra de Pékin*, Paris, Éditions Bleu de Chine, 1998.

DEBUSSY Claude, *Trois chansons de France*, Paris, Durand, 1904.

DÉTRIE Muriel, « *Le Livre de jade* de Judith Gautier : un livre pionnier », *Revue de Littérature comparée*, 1989/3.

—, « La contribution des premiers étudiants chinois en France au comparatisme littéraire franco-chinois (1920-1949) », dans Muriel Détrie, Éric Lefebvre et Xiaohong Li (dir.), *Connaissance de l'Ouest. Artistes et écrivains chinois en France 1920-1950*, Paris, Éditions You-Feng, 2014.

—, « Translation and Reception of Chinese Poetry in the West », *Tamkang Review*, vol. XXII, n° 1,2,3,4, Autumn 1991-Summer 1992.

DIDIER Béatrice, *Dictionnaire universel des littératures*, Paris, PUF, 1994.

DOLBY William, *A History of Chinese Drama*, London, Paul Elek, 1976.

DU HALDE Jean-Baptiste, *Description géographique, historique, chronologique, politique et physique de l'Empire de la Chine et de la Tartarie chinoise,* La Haye, chez H. Scheurleer, 1736.

Études chinoises, vol. XVI, n° 1, printemps 1997.

« L'Exotisme musical français », dans *Revue internationale de musique française,* 3e année, n° 6, novembre 1981.

FENG Shu-Lan 冯淑兰, *La Technique et l'histoire du Ts'eu*, Paris, L. Rodstein, 1935.

FERROUD Pierre-Octave, *Trois pièces pour flûte seule*, Paris, Rouart, Lerolle & Cie, 1922.

FISCHER Jens-Malte, *Gustav Mahler. Der fremde Vertraute*, Vienne, 2003, Bärenteiter DTV, 2010.

FLOROS Constantin, *Gustav Mahler*, vol. III : *Die Symphonien*, Wiesbaden, Breitkopf & Härtel, 1985.

FREITAS BRANCO Luis (de), *Les Paradis artificiels*, partition, 1910.

GALLIANO Luciana, *Yôgaku. Japanese Music in the Twentieth Century*, Lanham (MD), Scarcrow Press, 2002. Traduction en anglais par Martin Mayes. Édition originale en italien, 1998.

GAUTIER Judith, *Le Livre de jade*, Paris, Alphonse Lemerre, 1867 (publié sous le nom de Judith Walter).

—, *Les Musiques bizarres à l'Exposition de 1900*, Paris, Librairie Ollendorff, 1901.

—, *Le Collier des jours – Le second rang du collier*, Paris, Félix Juven, 1909.

GAUTIER Théophile, « Chinoiserie » dans *La Comédie de la mort*, 1838.

GOORMAGHTIGH Georges, *L'art du* qin, *deux textes d'esthétique musicale chinoise*. Bruxelles, Institut Belge des Études Chinoises, 1990.

—, « La vertu de l'instrument, à propos de quelques inscriptions gravées sur des *qin* anciens » dans *Cahiers de musiques traditionnelles*, Genève 7/1994.

—, « Note sur le jeu du *qin* » dans *Cahiers de musiques traditionnelles*, Genève 14/2001.

—, « Quelques termes utilisés dans la description de la sonorité du *qin* », http://www.centrostudiorientaliroma.net/alcuni-termini-utilizzati-nella-descrizione-del-suono-del-qin-2/?lang=fr

GOUBAULT Christian, *Claude Debussy*, Paris, Honoré Champion, 1986 et 2002.

GRANET Marcel, *Fêtes et chansons anciennes de la Chine*, Paris, Albin Michel, 1982.

GRASSET DE SAINT-SAUVEUR Jacques, *Encyclopédie des voyages. Asie*, Paris, Deroy, 1796

GUILLOT Matthieu, *L'Épiphanie de l'imperceptible*, thèse de musicologie, université de Paris 8-Saint-Denis, 1997.

Guqin chujie 古琴初階 (Initiation au *qin*), Pékin, Yiyue chubanshe, 1961.

GUT Serge, *Aspects du lied romantique allemand*, Actes Sud, 1994.

HANSEN Mathias, *Gustav Mahler*, Stuttgart, *Reclams Musikführer*, 1979.

HAVARD DE LA MONTAGNE Denis, « Prix de Rome 1920-1929 », dans *Musica et Memoria* : http://www.musimem.com/prix-rome-1920-1929.htm.

HAY Katherine, *East Asian Influence on the Composition and Performance of Contemporary Flute Music*, thèse de Doctor of Education, Teachers College, Columbia University, 1980.

HEFLING Stephen E., « Das Lied von der Erde », dans Donald Mitchell et Andrew Nicholson (éd.), *The Mahler Companion*, Oxford, Oxford University Press, 2002.

—, *Mahler, Das Lied von der Erde* (The Song of the Earth), Cambridge, Cambridge University Press, 2000.

HEILMANN Hans, *Chinesische Lyrik,* Munich et Leipzig, R. Piper & Co, 1905.

HERVEY DE SAINT-DENYS Léon (d'), *Poésies de l'époque des Thang*, Paris, Amyot, 1862.

HO Agnès, *Le « Tse »*, Toulouse, Imp. Toulousaine Lion et Fils, 1934.

HORNER Yvette, *Polka chinoise* pour accordéon [*c*. 1960 ?].

HOWAT Roy, « Debussy et les musiques de l'Inde », dans *Cahiers Debussy*, n° 12-13, 1988-1989.

HSU Tao-Ching 許道經 [Xu Daojing], *The Chinese Conception of the Theatre*, University of Washington Press, Seattle, Londres, 1985.

HSU Tsang-Houei 許常惠, 巴黎樂誌 *Bali Yuezhi* (Journal musical d'un Chinois à Paris), Taipei, Pai-ko Cultural com., 2de édition, 1982.

HSU Tsang-Houei 許常惠 et CHENG Shui-Cheng 鄭瑞貞, *Musique de Taïwan*, Paris, Guy Trédaniel, 1992.

IDEMA Wilt L. et WEST Stephen H., *Chinese Theatre*, 1100-1450: *A Source Book*, Wiesbaden, Steiner, 1982.

Jinyu qinkan 今虞琴刊 (Revue de *qin* de l'école de Yu), Shanghai, 1937.

KALBECK Max, « *Feuilleton, Gustav Mahler's* Sinfonia ironica », dans *Neues Wiener Tagblatt* 34, n° 319 du 20 novembre 1900.

KAWASAKI Koji, 日本の電子音楽 増補改訂版, *Nihon no denshi ongaku, zouho kaitei ban* （La musique électroacoustique japonaise), Tokyo, Ai iku sha, 2e édition, 2000.

KIM In-Sung, *Use of East Asian Traditional Flute Techniques in Works by Chou Wen-Chung, Isang Yun and Toru Takemitsu*, thèse de D.M.A., University of California, Los Angeles, 2004.

KUSNIROVA Michaela, *E. M. Remarque – « Im Westen nichts Neues » : Analyse und Vergleich der tschechischen und slowakischen Übersetzung*, Brünn, Masaryk-Universität Philosophische Fakultät Institut für Germanistik Nordistik und Nederlandistik, 2011.

LABELLE Nicole (éd.), *Catalogue raisonné de l'œuvre d'Albert Roussel,* Louvain-la-Neuve, Université Catholique de Louvain, 1992.

LA GRANGE Henry-Louis (de), *Gustav Mahler. Chronique d'une vie*, vol. III : *Le génie foudroyé (1907–1911)*, Paris, Fayard, 1984.

LALOY Louis, *La Musique chinoise,* Paris, Henri Laurens, 1910.

—, « La Sourdine », *Revue musicale*, n°4, 15 février 1905.

—, *La Musique retrouvée*, Paris, Librairie Plon, 1928.

—, *Claude Debussy*, Paris, Aux Armes de France, 1944.

LALOY Vincent, *Inventaire des papiers de Louis Laloy*, Rahon, 2006.

—, *Souvenirs épars* (Dolly de Tinan, née Bardac), mai 2008, inédit.

La Nouvelle Revue Française, 1er août 1909 ; 1er sept. 1909 ; 1er sept. 1909.

LAPLANTINE François et NOUSS Alexis, *Métissages*, Paris, Pauvert, 2001.

LEHÁR Franz, *Die gelbe Jacke* (La Tunique jaune), 1923 ; devenue *Das Land des Lächelns* (Le Pays du sourire), partition, 1929.

LESURE François, *Claude Debussy*, Paris, Fayard, 2003.

—, *Correspondance, Claude Debussy*, Paris, Gallimard, 2005.

LEYS Simon, *Essais sur la Chine*, Paris, Robert Laffont, 1998.

LIAO Hui-Chen 廖慧貞, *Louis Laloy (1874-1944), ses activités et son influence sur les compositeurs français inspirés par la civilisation chinoise entre 1900 et 1940*, thèse de doctorat de musicologie (dir. Jean-Jacques Velly), université de Paris-Sorbonne, 2012.

LO Kii-Ming 羅基敏, « Les divers aspects du développement de la culture taïwanaise à partir de sa création musicale », dans *Festival des compositeurs taïwanais — Paris 1996*, Paris, Centre culturel et d'information de Taipei à Paris, 1996.

LO Ta-Kang 羅大剛 [Luo Dagang], *La Double inspiration du poète Po Kiu-yi (772-846)*, Paris, éd. Pierre Bossuet, 1939.

LOCKSPEISER Edward et HALBREICH Harry, *Claude Debussy–Analyse de l'œuvre*, Paris, Fayard, 1962.

LONG Marguerite, *Au piano avec Claude Debussy*, Paris, René Julliard, 1960.

MA Hsiao-Tsiun 馬曉春, *La Musique chinoise de style européen*, Paris, 1941.

MACKERRAS Colin, *Chinese Theatre from its Origins to the Present Days*, Honolulu, University of Hawai Press, 1983.

MAHLER Alma, *Mémoires et correspondance*, Paris, J.C. Lattès, 1980.

MAHLER Gustav, *Symphonie No. 5 für grosses Orchester*, Leipzig, 1904.

—, *Das Lied von der Erde*, réduction pour piano par Erwin Stein, Vienne, 1952.

—, *Sämtliche Werke. Kritische Gesamtausgabe*, Internationale Gustav Mahler Gesellschaft, Vienne, vol. IX : *Das Lied von der Erde*, Vienne, 1990.

MAUBLANC René, « Le Haïkaï français. Bibliographie et anthologie », *Le Pampre*, n° 10/11, 1923.

MAYAUX Catherine, *Le Référent chinois dans l'œuvre de Saint-John Perse*, thèse de l'Université de Pau, 1991.

—, *Saint-John Perse lecteur poète. Le lettré du monde occidental*, Bern, Peter Lang, 2006.

MESSIAEN Olivier, *Couleurs de la Cité céleste*, partition, 1963.

—, *Et expecto resurrectionem mortuorum*, partition, 1964.

MEYERHOLD Vsevolod, « La mise en scène de *Dom Juan* de Molière », dans *Écrits sur le théâtre,* vol. II, Lausanne, La Cité - L'Âge d'homme, 1975.

MIKI Minoru, *Composing for Japanese Instruments*, Rochester (NY), University of Rochester Press, 2008. Traduction en anglais par Marty Regan. Édition originale en japonais, *Nihon gakkihô*, Tokyo, Ongaku no Tomo-sha, 1996.

MITCHELL Donald et NICHOLSON Andrew (éd.), *The Mahler Companion*, Oxford, Oxford University Press, 2002.

MONTER Mathieu (de), « Exposition universelle de 1867, Brésil-Chine-Japon-Siam-Grèce », dans *Revue et Gazette musicale de Paris*, 30 juin 1867.

MONTESQUIEU, *Lettres persanes,* Lettre 30, 1721.

MOYREAU Christophe, « La Chinoisse », *1er livre de Pièces de clavecin*, suivie d'une « Japonoisse », 1730.

NECTOUX Jean-Michel, « Connaissance de l'Est », *Harmonie en bleu et or : Debussy, la musique et les arts*, Paris, Fayard, 2005.

PASTORELLI Élisabeth, *Orgues et facteurs de Nice (fin XVIIIe-début XXe siècle)*, Béziers, Société de musicologie du Languedoc, 1988.

PEDUZZI Lubomir, *Pavel Haas Leben und Werk des Komponisten*, Hambourg, von Bockel Verlag, 1996.

PICARD François, « La connaissance et l'étude de la musique chinoise, une histoire brève », *Revue bibliographique de sinologie*, 1996.

—, « Annie Ebrel, ou "une chanteuse traditionnelle bretonne" ? », dans Makis Solomos, Joëlle Caullier, Jean-Marc Chouvel, Jean-Paul Olive (dir.), *Musique et globalisation. Une approche critique*, Delatour France, Filigrane, 2012.

—, *La Musique chinoise*, Paris, Minerve, 1991, édition corrigée, augmentée et mise à jour, Paris, You-Feng, 2003.

—, *L'incantation du patriarche Pu'an. Les avatars du syllabaire sanskrit dans la musique chinoise*, Leuven, Peeters, Mélanges chinois et bouddhiques, XXXI, 2012.

PICARD François, LECOMTE Henri, PERRIER Pierre, LAGROST Jean-François, KONUMA Aimé, YLINH Lê, *Lexique des musiques d'Asie orientale*, Paris, Éditions You-Feng, 2006.

PIMPANEAU Jacques, *Anthologie de la littérature classique chinoise*, Éditions Philippe Picquier, 2004.

Qínqǔ jíchéng 琴曲集成 (Ouvrage de référence sur la musique de *qin*), (abrégé usuellement en QQJC), *Zhongyang yinyue xueyuan zhongguo yinyue yanjiusuo* 中央音乐学院中国音乐研究所 (Institut de recherche musicale chinoise du conservatoire central), compilé par Zha Fuxi 查阜西, Beijing 北京, *Zhonghua shuju chubanshe* 中华书局出版社, Éditions du livre chinois, 1963 (17 volumes), [1981].

PRIEST Deborah, *Debussy, Ravel et Stravinski : textes de Louis Laloy (1874-1944)*, Paris, L'Harmattan, 2007.

QUINCEY Thomas (de), *Confessions d'un mangeur d'opium*, 1822.

RAULT-LEYRAT Lucie, *Comme un vol d'oies sauvages, la cithare chinoise* zheng, Paris, Le Léopard d'or, 1987.

—, *Musiques de la tradition chinoise*, Arles/Paris, Actes Sud/Cité de la musique, Musiques du monde, 2000, avec CD (Nanguan, Hakka, bouddhique).

RAVEL Maurice et KLINGSOR Tristan, *Shéhérazade*, Paris, Durand, 1912.

REN Yi-Ping 任一平 et LU Zhen-Lun 陸震綸, « Trouver l'énigme du poème du deuxième mouvement du *Chant de la terre* », dans *Research Mahler's "Song of the Earth"*, Shanghai, Shanghai Music Editions, 2002.

REVOL Patrick, *L'influence de la musique indonésienne sur la musique française*, Paris, L'Harmattan, 2000.

—, *Conception orientale du temps dans la musique occidentale du XXe siècle*, Paris, L'Harmattan, 2007.

ROUBET Anne, « Debussy et le mythe : affinités et ambivalences », dans Maxime Joos (éd.), *Claude Debussy : Jeux de formes*, Paris, Presses de l'ENS, 2004.

SACRE Guy, « Le Musicien des adieux », livret du CD *Albert Roussel, les mélodies*, Label Timpani, 2C2064, 2001.

SAÏD Edward, *L'Orientalisme. L'Orient créé par l'Occident,* trad. de l'américain par Catherine Malamoud, Paris, Seuil, 1980 ; dernière éd. Paris, Points, 2013.

SCOTT Adolphe Clarence, *The Classical Theatre of China*, Londres, 1927.

SÉVÉRAC Déodat (de), *La Musique et les lettres*, Sprimont, Mardaga, 2002.

SOULIÉ DE MORANT George, *Florilège des poèmes Song 960-1277 après J.-C.*, Paris, Plon, 1923.

—, *L'Amoureuse Oriole, jeune fille, roman d'amour chinois du XIIIe siècle*, Paris, Flammarion, 1928.

STOCÈS Ferdinand, « Sur les sources du *Livre de jade* de Judith Gautier (1845-1917) (Remarques sur l'authenticité des poèmes) », *Revue de Littérature comparée*, 2006/3.

Studies of the France-Taiwan Exchanges in the Practices of Music and Technology – Establishment of the Network REMETAO in Taiwan「音樂科技與東亞傳統音樂」96 年度臺法幽蘭計畫雙邊學術交流研討會, Taipei, 20 septembre 2007.

SYNNESTVEDT Magnus, « Musique d'Extrême-Orient », *Le Mercure musical*, 15 février 1906.

Taigu yiyin 太古遺音 (Sons hérités de la haute Antiquité), dans *Qínqǔ jíchéng* 琴曲集成 (Ouvrage de référence sur la musique de *qin*), (abrégé usuellement en QQJC), *Zhongyang yinyue xueyuan zhongguo yinyue yanjiusuo* 中央音乐学院中国音乐研究所 (Institut de recherche musicale chinoise du conservatoire central), compilé par Zha Fuxi 查阜西, Beijing 北京, *Zhonghua shuju chubanshe* 中华书局出版社, Éditions du livre chinois, vol. 1, 1963.

TANG Xianzu 湯顯祖, 牡丹亭 *Le Pavillon aux pivoines*, traduit du chinois par André Lévy, Musica Falsa, Festival d'automne, 1998.

TCHENG Mien 陳綿 [Cheng Mian], *Le Théâtre chinois moderne*, Presses Modernes, 1929.

TCHENG T'ing-Yu 鄭庭玉 et TS'IN Kien-Fou 秦簡夫, 忍字記 *Le signe de patience et autres pièces du théâtre des Yuan.* Traduit du chinois, présenté et annoté par Li Tche-Houa, Gallimard/Unesco, 1963.

—, *Répertoire analytique du théâtre chinois,* Paris, Jouve, 1929.

THÉLOT Jérôme et VERDIER Lionel (dir.), *Le Haiku en France. Poésie et musique*, Paris, éd. Kimé, 2011.

TIERSOT JULIEN, « La musique chinoise et indochinoise, notes prises à l'Exposition universelle de 1900 », *Le Ménestrel*, janvier 1900.

TINAN Dolly (de), « Préface pour J. Charrette » dans Jacqueline Charrette, *Claude Debussy through his Letters* (trad. fr. François Lesure, *Lettres de Claude Debussy*), New York, Vantage Press, 1990.

TOUSSAINT Franz, *La Flûte de jade, poésies chinoises choisies et traduites par Tsao-Chang-Ling*, Paris, Édition d'art H. Piazza, 1920/1922.

TRUCHET JACQUES, *La Tragédie classique en France*, Paris, PUF, 1975.

TSEN Tsongming 曾仲鳴 [Zen Zhongming], *Histoire de la poésie chinoise*, Shanghai, China United Press, 1936 (réédition de la thèse publiée en 1922 à Lyon).

—, *Anciens poèmes chinois d'auteurs inconnus* (1923), éd. revue et augmentée, Paris, Ernest Leroux, 1927.

—, *Rêve d'une nuit d'hiver (Cent quatrains des Thang)*, Paris, Ernest Leroux, 1927.

UNO EVERETT Yayoi, « Intercultural Synthesis in Postwar Western Art Music: Historical Contexts, Perspectives and Taxonomy », dans *Locating East Asia in Western art music*, sous la dir. de Yayoi Uno Everett et Frederick Lau, Middletown (CT), Wesleyan University Press, 2004.

VILLIERS DE L'ISLE-ADAM Auguste, « *Le chapeau chinois* » [1878]. Repris dans *Contes cruels* sous le titre « Le secret de l'ancienne musique », 1883.

VOLTAIRE, *Essai sur les mœurs et l'esprit des nations*, (éd. René Pomeau), Garnier, 1963.

VUILLERMOZ Émile, *Claude Debussy*, Paris, Flammarion, 1962.

WAGNER Richard, *Sämtliche Werke*, vol. 12/II : *Der Ring des Nibelungen. Ein Bühnenfestspiel für drei Tage und einen Vorabend. Zweiter Tag : Siegfried WWW86C. Zweiter Aufzug*, (éd. Klaus Döge), Mainz 2008.

WALTER Judith, voir Judith Gautier.

WANG Shifu 王實甫, 西廂記 *Histoire du pavillon d'Occident*, texte intégral, traduit du chinois par Stanislas Julien, préface d'André Lévy, Fleuron, Éditions Slatkine, 1997.

YU Ying-Shih 余英時, 紅樓夢的兩個世界 *Hongloumeng de liang'ge shijie* (Les deux mondes de Hongloumeng), Taipei, Éditions Lien-Jing, 1978.

YUASA Joji, « Musique : reflet d'une cosmologie » (trad. Esther Starkier), dans *Inharmoniques*, numéro 2, Paris, 1987.

ZHOU Jenmin, *New Wave Music in China*, thèse de Ph. D., University of Maryland, Baltimore County, 1993.

L'HARMATTAN ITALIA
Via Degli Artisti 15; 10124 Torino
harmattan.italia@gmail.com

L'HARMATTAN HONGRIE
Könyvesbolt ; Kossuth L. u. 14-16
1053 Budapest

L'HARMATTAN KINSHASA
185, avenue Nyangwe
Commune de Lingwala
Kinshasa, R.D. Congo
(00243) 998697603 ou (00243) 999229662

L'HARMATTAN CONGO
67, av. E. P. Lumumba
Bât. – Congo Pharmacie (Bib. Nat.)
BP2874 Brazzaville
harmattan.congo@yahoo.fr

L'HARMATTAN GUINÉE
Almamya Rue KA 028, en face
du restaurant Le Cèdre
OKB agency BP 3470 Conakry
(00224) 657 20 85 08 / 664 28 91 96
harmattanguinee@yahoo.fr

L'HARMATTAN MALI
Rue 73, Porte 536, Niamakoro,
Cité Unicef, Bamako
Tél. 00 (223) 20205724 / +(223) 76378082
poudiougopaul@yahoo.fr
pp.harmattan@gmail.com

L'HARMATTAN CAMEROUN
BP 11486
Face à la SNI, immeuble Don Bosco
Yaoundé
(00237) 99 76 61 66
harmattancam@yahoo.fr

L'HARMATTAN CÔTE D'IVOIRE
Résidence Karl / cité des arts
Abidjan-Cocody 03 BP 1588 Abidjan 03
(00225) 05 77 87 31
etien_nda@yahoo.fr

L'HARMATTAN BURKINA
Penou Achille Some
Ouagadougou
(+226) 70 26 88 27

L'HARMATTAN SÉNÉGAL
10 VDN en face Mermoz, après le pont de Fann
BP 45034 Dakar Fann
33 825 98 58 / 33 860 9858
senharmattan@gmail.com / senlibraire@gmail.com
www.harmattansenegal.com

L'HARMATTAN BÉNIN
ISOR-BENIN
01 BP 359 COTONOU-RP
Quartier Gbèdjromèdé,
Rue Agbélenco, Lot 1247 I
Tél : 00 229 21 32 53 79
christian_dablaka123@yahoo.fr

Achevé d'imprimer par Corlet Numérique - 14110 Condé-sur-Noireau
N° d'Imprimeur : 130924 - Dépôt légal : juillet 2016 - *Imprimé en France*